本书是山东省社会科学规划研究项目《改革开放以来生活方式变迁与价值选择研究》的研究成果

本书获德州学院专著出版基金资助

生活方式的变迁与选择

The Change and Choice
of Life Style

李　霞◎著

人民出版社

目　录

序

　　李霞博士的著作《生活方式的变迁与选择》就要出版了。作者嘱我作序，借此机会在这里说几句话。

　　人生在世总是要采取某种可能的方式，此之谓人的存在方式。它可以大致解析为三个层面，即生产方式、生活方式、思维方式。从历史上看，人的存在方式的不同，主要受到两个基本变量的制约：一是生产力状况及其基础上的社会制度；二是文化传统和它所塑造的习俗、风尚、观念等。前者规定了时代性维度，后者则提供了民族性维度。按照马克思的学说，人的存在方式是随着生产力这一最终决定力量而不断地得到重建的。在不同的社会形态下，人的存在方式有其性质上的差别，生活方式自然也将呈现出不同的面貌。

　　当今时代是一个被现代化主宰的时代。整个世界早已卷入一场广泛而深刻的现代化进程当中。作为现代化的历史表征，市场化和全球化深刻地改变并重建着人们的生活方式。作为传统社会向现代社会转变的过程，现代化是以告别传统为姿态的。今天，我们的生活样法已经越来越远离了传统的轨道。现代性的主流话语认为，人们的生活之所以不幸福，乃是因为不得不忍受物质上的匮乏和心灵上的不自由。启蒙精神以及它所孕育的历史后果，似乎为弥补这些缺陷找到了有效的解决路径。于是，一个物质丰饶、个性张扬的时代如期而至。然而，吊诡的是，我们却难以逃避现代性语境所固有的弊端，即人的异己化命运。物质财富的过剩排挤了心灵的空间，带来了人的精神上的漂泊感。追求效率至上的代价不仅是对公平的妨碍，而且是对人们的从容心境的伤害。自由一旦沦为任性，就将走向自身的反面，是人不得不面临逃避自由的命运，以全十形成现代专制。其中，技术层面不容忽视，例如在农业社会、工业社会、信息社会，人们的生活样态就十分不同。

Internet 技术的迅速而广泛的渗透，不仅极大地改变了人们的交往方式，更深刻的在于，它还进一步改变了人们的已有观念，甚至塑造了人们的新式生存。作为一种自主力量，它直接地构成我们当下的存在境况。所有这一切，都是一把"双刃剑"。关键在于，我们现代人是否有足够的智慧，批判地反省和历史地扬弃现代性及其所带来的生活方式的这种改变。这无疑是对当今时代的人们的一种真正考验。

同西方社会相比，中国人生活方式的历史变迁面临着双重难题。一方面，在中国社会转型期，人的生活方式的重建，是一种时代维度的转换，它意味着现代同传统的断裂。另一方面，中国的现代化又是一种民族性维度的转换，如何把"现代化"同"西方化"剥离开来，始终是所有非西方民族在现代化进程中所遭遇的一个无可回避的问题。对于西方而言不存在东方社会现代化所遇到的这类历史—文化的阵痛和困境，因为它的现代化是以向古代的复归为姿态的——文艺复兴就是一个具有象征意味的历史事件——而且是同一文化共同体内部的一种自我调整而已。中国人生活方式的历史变迁所遇到的这种特有的纠结，使我们面临着更多的两难选择，由此也决定了我们担负着尤为繁重的理论任务和学术使命。历史证明，一个民族的现代化倘若理论准备不足，就不可避免地在实践中出现致命的后遗症，以至于走更多的弯路，付出许多不该付出的代价。在这样的背景下来考虑人的生活方式变迁和重建的研究，这项工作就将显现出格外的紧迫性和重要性了。

在我看来，李霞博士的这部著作，择其要者，大致有这样几个特点或曰优点：第一，在研究视野上，该书注重从中西社会及文化比较的角度，对东西方人的生活态度、生活结构、生活观念、价值取向等不同方面，进行多维度的对比，在此基础上对东西方人们的生活方式的特质做出刻画，进而揭示两者之间的异同。这样的考察能够使得读者对于生活方式的了解，有一种历史的纵深感和空间的立体感。第二，在研究方法上，该书坚持思辨与实证、逻辑与历史、规范与事实相统一，既重视从理论上阐明生活方式的本质规定，又借助于个案考察。尤其值得肯定的是，该书不仅对人的生活方式的现代化过程做了相当细腻的描述，包括物质生活、文化生活、心态和观念的历史嬗变的不同阶段及其标志，而且选定某一座城市为剖析对象，通过问卷调查和个别访谈的路径，对该城市居民的生活方式变化加以微观把握。这样的研究方法，既避免了凌空蹈虚，又不乏学理上的深刻和洞见。第三，在理论资源上,该书以马克思主义为指导,同时又充分借鉴哲学、社会学、文化学、历史学等诸多学科的前沿进展,从而体现了主导性与开放性的兼容。马克思主义的唯物史观依然是我们今天考察生活方式变迁的有效的方法论根据,除此之外,西方马克思主义社会批判理论也为这种考察提供了更切近当代情境的理论启迪。该书正是在这样的思想史背景下展开论述的,由此保证了它的理论基础的丰富和扎实。第四,在可能性的探究上,该书对生活方式历史变迁的未来前景做出了有根据的预期。现有的著作大都喜欢对过去时的存在进行探讨,而缺乏对将来时的预测,这不能不说在一定程度上削弱了有关著作的价值和意义。该书的一个长处在于从应然和将然的角度,把"健康个性的生活方式"作为具有现实可能性的目标予以确认,并做出相应的论证。这对于提高理论筹划未来的能力,不失为一种有意义的尝试。鉴于以上所说,我特向读者推荐李霞博士的这本书。

是为序。

何中华

2012 年 7 月 18 日于山东大学

导言:生活是一种态度

　　古今中外的哲学著作关于生活的探讨很多,归结到一个核心点就是"如何将生活过得好",或者是"何为有意义的生活"。关于何为好的生活、何为有意义的生活,在不同的生活背景、经济基础、社会制度下,人们的理解有较大的差异,不同的阶级阶层对生活的理解有时有根本性的差异。从广义上说,生活表现在方方面面,从内容到范围,从生产方式、生活方式、活动空间、交往范围、休闲娱乐、精神生活,应该说凡是人生存涉及的一切领域无所不包。在这个意义上,生活和梁漱溟所说的文化是一个意思,他说"文化,就是吾人生活所倚靠之一切"。① 工农生产、社会制度、宗教信仰、道德习惯、教育设施都属于文化。生活范围如此之广,本书当然不会泛及所有,而就及生活方式,包括作为生活方式基础的生产方式(或工作方式)、物质生活条件、交往范围、休闲方式、活动范围、生活态度、生活观念、价值选择等内容。

　　生活的基础是物质生产,有什么样的生产方式就会有什么样的生活方式。马克思在《德意志意识形态》中说到,"人们用以生产自己的生活资料的方式,首先取决于他们的已有的和需要再生产的生活资料的特性……它是这些个人的一定的活动方式,是他们表现自己生活的一定方式、他们的一定的生活方式。个人怎样表现自己的生活,他们自己就是怎样。因此,他们是什么样的,这同他们的生产是一致的,——既和他们生产什么一致,又和他们怎样生产一致。因而,个人是什么样的,这取决于他们进行生产的物质条件"。② 生产方式决定生活方式,生产方式的变化是生活方式变化的基础

---

① 梁漱溟:《中国文化要义》,上海世界出版集团 2005 年版,第 6 页。
② 《马克思恩格斯选集》第 1 卷,人民出版社 1995 年版,第 67—68 页。

和最根本的要素。在 20 世纪 80 年代之前,中国民众几千年的生活方式没有根本性的变化,虽然中国的现代性早在 20 世纪之初就开始萌芽,但是现代性的生成在中国却经历了一个艰难的过程。中国的传统社会是以自然经济为基础的农业社会,自然性和经验性是传统社会的根本特征。按照马克思关于人的发展的三形态理论,这样的社会属于人的依赖关系的阶段,"人的依赖关系(起初完全是自然发生的)是最初的社会形态,在这种形态下,人的生产能力只是在狭窄的范围内和孤立的地点上发展着"。① 这样的社会是秩序社会、伦理社会(梁漱溟语),遵循既定的不变的秩序、礼仪和习惯是在这样的社会中生存的基本技能,因此,这种社会几乎没有多少变化。就像费孝通在《乡土中国》中所说的,"在这种不分秦汉,代代如是的环境里,个人不但可以信任自己的经验,而且同样可以信任若祖若父的经验。一个在乡土社会里种田的老农所遇着的只是四季的转换,而不是时代变更。一年一度,周而复始。前人所用来解决生活问题的方案,尽可抄袭来做自己生活的指南。愈是经过前代生活中证明有效的,也愈是值得保守。于是'言必尧舜',好古是生活的保障了"。② 在这种自然经济社会,民众的生活没有分化,全部的生活就是日常生活,人们的工作和生活不可分割地融合在一起,毋宁说,工作就是生活。而在物质生活匮乏的年代,生活无异就是生存。

20 世纪 80 年代之后,由于经济社会以及分工的发展,民众的生活开始分化。生活的分化与分层渐渐销蚀着中国传统社会的结构和秩序,民众生活的观念、原则、结构、模式都在不知不觉中悄然发生着变化。变化是根本的,一方面人们的生活结构和内容丰富了,日常生活分化出非日常生活,物质条件的丰富为人们提供了多元化的生活选择;生产的发展为人们交往的丰富提供了条件,活动范围不再局限于狭小的领域,人们的精神生活也逐渐丰富了,就像马克思在《德意志意识形态》中所说的,"个人的真正的精神财富完全取决于他的现实关系的财富"③。但是,另一方面,现代化的过程也是资本控制生产和消费的过程。资本将人们的生活分割成不同的组成部分,人自身也被分割成不同的领域,每个领域都是安排好的,但是主宰不是生活中的人,而是资本。人们被安排好享受各种各样新的东西,美食、时装、

① 《马克思恩格斯全集》第 46 卷(上),人民出版社 1979 年版,第 104 页。
② 费孝通:《乡土中国 生育制度》,北京大学出版社 1998 年版,第 51 页。
③ 《马克思恩格斯选集》第 1 卷,人民出版社 1995 年版,第 89 页。

旅游、休闲,人们无止境地消费,消费被潮流裹挟着、簇拥着,人们似乎在享受着消费的快乐,但是这种快乐却是如此短暂,又是如此地无法遏制,最后人们变得被消费的生活消费着,似乎消费成为人们的一种习惯,不消费就没有生活。无法遏制的欲望和消费达成了资本的目的。这样的生活从表面上看人们获得了各种各样的享受,好像人按照自己的愿望在消费,好像体现了自己与众不同的个性。但是,看似有差异的选择其实并没有体现自己所谓的个性,它的同一的行为就是消费。人们被广告和各种各样的推介说明诱惑,每个人貌似选择了不一样的东西,但是实质上是同质的,就是被广告和各种符号所控制的消费生活。人们失去了控制和选择生活的能力,所谓人们的丰富的生活都是被安排好的,如果不这样生活,人们已经不知道如何生活。这样丰富的生活似乎为人的选择提供了各种各样的可能性,似乎人的主体性得到了前所未有的开发,但是享受是被安排的,所谓的享受者没有选择的自主性和能力。这个世界就这样被安排好了,生活被时装、美食、PARTY 充斥,人们寻找着限量、唯一,但是这种唯一是被创造出来的,资本想让它成为唯一它就是唯一,不想让它成为唯一它就不是唯一,因此这种唯一不是选择的唯一。然而大多数人在这样的生活中自得其乐,认为自己在进步,在丰富,殊不知人们已经成为生活的木偶,在资本的调控下安享着被安排和服侍的快乐,没有这种生活的人还在努力追求着、盼望着这份快乐。

在生活的变化中,人们的生活态度也发生着变化。中国的传统社会是伦理社会、礼仪社会,父慈子孝、兄友弟恭,这是一个秩序的社会,一切都要按照礼仪和秩序来进行,没有多少个人选择的空间。梁漱溟在比较中西方生活的差别时说到,西方属于集团生活,"在紧张的集团生活中,团体要直接统治于个人,个人在有自觉时候,要争求其自由和在团体中的地位"。"团体与个人,在西洋俨然两个实体,家庭即若虚位",中国人恰恰缺乏集团生活,"倚重家庭家族生活","中国人却从中国就家庭关系推广发挥,而以伦理社会,消融了个人与团体这两段"。① 中国社会,个人是附属于家庭的,一切以家庭利益为重,由家而国,国家俨然一个大家庭,家庭以伦理、礼仪作为组织的根本纽带。在这样的社会中,一个人到了什么样的位置该做什么,不该做什么,有什么责任和义务,都是社会规定好的,一个人的社会化过程

---

① 梁漱溟:《中国文化要义》,上海世界出版集团 2005 年版,第 70 页。

就是学习这种社会规范并养成按规范行为做事习惯的过程,不完成这种社会化过程就无法生存。这种规范具有法律的效力,一旦违反,有可能付出生命的代价。所以,传统社会中的人行为做事完全要按照角色规范要求,这是生存所必需的,这些伦理规范也是维持社会秩序的最重要的手段。因此传统社会中的人行为做事没有选择,而职业分途很大程度上是由出身决定的。所谓的幸福也是有客观表现的,家丁兴旺、家庭和睦的小康之家就是幸福之家。因此,当一个人的行为符合他的角色规范时,他就是被称道的,如果他进一步修养自己,能够做到仁义礼智信,那就是君子仁人,被奉为楷模了。这样被规定的社会不需要变化,只需要按照社会的角色规范要求不同的人就行了。所以,个人意识是淡化甚至是被忽视的,个人要适应社会,不需要创造和变革。

当代社会对于个人的要求发生了巨大的变化。传统社会追求秩序稳定,现代社会恰恰是一个流动、变动的社会,追求变化,正如马克思在《共产党宣言》中所说的:"生产的不断变革,一切社会状况不停的动荡,永远的不安定和变动,这就是资产阶级时代不同于过去一切时代的地方。一切固定的僵化的关系以及与之相适应的素被尊崇的观念和额简介都被消除,一切新形成的关系等不到固定下来就陈旧了。一切等级的和固定的东西都烟消云散了,一切神圣的东西都被亵渎了。"①这样不断流动、变化的社会所造就的人是紧张的、不断变化的,要想在这样的社会生存,必须符合资本对人的要求。这样的社会,一方面促进了人的各方面能力的发展,促进了人的交往,但是另一方面,也使人忘记了作为人的生存的意义,能力的发展是为了获得更多的可支配资源,交往变得功利,人失去了自然经济状态下那份恬淡和安静,失去了体会的安宁和享受的状态。终其一生,在追赶的潮流中体会着能力的膨胀。整个社会成为一个竞技场,似乎只有走到塔尖才是成功的。是否只有成功才算有价值? 人活着的意义是什么? 现代的人们是否还有一份心境在思考关心人的生存的意义问题。

人们在工作,在旅游,在休闲,在享受着物质的丰富,在被人安排着进行各种活动。人们在人生的各种样态中是否在体会生活,是否真心享受生活的过程,人们是否还能够反思,"何为有意义的生活"。现代社会越来越多

---

① 《马克思恩格斯选集》第1卷,人民出版社1995年版,第275页。

元化了,可供选择的东西或者途径范围越来越宽了,但实质上,对于大部分人来说,生活模式越来越趋同了。整个社会围绕着资本的利益运转,一切按照资本的设计来进行,人们要具有更高的学习能力,因为资本需要这样的人为它更加了解人们的需求,引领着人们的需求,站在行业的制高点。资本制造时尚,人们追赶着时尚。越来越奢华的包装、广告、流行符号,最大可能地挖掘人们的欲望,制造出人们的欲望,而不管这种欲望是否真的符合人的需要,引领人的发展。是好还是不好。柏拉图的理想国是要理智控制欲望,而现在却是欲望主宰理性,资本通过满足人们的欲望控制人们的生活,而不管这种生活是否有意义。

整个社会失去了德性的衡量,而只有一个衡量的标准,这就是金钱。这种被资本控制的生活是广告、时尚引导的被安排的生活,实际上在一定意义上人的选择性更小了,因为人们被广告、信息所包围,失去了选择的能力和空间。"资产阶级,由于开拓了世界市场,使一切国家的生产和消费都成为世界性的了。""不断扩大产品销路的需要,驱使资产阶级奔走于全球各地。它必须到处落户,到处开发,到处建立关系。"①每一寸土地都成为开发商的土地,每一个领域都被资本觊觎,相反,人们要选择自己生活的可能性反而不存在了。"资产阶级,由于一切生产工具的迅速改进,由于交通的极其便利,把一切民族甚至最野蛮的民族都卷到文明中来了。它的商品的低廉价格,是它用来摧毁一切万里长城、征服野蛮人最顽固的仇外心理的重炮。它迫使一切民族——如果它们不想灭亡的话——采用资产阶级的生产方式;它迫使它们在自己那里推行所谓的文明,即变成资产阶级。一句话,它按照自己的面貌为自己创造出一个世界。""资产阶级使农村屈服于城市的统治……正如它使农村从属于城市一样,它使未开化的国家从属于文明的国家,使农民的民族从属于资产阶级的民族,使东方从属于西方。"②甚至要保持世界范围内的文化的多样性都需要整个世界的努力的。

失去了选择的能力,安享于物质的富足和流行的引导,这是一种没有反思的生活。生活被转瞬即变的各种符号所充斥,人们追逐于此,或者是在逐求于此的路上,因为拥有而自得,因为没有能力拥有而懊恼。这是一种什么

① 《马克思恩格斯选集》第1卷,人民出版社1995年版,第276页。
② 《马克思恩格斯选集》第1卷,人民出版社1995年版,第276—277页。

样的状态,没有反思,没有和自己生活的距离,没有了独立清醒的认识,生活的表现成为一切,这是当代大多数人的生存状态。人们在享受日益增多的物质财富的同时,在自己的足迹走向世界各地的同时,应该反思的是,我在过一种什么样的生活,这是我要过的生活吗? 什么样的生活才是值得过的生活? 什么样的生活才是有意义的? 这是生活的一种态度。

第一章　生活和生活态度

第一节　生活是什么

一、生活的内涵

关于什么是生活,梁漱溟在《东西文化与哲学》中这样说到,"据我们看,所谓一家文化不过是一个民族生活的种种方面。总括起来,不外三方面:(一)精神生活方面,如宗教、哲学、科学、艺术等是。宗教、文艺是偏于情感的,哲学、科学是偏于理智的。(二)社会生活方面,我们对于周围的人——家族、朋友、社会、国家、世界——之间的生活方法都属于社会生活一方面,如社会组织、伦理习惯、政治制度及经济关系是。(三)物质生活方面,如饮食、起居种种享用,人类对于自然界求生存的各种是。我们人类的生活大致不外此三方面,所谓文化可从此三方面来下观察"。① 马克思和恩格斯指出:"意识在任何时候都只能是被意识到了的存在,而人们的存在就是他们的实际生活过程。"②社会存在是人们的现实生活过程,它在人的各种存在形式中处于根本的基础的地位,人的其他存在方式,包括人作为有意识的存在,人作为审美的存在这些更高的存在方式都是由人们的实际生活过程生发出来的,包括审美、科学的社会意识都是社会存在的反映。

这里,无论是马克思还是梁漱溟都是从整体的意义上来说生活。生活具有非常广泛的内容,生活的结构和范围、生活的模式都会随着社会的变迁而发生变化,毋宁说,社会的变化就表现为生活的变化。从这个意义上看,生活表现为人所有的活动,就是人之为人的所有存在活动都是生活。我们

---

① 梁漱溟.《东西方文化及其哲学》,商务印书馆 1999 年版,第 19 页。
② 《马克思恩格斯选集》第 1 卷,人民出版社 1995 年版,第 72 页。

这里对于生活的考察有一定界定,它一定是与个体的生活有关,但是又不单单是纯粹的日常生活,超越了纯粹的日常生活的范围。因为在现代社会,个体的活动领域和影响个体生存和发展的领域不仅仅局限于日常生活,而且由于职业的分化,有些人的日常生活领域和非日常活动领域无法分开。

首先,要明确日常生活的范围。阿格妮丝·赫勒在《日常生活》中这样说到:"如果个体要再生产出社会,他们就必须再生产出作为个体的自身。我们可以把'日常生活'界定为哪些同时使社会再生产成为可能的个体再生产要素的集合。"①"个体只有通过再生产作为个人的自身才能再生产社会。但是,社会的再生产并不像牛通过其个体成员的再生产而自发地繁衍那样,自动地伴随个人的自我再生产而完成。人只有通过履行其社会功能才能再生产自身,自我再生产成为社会再生产的原动力。"②衣俊卿在《现代化与文化阻滞力》一书中关于日常生活的界定这样说:"在关于日常生活及其日常生活世界的基本界定上,我完全接受了赫勒的基本定义:一方面,从活动领域上看,所谓日常生活,总是同个体生命的延续,即个体生存直接相关,它是旨在维持个体生存和再生产的各种活动的总称。与此相关,我们同时可以获得非日常活动的概念。非日常生活总是同社会整体或人的类存在相关,它是旨在维持社会再生产或类的再生产的各种活动的总称。另一方面,从内在的活动图式或文化的规定性来看,日常生活属于'自在的类本质对象化',而非日常生活基本上属于'自为的类本质对象化',其中,'类本质对象化'表明日常生活世界与非日常生活世界一样,归根到底是人的劳动的对象化,而'自在的'限定则指出日常生活图式与非日常活动图式的本质区别,即它的自在性和给定性。"③在《现代化与日常生活批判》一书中,衣俊卿教授曾经提出一个日常生活的定义:"日常生活是以个人的家庭、天然共同体等直接环境为基本寓所,旨在维持个体生存和再生产的日常消费活动、日常交往活动和日常观念活动的总称,它是一个以重复性思维和重复性实践为基本存在方式,凭借传统、习惯、经验以及血缘和天然情感等文化因素而加以维系的自在类本质对象化领域。"④

---

① [匈]阿格妮丝·赫勒:《日常生活》,衣俊卿译,重庆出版社1990年版,第3页。
② [匈]阿格妮丝·赫勒:《日常生活》,衣俊卿译,重庆出版社1990年版,第4页。
③ 衣俊卿:《现代化与文化阻滞力》,人民出版社2005年版,第191页。
④ 衣俊卿:《现代化与日常生活批判》,黑龙江教育出版社1994年版,第32—33页。

　　基于上述理解,衣俊卿从领域上区分了日常生活世界和非日常生活世界。他认为,一般来说,日常生活世界包括:第一,日常消费活动。衣食住行、饮食男女等以个体的肉体生命延续为宗旨的日常生活资料的获取与消费活动是日常生活世界的最基本的层面。第二,日常交往活动。杂谈闲聊、礼尚往来等以日常语言为媒介,以血缘关系和天然情感为基础的日常交往活动,同样是日常生活世界的基本层面之一。第三,日常观念活动。伴随着日常消费活动、日常交往活动和其他各种日常活动的日常观念活动,是一种非创造性的,以重复性为本质特征的自在的思维活动。① 与日常生活世界相对应,一般说来,迄今为止人类所建构起的非日常世界主要由两个基本层次构成:其一,非日常的社会活动领域。这主要是指政治、经济、技术操作、经营管理、公共事务等有组织的或大规模的社会活动领域。赫勒称之为"制度化领域",哈贝马斯称之为"系统"(或体系)。其二,非日常的精神生产领域。这主要指科学、艺术和哲学等自觉的人类精神生产领域或人类知识领域。②

　　赫勒和衣俊卿对日常生活的界定都是针对传统社会的,这样的划分在一定意义上对于理解日常生活的结构和图式是必要的。在传统社会,政治、经济、文化没有在日常生活中分化出来以前,整个社会生活就是一个大的日常生活领域。由于社会分工的发展,从日常生活中分化出政治、经济、管理等社会活动领域和哲学科学文化艺术等精神活动领域。各个领域的分化一方面促进了人的各方面能力的发展,另一方面也把生活分化成各个不同的组成部分,每个领域有每个领域的规则。在日常生活领域,人们靠的是情感、血缘、经验,而在非日常生活领域,以规范、制度建立了人们之间的联系。然而这两个领域不是可以截然分开的。一方面,对于日常生活的结构和图式异常牢固的社会,日常生活中人们之间交往的情感性、经验性也会渗透到非日常生活领域,就像中国司法领域、行政领域的人情办案、经验办案,即便是在今天,这种现象还是经常出现。另一方面,非日常生活领域的规则和意识也会一步步渗透到人们的日常生活中,如西方社会日常生活中人们很强的法律意识。而且,在现代社会分工日益细化的情况下,人们之间联系越来越密切,很多日常生活中的联系就是工作联系的一种延伸,生活中的好朋友

---

① 衣俊卿:《现代化与文化阻滞力》,人民出版社2003年版,第192页。
② 衣俊卿:《现代化与文化阻滞力》,人民出版社2005年版,第192页。

有些是工作中的同事,上班是日常生活,下了班就是非日常生活。况且人们日常生活中的情绪、情感很多是由工作中生出来的,如工作顺利,心情愉快;工作磕绊,心情不爽。有些人分不出日常生活和非日常生活,一个政治家可以日理万机,时时操劳国家大事;一个科学家可以废寝忘食,几乎所有的时间都在科学实验中;一个学者几乎所有的时间都在观察思考写作,这种状态既是他的日常生活状态,也是他的非日常生活状态;一个艺术家可以视艺术为生命,终日沉浸在美的创作中;一个哲学家可以成为理性的化身,终日思考"头上的灿烂星空"和"心中的道德法则",他的所有的时间都在践行自己的哲学理念,如苏格拉底、柏拉图、犬儒学派、伊壁鸠鲁学派;大学生终日学习,参加社团活动、体育活动,什么算是日常生活,什么算是非日常生活,很难界分。因此,要想把生活的各个部分分割得那么清楚,只能是人们理性的事情,为了研究生活的本质对这些具有共性特征的领域进行的划分。

而且,无论是日常生活,还是非日常生活,都是对总体社会现实的反映,日常生活的水平、结构和范围,是由社会发展水平决定的,这种社会现实也是非日常生活领域的基础。卢卡奇在《审美特性》中说,"如果要研究日常生活的、科学的和艺术的这三种反映的区别,我们必须始终牢记,这三种反映所摹写的是同一个现实……在此一开始就要肯定的是,这里所涉及的始终是对同一客观现实的反映。这种最终对象的统一性对于所产生的差别和对立在内容和形式上的表现形态具有决定的意义"。[①] "对客观现实的科学反映和审美反映是在历史发展的过程中形成的、并不断精细分化的反映形式。这些反映在生活本身中既能找到它的基础,也能求得它的最终完成。"[②] 因此,生活本身既是艺术和科学产生的基础,也是艺术和科学的存在根本和目的,即是它们的社会职能所在。

列菲伏尔以及西方其他的思想家都谈到了在现代社会分工日益细化的条件下,作为非日常生活的生产领域对日常生活的销蚀和控制。日常生活不再是一个独立的封闭的领域,它成为整个社会大生产领域的消费领域,作为生产的一个环节被资本所控制,通过广告、大众传媒、流行符号等等控制

---

① [匈]乔治·卢卡奇:《审美特性》第1卷,徐恒醇译,中国社会科学出版社1986年版,第4页。

② [匈]乔治·卢卡奇:《审美特性》第1卷,徐恒醇译,中国社会科学出版社1986年版,第2页。

了人们的生活观念和消费行为。作为日常生活最重要最基本的衣食住行、交往活动、休闲娱乐成为资本无孔不入的领域。职场的压力成为生活的压力,生活的压力使得日常生活失去了那份安静、恬淡,日常生活中的人也变得躁动、不安定。因此,无论是传统的自然经济社会,还是现代的资本社会,日常生活都不是一个纯粹的独立的王国,就像赫勒在《日常生活》中所说:"日常交往是一般社会交往的基础和反映。""日常交往总是个人的交往,是两人间或更多人间的交往……每一社会关系都是人们之间的关系,但是作为复合体,这些关系并非个人交往的关系;然而,个人交往关系为它们提供基础。同样,日常交往关系总是个人间交往关系这一事实,并不意味着它们总是非异化的关系。如上述所言,作为日常交往事实的等级划分,是异化自我表现的形式。""社会异化的程度也表现在个人交往之中。"①可见,日常生活是整体生活的表现。

因此,我这里所说的生活,就是整体意义上的生活,既包括前述意义上的人们的衣食住行、交往休闲等日常生活,也包括人们的整体的生活状态,聚焦在由于生产方式、交往方式的变化所导致的人们的整体生活方式的变迁,包括人们的生活结构、交往方式、生活观念、生活态度,等等。

首先,是人们日常生活的衣食住行等以个体的肉体生命延续为宗旨的日常生活资料的获取与消费活动,这是人们生活的最基本的层面,是人们生存的基础。只要人要生存,这些活动就必须进行。这个领域也经历了历史的变迁,从最初的茹毛饮血,完全从自然界获取生活的基本资料,到利用人的能力制造、改造工具,创造出自然界中没有的东西,通过劳动创造出人们的生活资料,积累经验,有了医药、生产的知识,生活资料和生活知识的增多延长了人的寿命,更大程度上满足了人们生存的更多需求。一部分人还借着另一部分人的劳动满足更多的非生存性的需求,例如美食、休闲。无论怎么的多样化,包括传统的美食、游戏,都还是人们的自然需求,只不过,这种多样化的奢侈需求只能使一部分人得到一定程度的满足,对于广大的劳动人民来说,生活中的一切劳作都是满足基本的生存需求。需求引导生产,生产引导需求,这在每个时代都是一种互相影响的关系。在自然经济时代,需求生产是有限的生产,需求是有限的需求,人们的活动范围和生活的需求只

---

① [匈]阿格妮丝·赫勒:《日常生活》,衣俊卿译,重庆出版社1990年版,第235页。

是在非常有限的范围内得到满足。但是在当代的社会,消费只是生产的一个环节,资本最终的目的是获得利润,创造需求成为资本社会无限制扩大生产的一个手段。因此,创造出的需求可能满足了人们某种潜在的需要,但是也可能仅仅因为某种创造出来的观念引导了人们的过度需求。而资本为了自己的利益,完全可以黑白颠倒,信口雌黄地变换着观念和花样,从而所谓时尚和流行很多都是昙花一现,并没有带来除了流行的虚荣满足以外的任何价值,这样的消费从人的发展角度说,纯粹是地球资源的浪费,它所产生的利益仅仅是资本的利益。当然,资本并非只有坏的一面,资本的运行只是社会发展的一个必经的阶段,它是人的发展从人的依赖到个性独立必经的一个阶段,没有物的依赖阶段,就没有生产力的巨大发展,也没有人的能力的发展和交往的丰富性。资本毕竟最大限度地激发了人的创造性的欲望,使人的欲望全面释放,能力不断得到发展。

其次,是人们的交往活动。人们的交往活动既包括杂谈闲聊、礼尚往来等以日常语言为媒介、以血缘关系和天然情感为基础的日常交往活动,也包括在生产和工作过程中人的交往。在传统社会,人们的活动范围和交往范围很狭窄,人们的整个生活就是一个日常生活世界,人们之间的交往局限在血缘、亲缘、地缘的范围内,家庭成员之间、亲戚之间、邻里之间、一个村之间,顶多再就是临近几个村子人们之间的交往,而且交往的密度随着距离的远近而逐渐减弱,有密切往来的就是家庭成员、亲戚和邻里之间。在传统社会的中国,家庭是最牢固和最稳定的经济单元,个体不具有独立的地位,依附于家庭,因此家庭是最核心的交往单元。当代社会,家庭不再是主要的经济单位,人们是以个体为单位在社会上与他人进行交往,由于社会分工的发展,家庭成为整个社会体系中背后的因素。人们依然离不开家庭,家庭是人们的情感港湾,但是家庭在当代的经济社会毕竟不再是居于主导地位的因素。人们的交往也不再局限于血缘、亲缘和地缘,学缘、职缘、友缘也成为人们交往的重要纽带,这些途径很大程度上决定了一个人的社会交往范围和发展空间。共同的经历、共同的爱好、共同的兴趣可以成为交往的重要因素。因此,在当代社会,个性的优劣很大程度上决定了一个人的交往范围和空间。特别是网络的普及,使得人们之间的交往突破了地域、职业的限制,只要有共同的爱好、兴趣,包括游戏、炒股等,只要有交流的连接点,就会有交往的进行。当然网络的交往和现实的交往的密切程度有很大的差别。但是一且通过网络的平台走下网络,走进现实,网络和现实就紧密联系在一起,而且就人们的存在状态来说,网络也是人们的一种存在方式,也不能说是非现实,只是纯网络的交往和现实的交往有密度的差别。网络既是一个交往的平台,有自己独特的交往空间和密度,同时它也是一个中介,网络的交往完全可以发展成现实的交往,如网络交友,甚至网友可以发展成恋人、夫妻。

而交往的内容也不限于人们的日常的闲谈、八卦,职业范围内人们工作上的合作、分工都是交往的重要内容。在工作时间内,和同事合作顺利,工作进步,心情就愉快,这种心情直接就是人的精神状态,而且会影响家庭的和睦和气氛。而对于一些服务行业来说,处于工作中的人是一种工作状态,而被服务的人则是一种休闲状态,所以工作人员的态度直接影响了休闲人的心情和状态。饮食、购物、旅游、休闲娱乐中人们都在交往,同时在享受服务的同时也处在与工作人员的交往之中,因语言或者态度的不恰当,或者服务不到位而引起纠纷的会引起其他进一步的交往,如打官司。而良好的服务态度和语言,则可以促进服务的进一步发展。因此,工作是交往,旅游是交往,休闲是交往,从广义上说,只要和别人有联系,就是在交往,交往的范围就是活动的范围。

再次,是人们的精神生活。人们的精神活动,表现在不同职业、不同群体中的状态有很大的差别。对于创造性要求不高的职业群体或者已经退休的纯消费性群体,电视节目是他们的主要的精神享受生活;对于生活品质要求比较高或者文化产业发展比较迅速的城市,音乐会、剧场演出、电影都是精神生活内容;大多数年轻人电脑网络享受是他们的主要精神生活;对于从事文化事业的职业群体,创造性的精神生活如写作、创作、教育实践等等是其精神生活的主要组成部分。总之,由于现代社会的发展特别是大众文化的发展,使得人们的精神生活有了多样性的选择。但是这里选择有的是被动的享受性的选择,有的是创造性的发展性的选择,选择中自己是否具有寻求发展和创造性的态度很重要,这在很大程度上影响一个人的发展状态。一般来说,从发展自己的需要出发,其精神生活体现为积极的创造性的需求,而享受型的则是一种很恬淡的生活状态。

二、中西生活结构的差异

西方的文化传统和中国的文化传统有所不同。梁漱溟在《中国文化的

13

命运》中谈到中国文化极强之个性时说到，"历史上与中国文化若后若先之古代文化，如埃及、巴比伦、印度、波斯、希腊等，或已夭折，或已转易，或失其独立自主之民族生命。唯中国能以其自创之文化绵永其独立之民族生命，至于今日岿然独存"。"从中国以往历史征之，其文化上同化他人之力最为强大。对于外来文化，亦能包容吸收，而初不为其动摇变更。""由其伟大的同化力，故能吸收若干邻邦外族，而融成后来之广大中华民族。"①即便国家被异族占领，异族的文化总不会在中国扎根，要想在中国统治下去，就必须接受、认同中国的文化，按照中国文化的特点进行治理，因此经过一定的时间之后，异族的文化几乎被中华文化完全同化，或者失去本民族的特点，或者融入中华文化，成为中华大文化的一个组成部分。这种文化的传统梁先生将其概括为"伦理本位的社会"、家族社会。所谓伦理，就是人与人的关系。"人一生下来，便有与他相关系之人（父母、兄弟等）；人生将始终在与人相关系中而生活（不能离社会）。故伦理关系始于家庭，而不止于家庭。亲切相关之情，发乎天伦骨肉；乃至一切相与之人，随其相与之深浅久暂，莫不自然有其情。因情而有义。父义当慈，子义当孝。兄之义友，弟之义恭。夫妇，朋友，乃至一切相与之人，随其亲疏厚薄，莫不自然互有应尽之义。伦理关系，即是情谊关系，亦即其相互间的一种义务关系。'伦理'之'理'，尽正在此情与义之上。"②

在这种伦理社会中，人生实存于各种关系之上，而家人父子乃其天然基本关系；故伦理首推家庭。最先有父母，然后兄弟姐们，然后有夫妇，有子女；而宗族戚党亦由此而生。到社会上，于教学有师徒，于经济有东家伙计，于政治有君臣官民，遇事相助则有相邻朋友。随其年龄和生活之展开，而有其若近若远四面八方数不尽的关系。是关系，皆是伦理，皆有其情与义。为表示彼此亲切，加重其情与义，于师则称"师父"，也有"徒子徒孙"之说；于官，则称"父母官"，也有"子民"之说；于相邻朋友，则互以叔伯兄弟相称谓。整个社会各种关系，一概以家庭化之，使其情更亲，义更重。于是则使居于此社会中者，每一个人对于其四面八方的伦理关系，各负有相当义务，当然按照血缘、亲缘的关系，随着亲属关系的远近，义务轻重有差，最重是父母子

---

① 梁漱溟：《中国文化的命运》，中信出版社 2010 年版，第 32 页。
② 梁漱溟：《中国文化要义》，上海世界出版集团 2005 年版，第 134 页。

女,其次兄弟姐妹,以此类推,形成关系亲疏有差的"差序结构"(费孝通语)。全社会之人,由于这层层的关系互相连锁起来,无形中形成一种组织,就是伦理社会的组织。①

而西方从古代到欧洲中世纪,到近代,家庭不是主要的社会组织,人和人之间没有那么多扯不断的伦理关系,主要是以城邦或者宗教组织为核心的集团生活,而与此相对的是个人有相对独立的生活和地位。所谓集团生活有几个特点:"第一,不仅客观上有一种社会关系存在,而且主观上要求有一种组织;其特征在于有代表全体之中枢权力机关。第二,范围大过家庭,家庭为其所包容。而且组织上不依家庭为其出发点:——多半依地域,或职业,或信仰,或其他。第三,在其范围内,每个人感受到乡党拘束,更且时时有切身利害关系。""以此为衡,则中国人是缺乏集团生活的。"②中西社会构造不同之一就是一个是集团生活,一个是家庭生活。凡是人都有夫妇夫子,即都有家庭,为什么中国的家庭特别重要? 梁先生认为,虽然家庭不是中国人所独有,但是因为中国缺乏集团生活,团体与个人的关系轻松若无物,家庭关系就特别显露出来,而且也不得不着重而紧密起来。西方人开始也有家庭,然而他们集团生活太紧张而严重了,家庭关系遂为其掩盖。在紧张有力的集团生活中,团体直接统治到个人,个人在自觉时候,要争取其在团体中之地位。团体与个人两面相对而立,互相依存。西方既富于集团生活,所以个人人格即由此而苗露。在中国缺乏集团生活,也就无从映现个人问题。"团体与个人,在西洋俨然两个实体,而家庭几若为虚位。中国人却从中间就家庭关系推广发挥,以伦理组织社会,而消融了团体与个人这两端。"③由看重伦理情谊之结果,便是以财产为享用之物,而缺乏增值财产的资本观念。于是类似于消费本位的经济,而不是近代西方的生产本位的资本主义之路。伦理本位以家庭出发,从人人孝悌于家庭,伦理关系都各自做到好处(所谓父父子子),就使天下自然得其治。西洋近世由此大演了自由竞争,创造了灿烂的物质文明,中国已然"安息于地上"之生活。④

梁先生认为,中国的伦理社会如此牢固,还有两个精神性原因。一是中

---

① 梁漱溟:《中国文化的命运》,中信出版社 2010 年版,第 134—135 页。
② 梁漱溟:《中国文化的命运》,中信出版社 2010 年版,第 120 页。
③ 梁漱溟:《中国文化的命运》,中信出版社 2010 年版,第 132—133 页。
④ 梁漱溟:《中国文化的命运》,中信出版社 2010 年版,第 135 页。

国人从理论生活中,深得人生趣味。像孟子所说:"仁之实,事亲是也;义之实,从兄事业。智之实,知斯二者弗去是也。礼之实,节文斯二者是也。乐斯二者。乐则生矣生则恶可已也!恶可已,则不知足之蹈之,手之舞之!"①这里固然有教化的理想,个人修养的境界,不是人人都得以达到的,但人人可以达到的就是"天伦之乐"。同时为了家族的利益一家人共同努力使家族兴旺,或者甚至改变家庭的社会地位,由此人生的意义好像寻到了。因为,在家庭的共同努力中,"家和万事兴",大家协力合作使人心境开阔,忘了自己,即便吃苦也乐而忘苦了。而且,所努力的,不是一己的事,而是为了全家老小,乃至光耀门庭,显扬父母,或者积德积财,以遗子孙。在他们有一种义务感,同时,在他们面前有一远景,常常鼓励他们,即便是在人生倦怠之时,也可以重新获得活力。由此人生便有了努力的目标,精神上有所寄托。这类似于西方的宗教的一样,对人身是一种勤勉安慰的作用。"盖人生意味,最忌浅薄。浅薄了,便拢不住人类生命,而使其甘心松他的一生。"②就像米兰·昆德拉的语言,"生命不能承受之轻"。饮食男女,名位权利,固为人所贪求,然而太浅近了。事事为自己打算,固亦人之恒情,然而太狭小了,有时要感到乏味。正因如此,权利欲不如义务感之意味深厚,可能引发更强的生命力出来。这种情形,是源于人的生命具有相反的两面,一面是躯壳的欲望,一面是超越躯体或者反躯体的倾向。宗教之所以具有稳定人生的伟大作用,就因为它超越现实,超越躯壳,不使人生局限于浅近狭小处而止。"中国之家庭伦理,所以成一宗教替代品,亦为它融合人我,泯忘躯壳,虽不离现实而拓远一步,使人从较深较大处寻取人生意义。"③

中西文化,一个重家庭、重伦理,一个重集团、重个人,两者差别,可见一斑。重家庭、重伦理者,非常注重家庭亲属的人情交往关系,这成为日常生活中非常重要的一个组成部分,甚至在非日常生活中人情关系也成为一个重要的影响因素。但是这种重人情、重关系这一点也成为中国人超越物质性追求的一个因素。西方以宗教表现了人的超越性,中国以伦理关系超越了当下的物质追求,或称为奋斗的精神力量。当然,人情的太过强化或固化也成为制约中国现代化进程的一个因素。西方重集团、重个人,则独立性、

---

① 《孟子·离娄上》第二十七章。
② 梁漱溟:《中国文化的命运》,中信出版社 2010 年版,第 139 页。
③ 梁漱溟:《中国文化的命运》,中信出版社 2010 年版,第 139 页。

主体性意识比较强,每个人都是社会的一个独立的原子,他要靠自我的奋斗来显示自身的价值和上帝的恩宠,要以对自身现有状态的突破来实现自己的超越性。这两种社会特点,很大程度上影响了中西不同的生活状态。我们以此也可以看到近代以来中西差别日趋增大的一个原因。

第二节　中国古代哲人对生活的理解

中西文化结构的不同都有它的文化渊源,这不同的渊源也造就了不同的生活观念和生活状态。从精神追求到生活习惯,不同的文化传统成为不同人的文化标签。这些文化传统是祖辈人以之生存的精神标志,积累了数辈人的生活智慧,也是当代人的文化源泉。当我们被当下物质大潮所推拥,找不到自我的时候,应该不时地到我们的祖先那里寻找生活原初的根。无论是西方还是中国,都可以在其文化之根中寻找对生活的最本原的理解。

中国古代文化繁荣的第一个时期是在先秦时期,先秦百家争鸣,留下了宝贵的文化财富。然而在几千年的生活中影响中国人生活态度和生活习惯最大的两家是儒家和道家。儒家重道德,道家重自然,两种学说和思想都渗透到中国人的骨子里,造就了中国人的文化品格。不过在不同的人身上,人生境遇不同,个人追求不同,表现出来的风格各有不同。对于大多数中国人来说,儒家思想的影响更大、更普遍,更加融入普通人的日常生活中,因此更多的中国人具有儒家思想的风范。然而道家的"天人合一"的思想和"道法自然"的精神境界,在现代社会越来越显示出其更高的视野和价值追求,显示了中国人更高的人生智慧。

一、"理想人格"的道德超越

儒家思想是中国传统文化中最具代表性,也是对国民人格和国民生活模式影响最大的思想,可以说中国传统的生活模式几乎是儒家思想的一种再现。儒家对生活的理解主要表现在它所设计的"理想人格"上,我们以孔子和孟子关于理想人格的设计看儒家的生活观。

第一,重"践行"。《论语》不是什么理论著作,它是孔子及其弟子所总结的为"行"之道,孔子对于弟子的教诲中,无论传授个人修身之道,还是礼仪之道,治国之道,都是在于让弟子以至别人知道,作为一个人,应该怎么去做,他的"应该"不是着眼于未来的一种理想状态,而是随时随地都可以实施的行为规范。1912年曾经到过中国的德国哲学家赫尔曼·凯泽林(Hermann Keyserling,1880—1946)说到,儒家与众不同在于,"他们在生活中实践着儒学。我在此作为某种理论假说的东西,恰恰就是他们的生存形式"。① 之所以在生活中实践着儒学,是因为,这种包括做人之道的生活的理想并没有过分的太高要求,是每一个人都可以自我表现出来的一般水准或气质,一般人都可以在完善自己的过程中实现他。达到了要求可以称之为"君子",君子不一定要表现为作出多么大的丰功伟业,而是在现实生活中为人处世的过程中就可以体现出来的素质和修养。他们可以是道德上的伟人,但不见得是天才人物,是天赋平常却能够完美体现这种范式的人。这种范式的生活特性,为每个人向这种完美人格的修养提供了现实的可能性。

在言和行、知和行的关系上,孔子主张的是言行合一、知行合一,而且更注重行。孔子说:"君子耻其言而过其行。"②君子"先行其言而后从之。"③就是说,要把自己要说的话先去兑现,兑现后再说出来,这样才能称得上一个君子。孔子把"克己复礼"作为医治社会痼疾的良方,要人们遵循礼仪,而他自己首先就做循礼的典范。"朝,与下大夫言,侃侃如也;与上大夫言,誾誾如也。君在,踧踖如也,与与如也。""君召使摈,色勃如也,足躩如也。揖所与立,左右手,衣前后,襜如也。趋进,翼如也。宾退,必复命曰:'宾不顾矣。'""入公门,鞠躬如也,如不容。立不中门,行不履阈。过位,色勃如也,足躩如也,其言似不足者。"④"食饐而餲,鱼馁而肉败,不食。色恶,不食。臭恶,不食。失饪,不食。不时,不食。割不正,不食。不得其酱,不食。""席不正,不坐。""君命召,不俟驾行矣。"⑤非常遵循礼数。《论语·述而》中说:"子食于有丧者之侧,未尝饱也。""子於是日哭,则不歌。"《论语·学而》说,"子曰:'弟子,入则孝,出则悌,谨而信,泛爱众,而亲仁。行有馀力,则以学文。'"孔子的一生都在践行"仁",按照"礼"的要求规范自

---

① 转引自何兆武、刘钶林主编:《中国印象》(上册),广西师范大学出版社2001年版,第287页。

② 《论语·宪问》。

③ 《论语·为政》。

④ 《论语·乡党》。

⑤ 《论语·乡党》。

己的行为,他自己就是他的理论的践行者,或者说他也在以自己的实践来教育弟子。就像古希腊的哲学家一样,每个哲学家都是自己理论的践行者。言行一致,实际上就是把"言"和"行"都看做生活方式。"儒"就代表一种生活方式,也就是"学者"的意思,代表着一类人,这类人有自己独特的生活方式。《论语·雍也》区分了两种"儒":"子谓子夏曰:'女为君子儒,勿唯小人儒。"他要求子夏做一个有道德修养的君子性的学者,而不要做一个缺德无修养的小人式的学者。据冯友兰先生考证,在孔子之前,并没有"士"这种人,是孔子开创"士"这种生活方式和这一类人。

第二,重"人事",轻科学。中国古代也有天文、数学、军事等科学研究内容,但始终没有像西方那样成为独立的研究领域,包括也没有独立的哲学研究。中国哲人的理论特别是儒家几乎都是围绕着"人事"、"人伦"展开,为人处世的能力在中国属于"学问","人情练达即文章",一个人成熟与否,主要看他会不会游刃有余地适度地为人处世。梁漱溟先生曾将人类的"理"分为两种,以区别中国和西方。他说:"心思作用为人类特长,人类文化即于此发生。文化明盛如古代中国、近代西洋者,都各曾把这种特长发挥到很客观地步。但似不免各有所偏,就是:西洋偏长于理智而短于理性,中国偏长于理性而短于理智。"①他说,中国人都爱说"读书明理",这个理何所指,不烦解释,中国人都明白。它绝不包含物理的理、化学的理、一切自然科学的理,这个理对于中国人来说总偏护人世间许多情理,如父慈、子孝、知耻、爱人、公平、诚信之类。而西方书其所谈的不是自然科学之理,便是社会科学之理,或纯抽象的数理与论理。梁漱溟先生认为,科学之理,是一些静的知识,知其"如此如此"而止,没有立即发动什么行为的力量。而中国人所说的理,却就在只是人们行为的动向。② 科学之理,属于客观上的理,摒除一切感情方能尽其用,按照梁漱溟的说法为"物观上的理",简称"物理",无论什么人实施,都是一样的"理"。而人情上的情理,如果不付诸实际行动,就没有多少意义,不同的人遵循的"理"是因人而异的,却要见在感情上。情理表现在,儒家关注人们的关系,关注人的现世生活和生活的状态。子路问事鬼神,子曰:"未能事人,焉能事鬼。"敢

---

① 梁漱溟:《中国文化的命运》,中信出版社 2010 年版,第 50 页。
② 梁漱溟:《中国文化的命运》,中信出版社 2010 年版,第 50—51 页。

问死。曰："未知生，焉知死？"①儒家关心的是人事，而且是现世的人事，是与生活有关的事。儒家的内圣外王之道，修身、齐家、治国、平天下都是人事，小到日常生活中的细节（在孔子来说"礼"不是小事，是治理一个国家、一个社会的大事），大到理想人"仁"的实现，关心的都是人事。儒家的经典，从《论语》《孟子》以降，要解决的都是人应该怎样活着的问题，这是最根本的"人事"。

虽然孔子不谈鬼神，但是"天"在他那里还是具有根源性的含义。但是孔子所讲的"天"与老子所讲的"天"不同，老子的"天"是自然之天，孔子的"天"是道德之天。他说"天生德于予，恒魋其如予何！"②"君子有三畏：畏天命，畏大人，畏君子之言。"③"天命"是君子的社会责任，道德高尚的人所说恰是君子应行之道。孟子继承了孔子对天的理解，也把天理解为道德之天。他从道德意义上提出了"天人合一"的思想。他说："尽其心者，知其性也；知其性者，则知天矣。"④人能够竭尽心力去行善，就是真正懂得了天赋予人的本性，懂得了天赋予人的本性，也就是懂得了天命。"万物皆备于我矣。反身而诚，乐莫大焉。"⑤万物都为我所具备，反躬自问而觉得诚实无欺，而又能实行正确，就有莫大的快慰。就是说，人与天地万物是统一的整体，人之善端（仁义礼智信）受于天，本于天。实际上，孟子也是借"天"之威行人的道德之使命。

第三，以修身为本，成就理想的道德人格。梁漱溟先生说道："中国经书在世界一切所有的古代经典中，具有谁莫与比的开明气息，最少不尽理的神话与迷信。""因他专从启发人类的理性做功夫"⑥而这理性最主要的就是表现为道德修养。《论语》一书处处点人用心回省。例如，"己所不欲，勿施于人"。⑦把他人视做自己，从他人的角度处理问题，就没有处理不好的。"曾子曰，五日三省吾身：为人谋而不忠乎？与朋友交而不给信乎？传不习乎？"⑧

---

① 《论语·先进》。

② 《论语·述而》。

③ 《论语·季氏》。

④ 《孟子·尽心》。

⑤ 《孟子·尽心》。

⑥ 梁漱溟：《中国文化要义》，上海世界出版集团2005年版，第94页。

⑦ 《论语·颜渊》。

⑧ 《论语·学而》。

"三人行必有我师焉:择其善者而从之,其不善者而改之。"①"见贤思齐焉,
见不贤而内自省也!"②"子曰,已矣乎! 吾未见能见其过,而内自讼者
也!"③"司马牛问君子,子曰,君子不忧不惧。曰,不忧不惧斯谓之君子已
乎? 子曰,内省不疚,夫何忧何惧。"④"子曰,吾与回言终日,不违如愚,退而
省其私,亦足以发,回也不愚。"⑤"君子有九思:视思明,听思聪,色思温。貌
思恭,言思忠,事思敬,疑思问,忿思难,见德思义。"⑥"蘧伯玉使人于孔子,
孔子与之坐二问焉。曰,夫子何为? 对曰,夫子欲寡其过而未能也!"⑦"子
贡方人,子曰,赐也,贤乎哉! 夫我则不暇。"⑧"子曰,不愤不启,不悱不发;
举一隅不以三隅反之,则不复也。"⑨"子张问仁于孔子。孔子曰:'能行五
者于天下,为仁矣。'五者即恭、宽、信、敏、惠。""恭则不辱,宽则得众,信则
人任焉,敏则有功,惠则足以使人。"⑩答自贡曰:"夫仁者,己欲立而立人,己
欲达而达人,能近取譬,可谓仁之方也已。"⑪《论语》中如此之例还很多,它
总是教人自己省察,自己用心去想,养成自己的辨别力。"儒家没有什么教
条给人;有之,便是教人反省自求一条而已。除了信赖人自己的理性,不再
信赖其他。这是何等精神! 人类便在进步一万年,怕也不得超过罢!"⑫孔
子重视个人修养是注重内外的统一,他说:"质胜文则野,文胜质则史。文
质彬彬,然后君子。"⑬反对只注重外在的修饰,"巧言令色,鲜矣仁。"⑭

　　孟子继承孔子修养的精髓,对于启发人的理性、修养自身的要求更加真
切。如,"所以谓人皆有不忍人之心者:今人作见孺子将入於井,皆有怵惕

---

①　《论语·述而》。
②　《论语·里仁》。
③　《论语·公冶长》。
④　《论语·颜渊》。
⑤　《论语·为政》。
⑥　《论语·季氏》。
⑦　《论语·宪问》。
⑧　《论语·宪问》。
⑨　《论语·述而》。
⑩　《论语·阳货》。
⑪　《论语·雍也》。
⑫　梁漱溟:《中国文化要义》,上海世界出版集团 2005 年版,第 95 页。
⑬　《论语·雍也》。
⑭　《论语·学而》。

恻隐之心；非所以内交于孺子之父母也，非所以要誉於乡党朋友也，非恶其声而然也。由是观之，无恻隐之心，非人也；无羞恶之心，非人也；无辞让之心，非人也；无是非之心，非人也。恻隐之心，仁之端也；羞恶之心，义之端也；辞让之心，礼之端也；是非之心，智之端也。"①"仁、义、礼、智，非由外铄我也；我故有之也。弗思耳矣！"②"故曰，口之于味也，有同嗜焉；耳之于声也，有同听焉；目之于色也，有同美焉；至于心，独无所同然乎？心之所同然者何也，谓理也，义也。圣人先得我心之所同然耳。故理义之悦我心，犹刍豢之悦我口。"③义理是我内心的喜爱，就像猪狗之肉是我喜欢吃的一样。孟子认为，义理就像人的生理欲望一样对人的生存都是必然的，可欲之谓善。"无为其所不为，无欲其所不欲，如此而已矣！"④人的欲望要有节制，不属于自己的不要奢望。"生，亦我所欲也，义，亦我所欲也，二者不可兼得，舍生而取义者也。生亦我所欲，所欲有甚于生者，故不为苟得也。死亦我所恶，所恶有甚于死者，故患有所不辟也。"⑤虽然孔子、孟子都非常珍视人的生命，要人们珍视现实的生活，但是如果所珍爱的东西超过的生命的价值，如仁义，那么就不能苟活。所谓"舍生取义"，时代的脊梁。"人能充无欲害人之心，故仁不可胜用也。人能充无欲穿窬之心，而义不可胜用也。"⑥人这样不断地反思自己就达于仁义了。孟子养"浩然之气"，最终达到内外兼修的境界："居天下之广居，立天下之正位，行天下之大道。得志与民由之，不得志独行其道。富贵不能淫，贫贱不能移，威武不能屈，此之谓大丈夫。"⑦儒家是通过自我修养达到自身的完善。

第四，强烈的社会责任感。对于孔子来说，自身达到完善不是他的目的，他一心是要通过"内圣"成就"外王"，具有强烈的社会责任感。时逢乱世，天下礼仪尽失，对此情形，孔子十分心痛。他曾满怀信心地说："苟有用我者，期月而已可也，三年有成。"⑧他急于把自己的理想变为行动，使社会

---

① 《孟子·公孙丑上》。
② 《孟子·告子上》。
③ 《孟子·告子上》。
④ 《孟子·尽心上》。
⑤ 《孟子·告子上》。
⑥ 《孟子·尽心下》。
⑦ 《孟子·滕文公下》。
⑧ 《论语·子路》。

恢复秩序。他半生都在颠沛流离，目的是能找到一个施展才能、为国家效力的地方。这与古希腊柏拉图如出一辙，柏拉图为了自己的理想，三下叙拉古，只要统治者有需要，柏拉图放下一切应召而去，甚至几乎付出生命的代价。孟子把自己列入尧、舜、周文王、孔子系列，他说："如欲平治天下，当今之世，舍我其谁?"①孟子的"仁学"，他的人性论，都是为了"仁政"，为了如何治理国家。"老吾老以及人之老，幼吾幼以及人之幼，天下可运于掌。"②儒家的雄心壮志在张横渠的"为天地立新，为生民立命，为往圣继绝学，为万世开太平"中得到淋漓尽致的展现。儒家这种"济世"情怀与道家更关注个人的自由的境界形成了鲜明的对比。

第五，重义轻利、重精神轻物质的特点。从孔子到孟子以至其他的儒家代表，他们所追求的目标都是个人精神境界的提升，他们的理想价值"仁"以及理想人格——君子、圣人——都与物质财富的多寡和政治地位的高低没有直接的关系，而是精神上的富有者。"子言罕利。"③在《论语》中，孔子讲了很多重义轻利的话。"君子喻于义，小人喻于利。"④"君子谋道不谋食。耕也，馁在其中矣。学也，禄在其中矣。君子忧道不忧贫。"⑤"富与贵，是人之所欲也，不以其道，得之不处也。贫与贱，是人之所恶也，不以其道，得之不去也。君子去仁，恶乎成名? 君子无终食之间违仁。造次必于是，颠沛必于是。"⑥"志士仁人，无求生以害仁，有杀身以成仁。"⑦"君子义以为质，礼以行之，孙以出之，信以成之，君子哉!"⑧孔子曾经称赞颜回"贤哉，回也! 一箪食，一瓢饮，在陋巷。人不堪其忧，回不改其乐。贤哉，回也!"⑨孔子对精神的重视甚至到了鄙视劳动的地步。樊迟问种庄稼的事，孔子很不以为然，等他出去后说，"小人哉! 樊须也! 上好礼，则民莫敢不敬。上好义，则民莫敢不服。上好信，则民莫敢不用情。夫如是，则四方之民襁负其

---

① 《孟子·公孙丑下》。
② 《孟子·梁惠王上》。
③ 《论语·子罕》。
④ 《论语·里仁》。
⑤ 《论语·卫灵公》。
⑥ 《论语·里仁》。
⑦ 《论语·卫灵公》。
⑧ 《论语·卫灵公》。
⑨ 《论语·雍也》。

子而至矣,焉用嫁?"①从这里,也可以看出孔子是一个很真实的人,不是一个高大全的人物,他也有他的认知不足和阶级的时代局限性。

儒家重精神轻物质的特点还体现在个人修养的方法上,这就是"养心寡欲"。子路问君子,子曰:"修己以敬"②意思是以礼来修炼自己。关于个人修养,孔子针对不同的人生阶段,制订了不同的修养重点:"少之时,血气未定,戒之在色。及其壮,血气方刚,戒之在斗。及其老也,血气既衰,戒之在得。"③子曰:"君子食无求饱,居无求安,敏于事而慎于言,就有道而正焉,可为好学也已。"④就是说,君子吃饭不求饱,居住不讲舒适,能时常向道德高的人学习并改正自己,就是好学了。自贡曰:《诗》云:'如切入磋,如琢如磨。'其斯之谓与?"⑤这种修养的功夫是无止境的,这种学习琢磨的态度再怎么努力也不为过。孔子说:"君子不器。"君子不能像器具那样,仅仅具有一才一艺就行了。"君子博学于文,约之以礼,亦可以弗畔矣夫!"⑥君子要广泛地学习一切知识,并且用礼来约束自己,就可以不离君子之道了。"默而识之,学而不厌,诲人不倦,何有于我哉?"⑦说明孔子时时反思自己的学习。当然,儒家并不是禁欲主义者。孔子曾说:"食不厌精,脍不厌细。"表明他喜欢美食。《论语·颜渊》中,子贡问政。"子曰:'足食,足兵,民信之矣。'子贡曰:'必不得已而去,于斯三者何先?'曰:'去兵。'子贡曰:'必不得已而去,于斯二者何先?'曰:'去食。自古皆有死,民无信不立。'"⑧孔子把信、食、兵看做治理国家的三要素,足食第二重要。孔子还说过:"因民之所利而礼之。"⑨让老百姓做对他们有利的事。"百姓足君孰与不足?百姓不足,君孰与足?"⑩假如百姓的用度够了,您怎么能够不够呢?如果百姓的用度不够,您怎么能够呢?因此,虽然儒家注重精神的修养,但是民众的

① 《论语·子路》。
② 《论语·宪问》。
③ 《论语·季氏》。
④ 《论语·学而》。
⑤ 《论语·学而》。
⑥ 《论语·雍也》。
⑦ 《论语·述而》。
⑧ 《论语·颜渊》。
⑨ 《论语·尧曰》。
⑩ 《论语·颜渊》。

富足、物质生活的改善也是需要的。所以孔子是现实主义者,注重精神境界的提升和道德修养,也关心老百姓的生活。

二、"道法自然"与"天人合一"的境界

(一)老子的"道法自然"

《道德经》五千言中,"道"是最高的哲学范畴。但老子给"道"的界定和形容很朴素简单,或者说很抽象,给后人留下多种不同的解释空间:一说"道"是法则、规律,一说"道"是天地万物的本源,一说"道"是宇宙存在的混沌状态,一说"道"是天地万物的普遍性本质。老子对"道"的形容确实含有这些意思,我们这里所要强调的是"道"的含义对人生的理解。

1. 道的整体观

《道德经》对"道"的描述,为我们提供了一个由正反两面相互依存、相互转化而构成的包罗万象的整体的图案。老子把这个作为整体的"道"又叫做"一","一"乃是无所不包的整体,天地万物都是由此整体而产生。第三十九章:"昔之得一者,天得一以清,地得一以宁,神得一以灵,谷得一以盈,万物得一以生";第二十二章:"是以圣人抱一为天下式"。这些地方的"一"比较明显地指作为整体的"道"。"一"不是某一个个别的具体的东西,而是无所不包的普遍联系的整体,是万物生长、万物相通、正反相依的源头。任何某一个个别的具体的东西都不能须臾离开整体而成为己之所是。《道德经》第四十二章说:"道生一,一生二,二生三,三生万物。万物负阴而抱阳,冲气以为和。"这里,老子指出,万物的总根源是"混而为一"的"道","道"对于千姿百态的万物来说,是独一无二的。但"道"本身却禀赋着两个相互对立的方面即阴阳二气,阴阳二气的交冲融合,构成新的统一体,形成各具形态的万物。这里的"一"、"二"、"三"是指"道"创生万物的过程。

《道德经》第十四章说:"视之不见名曰夷。听之不闻名曰希。抟之不得名曰微。此三者不可致诘,故混而为一。其上不口,其下不昧,绳绳不可名,复归於无物。是谓无状之状,无物之象,是谓惚恍。迎之不见其首,随之不见其后。"这些话都是对"一"即整体的描述:不可触摸,不见首尾,广阔无边。《庄子·齐物论》:"夫道未始有封",言"道"作为"一"作为整体,无所不在,没有界限。《庄子·天道》:"夫子曰:夫道于大不终,于小不遗,故万物备。广广乎其不容也,渊源乎其不可测也。"这些都是说"道"作为"一"之

整体无所不包之意。《庄子·知北游》所谓"物物者与物无际,而物有际者,所谓五际者也",也是说的个别之物有际,而"道"("物物者")则无际。《道德经》第二十一章:"孔德为容,惟道是从。道之为物,惟恍惟惚。惚兮恍兮,其中有象;恍兮惚兮,其中有物;窈兮冥兮,其中有精,其经甚真,其中有信,自今及古,其名不去,以阅众甫。吾何以知众甫之然哉?以此。"是说"道"作为无所不包的"一"既无具体的形象,却又包含具体物的形象于其中而非空虚。"众甫"者,万物之始也。"以阅众甫"就是说,认识万物的个别性、特性,或者说个别事物之所以如此这样("众甫之然"),都必须通过"自古及今,其名不去"的唯一的"道"的整体性之"门"才得以产生和成立。所以这个"一"不是抽象的"普遍性",而是能够产生"多"、产生"个别性"的"普遍性",就是"万物得一以生"。也就是"道"生万物,一个个个别的事物体现了"道",才能成为个别物。万物之存亡皆在于能否体现"道",体现了遵"道"者生,背"道"者亡。

老子把万物间的普遍联系、相互依存最后都归结为正反两面的联系和依存,《道德经》的大部分篇幅都是在讲现象、事物之间相辅相成、相互依存的关系。《道德经》第二章说,"有无相生,难易相成,长短相形,高下相盈,音声相和,前后相随,恒也。"这是说的自然界和社会中事物和现象对立面的相互依存。《道德经》讲的其他相互对立的方面,如善与恶、宠与辱、枉与直、明与昧、动与静、智与愚、巧与拙、进与退、取与予、强与弱、辩与讷、益与损、死与生、祸与福等对立面之间的相成相生,都是说的万物都不能离开相互联系的整体而存在,都是互相依存的。正因为"道"具有整体性,所以一般人感觉"道"很抽象。《道德经》第四十一章说:"上士闻道勤而行之,中士闻道若存若亡,下士闻道大笑之,不笑不足以为道。故建言有之:明道若昧,进道若退,夷道若类;上德若谷,大白若辱,广德若不足,建德若偷,质真若渝;大方无隅,大器晚成,大音希声,大象无形,道隐无名,夫唯道善贷且成。"不被一般人嘲笑,那就不足以为"道"了。但只有"道"才能使万物善始善终。《庄子·齐物论》说:"物无非彼,物无非是。自彼则不见,自知则知之。故曰:彼出于是,是亦因彼。彼是,方生之说也。"此与彼相依相存,这就是作为"一"(整体)的"道"之"为天下母"的化生功能。有整体才有部分,有源头才有化生。这就是"道"的整体含义。

老子的这些思想,其核心在于强调个别的东西不能离开相互联系、相互转化的整体而存在,个别事物的根源在于整体之"一"中。"众甫之然,以此。""此"即"道",普遍联系的整体。强调整体,强调联系,强调个别依存于整体,这正是传统中国的人生之道,强调家、家族,由家而国,中国社会的整个秩序是伦理秩序,强调君臣父子各有其礼,夫妻兄弟,各有规矩,由各种礼规范着各个层次、各个角色的人,由此整个社会成为一个伦理社会,每个个体都是整个伦理秩序上的一个小纽结,无法脱离家庭、社会而存在,脱离家庭就是无根的人,没有力量帮扶,实际上是很难生存的。

2. 道的规则观

与"道"之为"一"的整体观相联系的是"道"即法则、规律的思想。《道德经》第十六章:"夫物芸芸,各复归其根。归根曰静,静曰复命。复命曰常,指常曰明。不知常妄,妄作凶。知常容,容乃公。公乃全,全乃天,天乃道,道乃久,没身不殆。""常"者,法则也,规律也,知常者明,依常而行,则"没身不殆",反之,违常妄为则凶。认识规律才能一切包容,符合自然才符合"道",符合"道"才能长久,终身不会遭受危险。老子还描述了天地万物运动变化的最高法则:"反者道之动"①"吾不知其名,字之曰道,强为之明曰大。大曰逝,逝曰远,远曰反"②。事物发展至极,便走向反面,所谓物极必反。这既是自然的法则,也是人生的法则。《道德经》处处谈自然之道,但终归着力于人生,着力于人道而非天道。《老子》按照"反者道之动"的法则讲了治国和修身之道,可以算是一种关于人生和社会政治的科学。这其中贯穿始终的是"无为"、"自然"和正反相成、以柔克刚的规律。儒家就人生谈人生,讲的是"应然"的道德规范,而非"已然"的客观法则。《道德经》"推天道以明人事",从一个更高、更广阔的"天道"的角度和视野思考人生之路和治国之道,具有规则的指导性。在老子心目中,宇宙乃是一个阴阳(正反)和合有序的体系。《老子》第四十三章:"万物负阴而抱阳,冲气以为和",万物都是阴阳和合有序的统一体,因此无论自然还是人世都是有规则可循的。知道了规则,合于规则,人生才顺畅。

3. 道的动力观

"道"既是无所不包的整体,故"道"之动力即在万物之内。若问,万物

---

① 《道德经》第四十章。
② 《道德经》第二十五章。

的法则由何而来？万物缘何按"道"的法则而动？或者说，"道"由何而来？《道德经》的回答很明确：由于"道"之自身。《道德经》第二十五章说："有物混成先天地生。寂兮寥兮独立不改，周行而不殆，可以为天下母。吾不知其名，强字之曰道。强为之名曰大。大曰逝，逝曰远，远曰反。故道大、天大、地大、人亦大。域中有大，而人居其一焉。人法地，地法天，天法道，道法自然。""自然"在这里不是指今天所谓自然界，而是自然而然之意。"道"之外别无他物。或者用斯宾诺莎的语言来说，就叫做"实体"——"自因"。也就是说，万物的法则本身就是如此，"道"本身就至矣尽矣，不受制于任何他物，没有什么比"道"更高的原则来说明"道"之原因、缘由。正因为如此，人要注重自身的修养，学会辩证地、灵活地处理人事，原则还是遵循"自然"。《道德经》第六章："谷神不死是谓玄牝。玄牝之门是谓天地根。绵绵若存，用之不勤。"道的变化永不停息，这是天地的根，它绵延不绝地永存着，所用无穷无尽。第三十二章："道常无名。朴虽小天下莫能臣也。侯王若能守之，万物将自宾。天地相合以降甘露，民莫之令而自均。始制有名，名亦既有，夫亦将知止，知止可以不殆。譬道之在天下，犹川谷之於江海。""道"作为万物之根既产生万物，同时"道"还存在于万物之中，万物，包括治国都要遵循"道"，"道"为天下人心所归，犹如江海为无数河川溪水所流归一样。第三十七章"道常无为而无不为"，说"道"永远是顺任自然而无为的，然而又没有一件事不是它所为的。"道"无形无遁，然而却无时无刻不在作用着万物。《道德经》第三十五章："道之出口淡乎其无味，视之不足见，听之不足闻，用之不足既。"第四十一章："道隐无名。夫唯道善贷且成。""道"总是幽隐不现，无名无声，但只有"道"，才能是万物善始善终。第三十八章说："上德不德是以有德。下德不失德是以无德。上德无为而无以为。下德无为而有以为。上仁为之而无以为。上义为之而有以为。""是以大丈夫，处其厚不居其薄。处其实，不居其华。故去彼取此。"是说，只有顺应自然，立身淳朴才是"上德"。老子认为，"道"生万物，"德"养万物，但"道"和"德"并不干涉万物的生长繁殖，而是顺其自然。

4. 道的生活观

这是《道德经》最主要的内容之一。在《道德经》中，老子是从"天道"的视野为"人道"寻找一种根据和原则，"天道"总要归到"人道"，因此，《道德经》中处处有关于为人处世的生活之道。最明显表现在他对圣人的行为处世的态度。但是，老子认为，"天之道"最公平，而"人之道"最不公平，只有有"道"的人才能抛弃"人之道"的"损不足以奉有余"，而取法"天之道"的"损有余以奉天下"。第七十七章："天之道其犹张弓与。高者抑之，下者举之。有馀者损之，不足者补之。天之道，损有馀而补不足。人之道，则不然，损不足以奉有馀。孰能有馀以奉天下，唯有道者。是以圣人为而不恃，功成而不处。其不欲见贤邪！"这里，老子提出的"损有余以奉天下"，体现了他的社会财富平均化和人类平等的观念，同时也反映了他对理想社会的渴望与向往。

老子的人生观，总的原则是"法自然"，顺应自然而行。具体表现为几点要义：第一，无私。老子认为，大自然是按其故有规律运行的，所以大自然是无私的，这是自然之"道"，人要遵循自然之道，因此人也要无私。因此，老子的人生观与他的宇宙观是一体的。第五十一章："道生之，德畜之，物形之，势成之。是以万物莫不尊道，而贵德。道之尊，德之贵，夫莫之命而常自然。""长之育之。亭之毒之。养之覆之。生而不有，为而不恃，长而不宰。是谓玄德。""道"生万物，"德"养万物，因此，万物无不尊崇"道"而珍贵"德"，"道"之所以受尊崇，"德"之所以被珍贵，就在于"道"和"德"对万物生长繁殖并不加以干涉，而顺其自然。"道"生养万物而不据为己有，不以有功自居，不加干涉，这是最深远的"德"。人依"道"而行，亦应如此。第四十九章："圣人无常心，以百姓心为心。""圣人"没有私心，以百姓之心为心，使人人向善、守信。第七章："天长地久。天地所以能长且久者，以其不自生，故能长生。是以圣人后其身而身先，外其身而身存。非以其无私邪！故能成其私。"天地之所以长久，因为他们不是为自己而生存，正是由于他不自私，反而能成就自己的事业。《道德经》第十九章："见素抱朴少私寡欲。"第二章："是以圣人处无为之事，行不言之教。万物作焉而不辞。生而不有，为而不恃，功成而弗居。夫唯弗居，是以不去。""圣人"用"无为"的态度处理世事，实行"不言"的教导；任凭万物生长而不加干涉；生养万物而不据为己有；为万物尽了力而不自恃己能；功成而不自居。正因为他不居功，所以他的功绩不会失去。第六十四章："为者败之，执者失之。是以圣人无为故无败，无执故无失。"有"道"的"圣人"不出于私利要操纵把持权力，所以不会失去权力。因此，有"道"的人无私反而有余；尽力为他人，反而自己越不会失去，以其无私成其私，他的最大的私就是成就"德"。

第二,自谦不争。《道德经》第三十四章:"大道泛兮,其可左右。万物恃之以生而不辞,功成而不名有。衣养万物而不为主,常无欲可名於小。万物归焉,而不为主,可名为大。以其终不自为大,故能成其大。"第二十四章:"企者不立;跨者不行。自见者不明;自是者不彰。自伐者无功;自矜者不长。其在道也曰:馀食赘形。物或恶之,故有道者不处。"老子认为,大道"为而不恃,功成而不居",所以人亦当自谦。自谦的表现就是不自大,不自见,不自是,不自伐,不自矜。而自谦会受益,所以"不自见故明;不自是故彰;不自伐故有功;不自矜故长"。① 自谦的反面是自骄,骄的表现是:自大,自见,自是,自伐,自矜,而自大反而不能成其大,自见反而不能明,自是反而不能彰,自伐反而无功,自矜反而不能长。由于谦虚,所以与人不争,"曲则全,枉则直,洼则盈,敝则新少则得,多则惑……夫唯不争,故天下莫能与之争。"②只有不与人争,才能使天下没有谁能争得过自己。不争的人是上善,老子用水作比喻,表现了他的出世不争的人生态度,第八章说:"上善若水。水善利万物而不争,处众人之所恶,故几於道。居善地,心善渊与善仁,言善信,正善治,事善能,动善时。夫唯不争,故无尤。"意思是,最善之人(亦即"圣人")的品格,像水那样,不但做有利于众人的事而不争,而且还愿意去众人不愿意去的地方居住;最善之人的言论、行为,都接近于"道",所以没有过失。因为谦虚,所以"不敢为天下先",甘愿居后,甘愿处下。然而事物的发展是辩证的,居后反而能身先,处下反而有好处,就像江海处在百川的下游,百川都流归于江海。《老子》第六十六章:"江海之所以能为百谷王者,以其善下之,故能为百谷王。是以圣人欲上民,必以言下之。欲先民,必以身後之。是以圣人处上而民不重,处前而民不害。是以天下乐推而不厌。以其不争,故天下莫能与之争。"在老子看来,"圣人"为政,则会谦让居下,不与民争利,以"不争"得到人民的信服和拥戴。正因为"圣人"不争,天下才没有人与他争。

老子认为,在自然界,新生事物总是柔弱的,而柔弱的新生之物总是充满生机、充满活力的,所以柔弱是"生"的自然法则。人法自然,就是要守柔。他说:"天下之至柔,驰骋天下之至坚。无有入无间,吾是以知无为之

---

① 《道德经》第二十二章。
② 《道德经》第二十二章。

有益。"①在老子看来，最柔弱的东西里面，蓄积着人们看不见的巨大力量，使最坚强的东西无法抵挡。不言之教，无为之益天下希及之。譬如水，天下没有比水更柔弱的，但冲击坚强的东西，没有能胜过水的，具有任何力量都不可替代的能量，却甘愿居卑处下。然而没有人能实行。《道德经》第七十八章："天下莫柔弱於水。而攻坚强者，莫之能胜。以其无以易之。弱之胜强。柔之胜刚。天下莫不知莫能行。"人要像水一样，让自己处于柔弱的地位，发展自己的潜能，具有坚韧的内在力，就能战胜一切。

第三，适度，贵生贵己。老子还认为，无论做什么事，都不能过度，要适可而止。《道德经》第九章说："持而盈之不如其己；揣而锐之不可长保；金玉满堂莫之能守；富贵而骄，自遣其咎。功遂身退，天之道。"锋芒毕露，富贵而骄，居功贪位，都是过度的表现，难免灾祸。功成身退，是符合"天道"的。老子看到了欲壑难平的物质文化生活的弊害，提出了"为腹不为目"的主张，对当今的物质世界物欲横流的现象也是一种鞭挞，这是中国文化具有极高的理性精神的表现。《道德经》第十二章说："五色令人目盲，五音令人耳聋，五味令人口爽，驰骋畋猎令人心发狂，难得之货令人行妨。是以圣人，为腹不为目，故去彼取此。"为"腹"，即求建立内在清静恬淡的生活；不为"目"，即不要追求外在贪欲的生活。这对于内心的安宁、身体的和谐都是必需的。老子还谈到了宠辱对人身的危害，提出了"贵身"、"爱身"的主张。《道德经》第十三章说："宠辱若惊，贵大患若身。何谓宠辱若惊？宠为下。得之若惊失之若惊是谓宠辱若惊。何谓贵大患若身？吾所以有大患者，为吾有身，及吾无身，吾有何患。故贵以身为天下，若可寄天下。爱以身为天下，若可托天下。"在老子看来，得宠者以得宠为殊荣，为了不至于失去殊荣，便在赐宠者面前诚惶诚恐，曲意逢迎，自身的人格尊严被损害了；受辱也是损害自身的人格尊严，与得宠没有什么不同。把宠辱看的比自身生命还重，是最大的祸害。只有珍重自身生命的人，才能珍重天下人的生命，只有爱惜自身生命的人，才能爱惜天下人的生命，也只有这样的人，才能使人民放心地把天下托付于他，让他担当起治理天下的任务。

第四，容人，人的行为要符合"道"，宽以待人，包容他人。老子认为，

---

① 《道德经》第四十三章。

"天地之间","虚而不屈,动而愈出。"①意思是天地广大无所不容,空虚但不会穷竭,发动起来生生不息。"道冲而用之,或不盈。渊兮似万物之宗。解其纷,和其光,同其尘,湛兮似或存。"②"道"是不可见的虚体,然而作用无穷无尽;渊是那样的深,好像是万物的宗主。它不露锋芒,解脱纷扰;含蓄光耀,混同尘垢。它是那样深沉而无形无象,却有似亡而实存。老子主张以虚寂的心灵,静观万物的运动变化。在它看来,万物的运动变化,由生长到死亡,循环往复,虚静是根本,虚静中重新孕育着新的生命。《道德经》第十六章:"致虚极守静笃。""知常容,容乃公,公乃全,全乃天,天乃道,道乃久,没身不殆。"万物变化是有规律的,认识规律才能一切包容,一切包容才能坦然大公,坦然大公才能无不周遍,无不周遍才能符合自然,符合自然才符合"道",符合"道"才长久,终身不会遭受危险。人法自然,就是要"虚其心"③,虚怀若谷,是为"上德"。唯虚能容人,所以"人无弃人";唯虚能容物,所以"物无弃物";唯虚能宽大,所以"抱怨以德";唯虚能变通而偏执,所以对于善人固然能以善对待,对于不善的人也能以善对待。

第五,人要善于自我修养,丰富自己的精神生活。《道德经》第三十三章说:"知人者智,自知者明。胜人者有力,自胜者强。知足者富。强行者有志。不失其所者久。死而不亡者,寿。"在老子看来,"知人"、"胜人"固然重要,但"自知"、"自胜"尤其重要。一个人若能省视自己,坚定自己,克制自己,并且矢志力行,就能丰富自己的精神生活,保持长久的生命力。《道德经》第四十四章:"名与身孰亲。身与货孰多。得与亡孰病。是故甚爱必大费。多藏必厚亡。知足不辱。知止不殆。可以长久。"老子认为,人要贵生贵己,对待名利要适可而止,知足常乐,这样才能避免遇到危难。反之,贪求的名利越多,付出的代价也就越昂贵;积累的财富越多,失去的也就越多。所以要"知足"、"知止",只有"知足"、"知止",才能"不辱"、"不殆",长久平安。这虽然与现代社会争强上进的观念有所不一致,但是对于人的安静宁静的生活和自身修养确是不可不有的认识和心态。

老子称赞得"道"之人的"微妙玄通,深不可识",精神境界远远超出一

---

① 《道德经》第五章。
② 《道德经》第四章。
③ 《道德经》第三章。

般人所能理解的水平。《道德经》第十五章说："古之善为士者，微妙玄通，深不可识。夫唯不可识，故强为之容。豫兮若冬涉川；犹兮若畏四邻；俨兮其若容；涣兮若冰之将释；敦兮其若朴；旷兮其若谷；混兮其若浊；澹兮其若海；兮若无止。孰能浊以静之徐清。孰能安以动之徐生。保此道者不欲盈。夫唯不盈故能蔽而新成。"得"道"之人具有谨慎、警惕、严肃、洒脱、融和、淳朴、旷达、浑厚等人格修养的精神风貌，处世为人，不肯自满，因而能去故更新，不断完善。老子将世俗之人的心态与自己（得"道"之人）的心态做了对比描述。第二十章说："众人熙熙如享太牢、如春登台。我独泊兮其未兆，如婴儿之未孩；累累兮兮若无所归。众人皆有徐，而我独若遗。我愚人之心也哉！沌沌兮。俗人昭昭，我独昏昏；俗人察察，我独闷闷。众人皆有以，而我独顽且鄙。我独异於人，而贵食母。"在老子看来，世俗之人对于是、非、善恶、美、丑的判断，并没有什么严格的标准，甚至是混淆的，任意而行。从表面上看，他显得心愚、糊涂、没有本领，其实并非如此，而是淳朴自然的本性。世俗之人熙熙攘攘，纵情于声色货利，而他甘守淡泊，淡然无系，但求精神的升华。他之所以与世俗之人不同，在于他得到了"道"。老子谈到真正的"善"。《道德经》第二十七章说："善行无辙迹。善言无瑕谪。善数不用筹策。善闭无关楗而不可开。善结无绳约而不可解。是以圣人常善救人，故无弃人。常善救物，故无弃物。是谓袭明。故善人者不善人之师。不善人者善人之资。不贵其师、不爱其资，虽智大迷，是谓要妙。"老子用"善行"、"善言"、"善数"、"善闭"、"善结"做比喻，说明人的言行作为，只要符合自然，不用费多大力气，就会取得很好的效果，并且无懈可击。"圣人"懂得这番道理，因而善于待人接物，凭着自己的聪明智慧，做到人尽其才，"无弃人"；物尽其用，"无弃物"。

（二）庄子的"天人合一"

中华传统文化的两大分支儒家和道家，它们在文化方面各有所重。儒家重道德，以道德为人生的最高境界；道家重"道"，以"道法自然"、"天人合一"为人生的最高境界。儒家是以入世的生活态度，把道德境界视为人生的最高理想；道家的"法自然"、"天人合一"的境界超越了道德的境界，是一种审美的境界。美的境界是一种自由的境界，以达到自我欣赏的诗意的境界为目标。虽然儒、道两家都重视人的精神发展的理想，但是儒家的道德更多地表现为一种责任和义务，无法使人达到一种自我欣赏、自我享受的精神状态,不能满足人性的最高追求。而道家的"天人合一"则达到了人与世界融合的享受自我和世界的审美境界,这是人性或人的精神发展的最高境界。这也是中国人理性早启的标志之一,从这个意义上,梁漱溟先生说中国传统文化是早熟的文化。①

《道德经》在多处对得道者的精神状态做了描绘,如"我独泊兮其未兆,如婴儿之未孩……我愚人之心也哉。沌沌兮,俗人昭昭,我独昏昏。俗人察察,我独闷闷。澹兮其若海,飏兮若无止。众人皆有以,而我独顽似鄙,我独异于人,而贵食母"。②"常德不离,复归于婴儿。"③"含德之厚,比如赤子。"④得道之人,大智若愚,超越与世俗的厉害、善恶、贵贱、宠辱之上而"昏昏"、"闷闷",犹如婴儿。这是一种纯真、真诚、自然地状态。庄子在老子"道法自然"、人与自然合一的基础上,提出了"天地欲望并生,万物与我为一"⑤的"天人合一"的境界。关于庄子"天人合一"的精神境界,还有诸多的描述"独与天地精神往来,而不傲倪于万物"⑥"乘天地之正,而御六气之辩,以游无穷者"⑦。这些对人与宇宙、自然融合为一的在"庄周梦蝶"中达到了极致。"庄周梦为蝴蝶、栩栩然蝴蝶也……不知周之梦为蝴蝶与?蝴蝶之梦为周与?"⑧庄周与蝴蝶一也,也是庄子对"天人合一"境界的最形象生动的描绘。

庄子的"天人合一"境界,具有不可分离的两个方面:一是自由的精神,二是审美的态度。

何为自由?恩格斯在《反杜林论》中谈到自由和必然的关系。他说:"黑格尔第一个正确地叙述了自由和必然的关系。在他看来,自由是对自然的认识……自由不在于幻想中摆脱自然规律而独立。而在于认识这些规律,从而能够有计划地使自然规律为一定的目的服务。这无论对外部自然界的规律,或对支配人自身的肉体存在和精神存在的规律来说,都是一样

---

① 梁漱溟:《中国文化要义》,上海世界出版集团2005年版,第235页。
② 《老子》第二十章。
③ 《老子》第二十八章。
④ 《老子》第五十五章。
⑤ 《庄子·齐物论》。
⑥ 《庄子·天下》。
⑦ 《庄子·逍遥游》。
⑧ 《庄子·齐物论》。

的。这两类规律,我们最多只能在观念中而不能在现实中把它们互相分开。因此,意志自由只是借助于对事物的认识来作出决定的那种能力。因此,人对一定问题的判断愈是自由,这个判断的内容所具有的必然性就愈大;而犹豫不决是以不知为基础的……因此,自由是在于根据对自然界的必然性的认识来支配我们自己和外部自然界;因此它必然是历史发展的产物。"①马克思在谈到"必然王国"和"自由王国"时曾经说到:"自由王国只是在必要性和外在目的规定要做的劳动终止的地方才开始;因而按照事物的本性来说,它存在于真正物质生产领域的彼岸……这个自然必然性的王国(物质生产领域——著者加)会随着人的发展而扩大;但是,满足这种需要的生产力同时也会扩大。这个领域内的自由只能是:社会化的人,联合起来的生产者,将合理地调节他们和自然之间的物质变换,把它置于他们的共同控制之下,而不让它作为一种盲目的力量来统治自己;靠消耗最小的力量,在最无愧于和最适合与他们的人类本性的条件下来进行这种物质变换。但是,这个领域始终是一个必然王国。在这个必然王国的彼岸,作为目的本身的人类能力的发挥,真正的自由王国,就开始了。但是,这个自由王国只有建立在必然王国的基础上,才能繁荣起来。"②这里马克思和恩格斯谈到了人的两种"自由",一种是对自然的认识和对客观世界的改造能力,这是随着生产力的不断发展而逐渐扩大的过程,但是这种自由无论达到什么程度,它始终是必然王国内的自由,是为了人的生存的必需,只是相对于完全被自然控制的状态来说,能够在认识自然的基础上改造客观世界。一种是为了人本身的发展的自由,作为目的本身的人类能力的发展才是真正的自由王国。在这个自由王国,人的发展是唯一的目的,当然这个自由王国要建立在必然王国的基础上。

关于自由的精神庄子的学说中早就存在,这也印证了梁漱溟所说的中国文化早熟的意味。自由的精神就表现在庄子的"有待"与"无待"之说中,庄子在《庄子·逍遥游》中说"夫列子御风而泠然善也……此虽免乎行,犹有所待者也。若夫乘天地之正,而御六气之辩,以游无穷者,彼且恶乎待哉?故曰:至人无己,神人无功,圣人无名。"乘风而行,自由如风,但仍"有所

① 《马克思恩格斯选集》第3卷,人民出版社1995年版,第455—456页。
② 《马克思恩格斯全集》第46卷,人民出版社2003年版,第928—929页。

待"——需要依赖风力,受风力限制,这还不能算是逍遥,不是自由自在。就像世俗之人,以私己为重,获得了功名、利禄,满足了自己越来越多的需求,这就是自由自在了。实际上,这种自由自在都"有所待",即有待于满足私己的功名、利禄,一般得不到自己想要的功名、利禄,属于不自由不自在,是因为这种自由自在受到"所待"之限制。因此不是真正的自由自在。只有根本不受限制,不受制于"有待"——即有所得——的限制,才是真正的自由自在,这就要求"无所待",不依赖于任何外来的东西。如果能"乘"天地之正气,控制阴阳风雨晦明之变化,游于无穷,即顺乎自然之法则,达到"天人合一"的境界,则可以不依赖世俗间任何东西的限制,才是真正的自由和逍遥。即逐求"自然之道"、行"人之道",这样的行为才是自由的逍遥的行为。这完全是人的修养行为,与物质无关。"圣人"、"至人"、"神人"忘己,无功名利禄之牵绕,才是真正的自由之人。当然,庄子所说的"至人无己"并非是灭绝个人私欲,所谓"无己"只是超越功利,从功利中超脱出来,追求大道,这种追求是没有任何限制、任何依赖的。

当然,马克思所说的自由和庄子所说的自由既有区别又有联系。一方面它们都是超越了人的物质要求,它的目的不是追求可见的物质性的东西,而是人类本身的发展和和谐。但是马克思侧重的是人的能力的发挥,以人的发展和精神追求为目的,但是必须以必然王国创造的物质生活条件为基础。而庄子所说的自由超越了物质的功利的需求,它不依赖于物质世界的发展,并不以人的全面发展为目的,是单纯的精神境界的提升,强调的是人与自然的和谐和人自身的内心和谐。但是他们关于自由的态度具有一致性,都是人对自身超越性的欣赏和肯定。

审美的态度和自由的精神是一件事情的两个方面。席勒认为,视艺术高于实际兴趣,乃是文明人的标志,一个完全的人是"审美的人",或者说是"游戏着的人"。席勒把审美意识称为"游戏冲动",而"游戏冲动"是"感性冲动"与"理性冲动"的统一。他认为,单纯的"感性冲动"使人受自然的感性物欲的强迫,是一种"限制",单纯的"理性冲动"使人受理性法则(例如作为道德义务)的强迫,也是一种"限制",只有将二者结合的"游戏冲动"才能超越有限达到无限,达到最高的自由。① 庄子所主张的天人合一的境界就是

---

① 张世英:《哲学导论》,北京大学出版社 2002 年版,第 196 页。

"审美的"的态度,他没有把自身和自然看做是一种限制(有待),人自然而然地顺应自然法则,以一种享受的态度顺应自然。审美是自由的,因为"无待",不依赖什么,不追求外在的目的;审美是一种物我合一的状态,只有物我合一才会有审美。庄子所说的"物我合一"是一种人生境界,一种人生态度。

庄子所说的"磅礴万物"就是这种物我合一境界的体现。在《逍遥游》里面庄子讲了一个寓言故事:说有两个人,一个叫肩吾,一个叫连叔。一天,肩吾对连叔说:我听说有一个主宰姑摄山上的神人,"肌肤若冰雪,约约如处子",他的肌肤晶莹剔透,像是从来未被污染的冰雪一样的洁净,神态像处女一样天真柔美,他"不食五谷,吸风饮露",驾着飞龙,乘着云气,"游乎四海之外",可以自由翱翔于天地之间。他只要稍微一凝神,就可以使五谷丰登,使这一年里没有任何的灾害。肩吾说,我可不相信有这样的事情,哪有这样的神人啊?连叔说,这个世界上,你无法和瞎子一起欣赏文采的美丽,无法和聋子一起倾听钟鼓的乐声。难道只有人的形体有聋子、瞎子吗?你不知道人的心智上也有这样的残疾。这话说的就是你这种人。因为你没有那么开阔的眼界,没有那么博大的胸怀,所以你不相信有这样的人,这样的人确实存在。"之人也,之德也,将磅礴万物以为一。"这个神人啊,他的道德,可以凌驾于万物之上,将万物融合为一体。连叔说,"之人也,物莫之伤",外物伤不了这个神人:洪水滔天可以吞没一切,但是淹不死他;大旱可以让金石融化,他也不觉得热。因为他有这样的定力和功力,有这样的境界。这样的神人显然是庄子杜撰出来的神话人物,庄子通过这个神人最终要表达的是一种审美的人生态度。这种审美的人生态度就是物我合一的境界,是人的最高的精神境界。这种物我合一的境界,这种审美的态度,庄子称为"逍遥游",这种逍遥绝不是人的生命凌驾于万物之上、跟万物对抗的一种对立状态,而是用我们的心、我们的行动与世间万物紧密相连,水乳交融。这种审美的状态可以使我们沉下心来欣赏春暖花开,倾听流水潺潺,静下心来可以享受朝阳跃入云端,夕阳慢慢西下。

老子的理想社会是"复归于朴"的"小国寡民"状态,"使民复结绳而用之。甘其食、美其服、安其居、乐其俗。邻国相望,鸡犬之声相闻。民至老死不相往来。"[1]反对违背淳朴自然的虚饰华美之美,而主张返璞归真的自然

---

① 《道德经》第八十章。

而然之美。庄子继承和发挥了老子的观点，除了强调物我合一的境界之美，它反复强调出自自然的真情："真者，精诚之至也。不精不诚，不能动人。故强哭者虽悲不哀，强怒者虽严不威，强亲者虽笑不和。真悲无声而哀，真怒未发而威，真亲未笑而和。真在内者，神动于外者，是所以贵真也……真者，所以受于天地，自然不可易也。故圣人法天贵真，不拘于俗。愚者反此，不能法天而恤于人，不知贵真，禄禄而受变于俗，故不足。"①情感不真诚，不是出自内心，则不能动人。从审美自然真情出发，庄子也特别反对矫揉造作之美。"朴素而天下莫能与之争美"②"淡然无极，而众美从之，此天地之道，圣人之德也。"③"凡成美，恶器也"④矫伪之美（"成美"）乃"恶器"，只有朴素之美（"淡然无极"）之美，才是最美（"天下莫能与争"、"众美从之"）。所以，虽有艺术品的"雕琢"，仍要复归于自然，"既雕既琢，复归于朴"⑤。

庄子认为，要创造一种自然真情之美，必须有一种不同于凡俗的心灵，庄子用"游心"来概括这种心灵，他说："游心于淡，合气于漠，顺物自然而无容私。体尽无穷，而游无朕"⑥。"游心于无穷，而反在通达之国，若存若亡"⑦。"乘物以游心，托不得已以养中。"⑧以一种恬淡的"与天地游"的心态和人与物相处，不要有得失心，享受生命所经历的过程，才能顺其自然，顺应自己的心灵。"游心"体现了主体的审美的心态和精神状态，可以说准确地概括了"天人合一"境界中自由精神和审美态度的结合，其核心在于超越、超脱有限的现实，达到无限的超越之美。这对于中国人享受人生的态度具有重要的影响。

综上所述，我们可以看出，中国思想家的理论其实都关注在人之为人上，他们对各种各样的人有多方面的认知，他们的焦点在于规划理想的人。儒家思想理想的人是君子，最高理想是由"内圣"到"外王"。君子注重道德的修养，适度，"文质彬彬"；以德教化民众、治理国家，那么就达到了"外

---

① 《庄子·渔父》。
② 《庄子·天道》。
③ 《庄子·可以》。
④ 《庄子·徐无鬼》。
⑤ 《庄子·山木》。
⑥ 《庄子·应帝王》。
⑦ 《庄子·则阳》。
⑧ 《庄子·人世间》。

王"。道家的理想的人则是自由的人,思想自由,清心寡欲,以审美的态度享受人和自然的合一,他们认为人生的最高境界就是"天人合一",人追求"道",道法自然。因此,中国传统的文化关注人的生活,但是更注重的是人的精神生活,所以每个时代的君子,不见得物质生活能得到满足,但是精神却是富足的。所以他们更多的是追求生命的感受,而不是生活的富足,生命的精神状态在整个生活中占有重要的地位。对于他们的理想追求来说,好的生活并不是要更多的物质方面的满足,而是对于自身道德修养和审美境界的追求。富足的生命比富足的生活更富足。他们的生活比现代人清贫、简单,然而他们的生命并不清贫,相反,他们在精神上甚至比现代人更富足。当然,由于时代条件的限制,他们中的很多人,可以说大多数人的生命并不能得到张扬,处于被压抑的状态,他们很多时候无法发出生命的光彩,这是历史的悲哀。但这挡不住每个时代的仁人志士对理想的追求。

第三节　西方古代思想家的生活观

西方的文化思想有两个传统,一个是古希腊的思想,一个是基督教的思想。基督教传统在两个方面影响了西方人格的发展,一是和集团生活相对应的个体意识和自由平等意识;二是对现实生活的超越意识。而古希腊哲学思想更接近于中国人的生活,一是关注人的现实生活;二是普遍地更加重视精神生活。笔者将选择古希腊思想家对生活的认识和理解与中国古代思想家对生活的理解做一比较。在古希腊,有两个伟大思想家的代表,一是柏拉图,一个是亚里士多德,他们都看到了理性在人的整个生活中的重要作用,但是在具体生活的构成中,他们的理解有所不同,柏拉图是个理想主义者,亚里士多德是理性主义者。

一、柏拉图的理想之国

柏拉图的理想有理想之国家和理想之人,这两者是统一的,理想之国家不一定能出现,但理想之人可以努力成就,理想之人治理国家就会向着理想之国家靠近。柏拉图的理想之国就是在探讨什么样的国家是一个理想的国家。他认为,理想的国家就是一个正义的国家,正义是一种秩序,这种秩序的表现就是,每个人有每个人的分内之事,该做什么就做什么。柏拉图认为,只有由哲学家统治国家,或者统治国家的国王成为哲学家,也就是说,当统治者自身妥善支配的时候,这个世界才是正义的。妥善的支配,这种状态是神圣的、圆满的,可以带来正义,正义就是人的完善。这个理想的乌托邦,不仅为国家和处理公共事务的机关确定一个标准,而且也要为人生确定一个标准。这个标准不是最高标准,而是必须要做到的最低标准。为了使国家能够秩序井然,必须提升人的灵魂,使之能见到普世之光。超越了这个变动不居的世界,人们就能够寻求和发现真理。正义的国家可能永远不会出现,但做一个人必须是正义的,只有正义的人才能知道什么是正义。人们可以按照这个理想国的法律来规范自己的生活。理想国是在探讨理想的国家形式,但更是在探讨理想的人以及何为好的生活。

在柏拉图的前期对话中,很多的对话是以苏格拉底的名义进行的。在《克里托篇》中,面对克里托的劝告(逃离监狱),苏格拉底问他,用以恶制恶的手段来保护自己是否正当?对他的判决肯定是不公正的,那么他违反法律而逃跑就是正确的吗?如果个人可以置法律于不顾,那么会给国家造成什么后果?人在任何情况下都必须服从他的国家的法令,除非他改变对法律的看法。因此他说:"真正重要的事情不是活着,而是活得好。"①活得好与活得高尚、活得正当是一回事。在何为好的生活,怎样活得好这个意义上,柏拉图探讨了美、善、爱、正义、节制、勇敢等美好的品德。柏拉图认为,这些品德是个人和国家共同具有的,而一个国家的美好的品德靠的是美好品德的人来保持和建立。

(一)善良的人才能幸福

在《高尔基亚》篇,苏格拉底试图说明什么是人类最伟大的善,他把这件事看做是最高尚的研究。他说,一件最高尚的研究,"也就是考察一个人应当成为什么样的人,应当从事什么事务,做到什么程度,年轻时该做到什么程度,年老时该做到什么程度。"②关于欲望、快乐与善的关系,苏格拉底认为,快乐、欲望应以善为目的,而不能反过来。他以一个寓言故事来说明被欲望控制的生活。他把灵魂的欲望部分比做一个水罐,这个部分很容易动摇和被说服。傻瓜灵魂的这个部分就是欲望的居所,是不受控制的和无

① [古希腊]柏拉图:《柏拉图全集》第 1 卷,王晓朝译,人民出版社 2002 年版,第 41 页。
② [古希腊]柏拉图:《柏拉图全集》第 1 卷,王晓朝译,人民出版社 2002 年版,第373 页。

法保持的,因此,傻瓜灵魂的这个部分是一个有裂缝的水罐,它永远无法装满。因为他们没有信仰,完全被欲望控制,他们的美德要到别的地方学习,但是他们承载学习成果的工具是筛子,他们用细筛子到别处为那只漏水的罐子取水。可想而知,筛子有许多洞,蠢人缺乏信仰并且易忘,因而他即便学习了也不能保有任何东西。因此,傻瓜的灵魂是最不幸福的。① 苏格拉底认为,这种以欲望控制的生活是无序的生活,而只有有序的生活才能使人满意。欲望的满足虽然可以得到快乐,但没有节制与不受控制的欲望的满足是恶,恶是应该排斥的。快乐的事情和好的事情不是一回事,快乐以好为目的。出现在每个事物中并与之相适应的秩序,是使一些事物成为好事物的原因,所以有节制的灵魂是好的灵魂。"善是一切行为的目的,一切事物皆为此目的而行事……那么快乐也和其他一切事物一样,它应当以善为目的,而不是善以快乐为目的。"②当然,并不是所有的欲望都是恶,只有不受控制的欲望满足才是恶。

苏格拉底认为,这是一个最严肃的主题,这个主题就是:"人应当过什么样的生活?"③希望幸福的人必须追求和实践节制,这一点是一个人应当终生追求的目标,他应当把他自己和他的城邦的全部努力用于这个目标的实现,使正义和节制在他身上永驻,这样才能真正地获得幸福。因此,"真正的人也许应当漠视能活多久这个问题……没有人能够逃脱他的命运,他应当把诸如此类的事留给神,而去考虑其他问题,一个人应当以什么方式度过他的一生才是最好的? 他是否应当使自己同化于他生活于其中的那种统治类型?"④"一个人首先要学习的就是如何做一个好人,无论是在公共的生活还是私人生活中。"⑤

---

① [古希腊]柏拉图:《柏拉图全集》第 1 卷,王晓朝译,人民出版社 2002 年版,第381 页。

② [古希腊]柏拉图:《柏拉图全集》第 1 卷,王晓朝译,人民出版社 2002 年版,第392 页。

③ [古希腊]柏拉图:《柏拉图全集》第 1 卷,王晓朝译,人民出版社 2002 年版,第392 页。

④ [古希腊]柏拉图:《柏拉图全集》第 1 卷,王晓朝译,人民出版社 2002 年版,第408 页。

⑤ [古希腊]柏拉图:《柏拉图全集》第 1 卷,土晓朝译,人民出版社 2002 年版,第425 页。

苏格拉底认为,在追求公义和其他一切美德中生,在追求公义和其他一切美德中死,这就是生活的最佳方式,让我们遵循这种生活方式。这就是苏格拉底所说的最大的善,只有遵循善,遵循由正义、节制、秩序的生活,人才能获得幸福。苏格拉底认为,"幸福的人之所以幸福,就在于他们拥有善。"①"我把那些高尚、善良的男男女女称作是幸福的,把那些邪恶、卑贱的称作是不幸的。"②当卢波斯(高尔基亚的学生)认为,最伟大的善是权力,拥有全权的僭主是最幸福的人时,苏格拉底认为,作恶是一种不幸,而承受伤害与此相比不能算是不幸,作恶但没有受到惩罚的人比作恶受到惩罚的人更不幸。因为灵魂上的恶是最大的恶,因此灵魂中没有恶的人是最幸福的,其次就是灵魂上摆脱了恶的人,施恶者和不能摆脱恶的人,他的生活是最不幸的。作恶但没有受到惩罚的人就属于没有摆脱恶的人。因此,按照柏拉图的理解,拥有善和幸福是一回事,这也是幸福的客观标准。

(二)爱是一种迷狂

柏拉图在《斐得罗篇》和《会饮篇》中探讨了关于爱的话题。在柏拉图看来,爱是一种冲动,充满着美和善,是一种提升灵魂,使之能够踏上通往真理之路的神圣的迷狂。这种冲动首先朝着哲学前进,在爱恋可见的、肉体的美时寻求更加高尚的东西——用柏拉图的话来说就是寻求"超越的东西"。美是一种伟大的力量,对希腊人的日常生活产生着深刻的影响。陷入真爱使人踏上上升之路,使人在完美的真理中得到爱的满足。如何区分一个人有无爱情呢?每个人都有一条所要遵循的主导原则,这样的原则有两种:一种是旨在追求快乐的天生的欲望;另一种是旨在追求至善的后天获得的判断力。这些内在的指导有时候是一致的,有时候是不一致的;有时候这个原则占据上风,有时候那个原则占据上风。当我们在判断力的理性指导下追求至善时,我们有了一种指导,称作节制;但当欲望拉着我们不合理地趋向快乐并统治我们时,这种统治的名称就是奢侈。"当追求美的享受的欲望控制了推动正确行为的判断力以后,当这种欲望从其他相关的欲望中获得竭力追求肉体之美的新力量时,这种力量就给这种欲望提供了一个名

---

① [古希腊]柏拉图:《柏拉图全集》第 2 卷,王晓朝译,人民出版社 2003 年版,第247 页。

② [古希腊]柏拉图:《柏拉图全集》第 1 卷,王晓朝译,人民出版社 2002 年版,第350 页。

称——这是最强烈的欲望,叫做爱情。"①爱的经验被称为厄洛斯(Eros),诸神叫他普特洛斯(Pteros)。对那有爱情的人来说,如果他们心灵中比较高尚的成分占了上风,引导他们过一种有纪律的、哲学的生活,那么他们在人世间的日子就会幸福和谐,因为他们灵魂中恶的力量已被征服,而善的力量却得到解放,他们已经成了自己的主人,赢得了内心的和平。一切行为就其本身来说并无好坏之分,因为每种行为的结果取决于它是如何实施的。行为的方式正确,做得好,那么这个行为就是好的。但若做得不好,那么这个行为就是坏的。这个道理也适用于爱,因为值得敬重的或高尚的并不是爱这个行为本身,而只有在爱神的推动下,我们高尚地去爱,这个时候爱才是值得敬重的或者高尚的。②

苏格拉底把爱看做是丰富神和贫乏神的儿子。这样理解的爱神既继承了丰富神的丰富,也继承了贫乏神的贫乏,说明爱神时时处于饥渴的状态,永无满足之日。爱也处于无知和智慧的中间状态,它介于人和神、知与不知、美与丑、贫乏与丰富之间。它不是神,因为神是有智慧的,而它没有智慧,但渴望智慧,追求智慧;他也不是无知之徒,因为无知之徒虽然没有智慧,但它不知道自己无知,所以也不会去追求智慧。由于爱是资源神和贫乏神的儿子,所以他命中注定一定贫困,他相貌丑陋,赤着脚,无家可归,经常睡在露天里、道路旁,没有床褥,总是分有着他母亲的贫困。但另一方面,爱也分有他父亲的禀赋,追求美和善,他生来就充满欲望,也非常聪明,终生追求智慧。这就像苏格拉底本人的写照。所以爱绝不会完全处于贫乏状态,也不会完全脱离贫乏状态。

因此,爱神不是被爱者,而是爱者,是爱智慧的人,智慧属于最美的东西,爱以美的东西为他爱的对象,爱智慧就是爱美。那么爱神为什么爱智慧、爱美呢?苏格拉底认为,一是为了幸福,就是说爱美可以给人带来幸福;二是为了不朽。在苏格拉底看来,人追求幸福,也追求不朽。人的生命是有限的,如何才能不朽,就要靠生殖。苏格拉底认为,人有两种生殖力:身体的和心灵的。凡是在身体方面生殖力旺盛的人都宁愿去接近女人,他们爱的

---

① [古希腊]柏拉图:《柏拉图全集》第 2 卷,王晓朝译,人民出版社 2003 年版,第150 页。

② [古希腊]柏拉图:《柏拉图全集》第 2 卷,王晓朝译,人民出版社 2003 年版,第217 页。

方式是求生育子女,使自己的生命在子女身上延续。凡是在心灵方面生殖力旺盛的人也寻求美的对象,但他们要孕育的是心灵的子女。真正的爱、最高的爱不是肉体的,不是狭隘的男女之爱,而是精神的,是"柏拉图式的爱情"。这是一种对美本身、对智慧本身的爱。苏格拉底借狄奥提玛之口总结:"如果说人的生活值得过,那么全在于他的灵魂在这种时候能够关照到美本身。一旦你看到美本身,那么你就绝不会再受黄金、衣服、俊男、美女的迷惑。你现在再也不会注意诸如此类的美,这些美曾使你和许多像你一样的人朝思暮想,如醉如痴……"①爱的行为就是孕育美,既在身体中,又在灵魂中。爱不是对美本身的企盼,而是在爱的影响下企盼生育。人的生育是神圣的,可朽的人具有不朽的性质,靠的就是生育,爱是对不朽的企盼。②

一切灵魂都是自动的,不朽的,灵魂可以再生。但是在所有灵魂投生肉体的过程中,依照正义生活的以后可以获得较好的命运,而不依正义生活的命运较差。每个灵魂要用一万年才能回到原来的出发点,除非灵魂真诚地逐求智慧,或者将它的爱欲也用来追求智慧。这样的灵魂如果在千年一度的运行中连续三次选择了这种哲学的生活,那么到了三千年结束之时,它就可以恢复羽翼,高飞而去。只有哲学家的灵魂可以恢复羽翼,因为哲学家的灵魂经常专注于对这些事情的回忆,而神之所以为神也正是对这些光辉景象的关照。如果一个人正确地运用回忆,不断地接近那完美的奥秘景象,他就可以变得完善,也只有他才是真正完善的。③

(三)正义就是各司其职

在《国家篇》中,柏拉图讨论的就是什么样的国家是理想的国家。理想的国家是正义的国家,正义的国家是各种人各司其职。西莫尼用诗人的方式给正义下的定义是,正义就是把对每个人有益的东西恰如其分地给他。④一个正义的国家是有秩序的国家,每个人有他合适的位置和承担适合他天

---

① [古希腊]柏拉图:《柏拉图全集》第 2 卷,王晓朝译,人民出版社 2003 年版,第 255 页。

② [古希腊]柏拉图:《柏拉图全集》第 2 卷,王晓朝译,人民出版社 2003 年版,第 249 页。

③ [古希腊]柏拉图:《柏拉图全集》第 2 卷,王晓朝译,人民出版社 2003 年版,第 163 页。

④ [古希腊]柏拉图:《柏拉图全集》第 2 卷,王晓朝译,人民出版社 2003 年版,第 279 页。

赋的任务。当然,建立城邦时关注的目标并不是个人的幸福,而是作为整体的城邦所可能得到的最大幸福。因此,确定一个幸福城邦的模型,不能把城邦中的某一类人划出来确定他们的幸福,而要把城邦作为一个整体来考虑。柏拉图认为,有三种不同类型的人,由于他们各自天生的禀赋不同,要担任不同的职责。尽管所有人在这个城邦里都是兄弟,但神在塑造那些适宜担当统治重任的人时在他们身上掺了一些黄金,神在那些助手身上掺了一些白银,在农夫和其他手艺人身上掺了铁和铜。因为他们出生时带有各自的天赋,就根据这种天赋来培养他们成为各自应该成为的那种人。他们各自具有适合自己位置的不同的美德。统治者要具有智慧,卫士要勇敢,农夫和手艺人具备的美德是节制。一个有秩序的国家要使每个公民承担适合其天性的工作,每个人都完成自己的职责,不是一个人做许多项工作,而是一个人做一项工作,这样一来,使每个城邦不至于分裂,而是成为一个统一的整体。这样做并不难,只要做一件"大事",这件大事就是教育和培养。①

最优秀的卫士一定要具有保卫国家的智慧和能力,还要关心国家的利益。最愿意毕生鞠躬尽瘁,为国家利益效劳,而绝不愿意做任何不利于国家的事情,终生保持保卫国家的信念。必须从小对他们进行培养,劳其筋骨、苦其心志,在竞争的条件下考察他们。然后放到锦衣玉食的环境中,看他们受不受外界的诱惑,是否能够守身如玉,保护自己,看他们能不能保持自己已经接受过的文化教养。如果在各种情况下都能维持自身心灵的和谐与节奏,那么这样的人对他自己和对国家都是最有用的。如果在童年、青年、成年各个时期都经受了考验,无懈可击,那么就要把他立为国家的统治者和卫士,活着奖励,死了公葬。为了使卫士养成良好的品质,不会因为由于自己比公民强而伤害公民,首先,除了生活必需品,他们中任何人都不得再拥有什么私人财产;其次,他们中任何人都不应该拥有其他人不能随意进出的私房货仓库,城邦居民中只有由他们经手的金银是不合法的。过这样的生活,他们才能拯救他们自己和他们的国家,如果要使他们拥有土地、财产,他们就会从同胞公民的助手蜕变为公民的敌人和暴君,其结果自然就是他们和国家一起走向毁灭。

---

① ［古希腊］柏拉图:《柏拉图全集》第 2 卷,土晓朝译,人民出版社 2003 年版,第395 页。

在教育的过程中,首先,音乐的力量是潜移默化的,它悄悄地改变人的性格和习惯,再以逐渐增强的力量改变人们的处事方式。如果孩子们从小在玩耍中就通过音乐养成遵守法律和秩序的精神,这种守法精神会时时处处支配他们的行为,并影响他们的成长。要选择合适的音乐净化人,要用音乐净化奢侈的城邦。不要追求复杂的节奏与多变的旋律,应当考虑什么是有秩序的、勇敢的生活节奏,进而使节拍和曲调与生活的步骤和言行一致,而不是让这种生活的步骤和言行去适应音乐的节拍和曲调。必须寻找具有良好的天赋的艺人,他们能够追随真正的美和善的踪迹,使我们的年轻人也能循此道路前进,他们的眼睛看到的和他们的耳朵听到的都是美好的东西,使他们不知不觉地受到熏陶,从童年起就与美好的理智融合为一。——这就是对他们的最好的教育。音乐教育至关重要,节奏和旋律比其他事物更容易渗入心灵深处,如果一个人受过正确的教育,他会赞赏美好的事物,使自己的心灵变得美好,会很自然地欢迎理智的到来,他会变得彬彬有礼,如果接受了错误的教育,结果就会相反。真正受过音乐教育的人会热爱身心皆美之人,正确的爱是有节制地,和谐地爱那些有序和美好的事物。音乐教育的目的和顶峰就是对美的热爱。音乐和体育这两种技艺是某位神赐与我们人类的,它们服务于人的激情原则和爱智原则,那种能够把音乐和体育协调得最好,就可以把他们称作最完善、最和谐的音乐家。这是一个教育和培训公民的大纲。

其次,是节制的培养。柏拉图认为,无论是一个治理得不好的国家,还是一个治理得良好的国家,在一种国家里法律和宪法无济于事,德性最重要。要建立的城邦是全善的,那么它显然是智慧的、勇敢的、节制的和正义的。节制就是某种美好的秩序和对某些快乐和欲望的控制,用一个短语来说,就是所谓的"做自己的主人"。① 这种说法的含义是,一个人的灵魂里面天性较坏的部分受到天性较好的部分的控制。如果这个较小而又较好的部分被较坏而又较大的部分控制,那么我们把处于这种境况中的人称作无节制和放纵的人。如果有什么城邦可以被称作是她自己的快乐和欲望的主人,是自主的,那么整个城邦配得上这个节制的称号。②

---

① [古希腊]柏拉图:《柏拉图全集》第2卷,王晓朝译,人民出版社2003年版,第405页。
② [古希腊]柏拉图:《柏拉图全集》第2卷,王晓朝译,人民出版社2003年版,第406页。

柏拉图指出,要建立的这个城邦的一条普遍原则就是正义。这条原则就是每个生活在这个国家里的人都必须承担一项最适合他的天性的社会工作。"正义就是做自己分内的事和拥有属于自己的东西。"①如果商人、辅助者和卫士在国家中都做他自己的事,发挥其特定的功能,那么这就是正义,就能使整个城邦正义。一个正义的人就其正义的表现形式来说与一个正义的城邦没有任何区别,只能是相同的。整个城邦之所以被认为是正义的,乃是因为城邦里天然生成的三种人各自履行其功能,城邦之所以拥有节制、勇敢和智慧,也是由于这三种人拥有这些情感和习惯。因为,除了来自个人,城邦的品质不可能有其他来源。那么一个人如何才能是正义的呢?

柏拉图第一次把灵魂分为三个组成部分,一个是人们用来进行思考和推理的灵魂的理智;另一个是人们用来感受爱、饥饿、渴等欲望之骚动的非理性部分或欲望,它们与各种满足和快乐相伴;还有我们用来感受愤怒的激情。在国家和我们每个人的灵魂中可以发现同样的东西,而且数目相同。②国家的正义在于构成国家的三个阶层的人各司其职。一个人是正义的,都要使自身的每个部分各司其职。其中理智是聪明的,能够代表整个灵魂进行谋划,那么就让它来领导,让激情服从它,协助它。音乐和体育的混合作用会使理智和激情得到协调,音乐用文雅的言词和学说强化着这种协调,体育又用和谐与韵律使激情变得温和而又文明。这两样东西受到这样的哺育和教养,学会了真正意义上的各司其职,那么它们将会监管欲望,以免欲望由于被肉体快乐充斥或污染而变得非常强大,不愿再守本分,乃至于试图控制那些它所不应该控制的部分。这两样东西联合在一起就能最有效地保卫整个灵魂和身体,一个出谋划策,另一个投入战斗,凭借它的勇敢去完成统治者的意图。每个人身上这个起统治作用和传授信条的部分我们称之为智慧,一个人的这些部分的友好与和谐我们称之为节制。而一个人的正义就是内在的各司其职,也就是说,一个人一定不能允许自己灵魂的各个部分相互干涉,要做到自身内部秩序良好,使灵魂的三个部分相互协调,使之成为一个有节制的、和谐的整体。所谓不正义就是灵魂的三部分之间的内战,相

---

① [古希腊]柏拉图:《柏拉图全集》第 2 卷,王晓朝译,人民出版社 2003 年版,第 410 页。

② [古希腊]柏拉图:《柏拉图全集》第 2 卷,王晓朝译,人民出版社 2003 年版,第 421 页。

互争吵和相互干涉,灵魂的各个部分产生了混淆,偏离了各自适当的运作过程,于是就有了不正义、不节制、怯懦、愚昧无知,总而言之,就有了这些邪恶。①

因此,美德就是灵魂的一种健康、美好的状态,它和节制是一回事。而邪恶则是灵魂的一种有病的、丑陋的、虚弱的状态。进一步说,如果使我们赖以活着的这种性质和秩序发生了紊乱和腐败,一个人能够按照自己的愿望行事,乐意做任何事,但就是不能摆脱不正义和邪恶,不能赢得正义和美德,那么我们的生活将会变得没有价值。②"除非哲学家成为我们这些国家的国王,或者那些我们现在称之为国王和统治者的人能够用严肃认真的态度去研究哲学,使政治权力与哲学理智结合起来,而把那些现在只搞政治而不研究哲学或者只研究哲学不搞政治的碌碌无为之辈排斥出去,否则……我们的国家就永远不会得到安宁,全人类也不能免于灾难。除非这件事能够实现,否则我们提出来的整个国家理论就永远不能够在可能的范围内付诸实行,得见天日……人们难以看出,除此之外,还有什么办法能给私人或公共生活带来幸福。"③

(四)哲学家是爱智者

柏拉图认为,哲学家能够把握永恒不变的事物。哲学家有节制,不贪财。哲学家的灵魂一直在寻求一切人事和神事的整全,没有什么品质比思想狭隘与哲学家更加对立,胆怯和狭隘在真正的哲学品性中没有地位。这样一种精神健全的人,既不贪财又不狭隘,既不自夸又不胆怯,还会处事不公、待人刻薄吗?一个人只有生来具有良好的记性、敏锐的理解,豁达大度、温文尔雅,并且爱好和亲近真理、正义、勇敢和节制,否则他就不能恰当地实践。哲学家就具有这样的灵魂,他的本能使他很容易接受引导,关注一切事物的理想的实在。这是要想充分地理解实在所必要的品质。然而哲学被大多数人看做无用,就像真正的舵手被篡权。苏格拉底说:"我们可以这样为

---

① [古希腊]柏拉图:《柏拉图全集》第 2 卷,王晓朝译,人民出版社 2003 年版,第 424—425 页。

② [古希腊]柏拉图:《柏拉图全集》第 2 卷,王晓朝译,人民出版社 2003 年版,第 426 页。

③ [古希腊]柏拉图:《柏拉图全集》第 2 卷,王晓朝译,人民出版社 2003 年版,第 463 页。

他辩护,努力追求真正的存在是真正的爱智者的天性,他不会停留在意见所能达到的众多的个别事物上,在他心灵中的那个部分把握每一事物自身的本质之前,他的热情锋芒不会迟钝,他的愿望也不会降低,他心灵中的那个部分与实在是最接近的,也最能把握这种实在,通过心灵这个部分与事物的接近与交合,他产生出理智和真理,获得真正活生生的和生长着的知识,到那时,也只有到那时,他的灵魂的辛劳才会停止。"①那些真正关注永恒存在的人的心灵确实没有时间去关心凡人的琐事,也不会参与充满妒忌和仇恨的争斗。他的注意力放在那些有着永恒不变秩序的事物上,全部按照理性的要求保持和谐,所以他就竭尽全力模仿它们,尽可能使自己与它们想象。与神圣的秩序有着亲密交往的爱智者将在人力可达的范围内使自己变得有序和神圣。爱智者是实在和真理的爱好者,因为有真理带路,就不会有任何邪恶跟在这个队伍里。这支队伍里有健全和正义,还有节制伴随,勇敢、大度、聪敏、强记是这种天赋所必备的品质。爱智者认为理智或知识就是善。

柏拉图假定,每一类杂多的东西都有一个单一的"型"或"类型",假定它是一个统一体而称之为真正的实在。把真理赋予知识对象的这个实在,使认知者拥有认识能力的这个实在,就是善的"型",必须把它当做知识和迄今为止所知的一起真理的原因。真理和知识都是美好的,但是善的"型"比它们更美好,绝对不能认为知识和真理就是善,因为善的领地和所作所为具有更高的荣耀。② 作为国家的创建者的责任是促使最优秀的灵魂获得我们说过的这种最伟大的知识,使他们具有能看见善的视力,能上升到那个高度。只有当能够为将来的统治者找到一种更好的生活方式时,治理良好的城邦才有可能出现。"因为只有在这样的国家里,统治者才是真正富有的,当然他们的富有不在于拥有黄金,而在于拥有幸福的生活,一种善的和智慧的生活。"③

(五)最好的人是最幸福的人

在对最好的和最坏的人取得一致看法以后,为了确定最好的人幸福还

---

① [古希腊]柏拉图:《柏拉图全集》第 2 卷,王晓朝译,人民出版社 2003 年版,第481 页。

② [古希腊]柏拉图:《柏拉图全集》第 2 卷,王晓朝译,人民出版社 2003 年版,第506 页。

③ [古希腊]柏拉图:《柏拉图全集》第 2 卷,王晓朝译,人民出版社 2003 年版,第518 页。

是最坏的人幸福,柏拉图考察了四种政治体制:第一种是受到广泛赞扬的克里特政体或斯巴达政体;第二种是寡头政体,人们对它的赞扬次于第一种,因为它有许多害处;第三种与第二种对立,叫做民主政体;最后一种是僭主政体,也是国家最后的祸害。① 斯巴达政体属于争强好胜,爱好荣誉的类型。护卫者做统治者,勇敢的精神起主导作用,崇尚战术,大部分时间在战争。寡头制,富人掌权,穷人被排除在外。以发财和致富为荣耀,美德和善人不受推崇。与这种政体对应的人格是把金钱看的高于一切,把贪得无厌当做善,最大可能地追求财富。民主制,允许随心所欲,每个人都会有一套生活计划,爱怎么过就怎么过。因为这里允许自由,所以这种城邦可以包括各种类型的制度,可以随意选择他自己所喜欢的模式,然后确立一种体制。在这种国家里,如果你愿意,你可以不服从法律,你可以要和平或者不要和平,完全随你的心愿而定。民主制轻视那些庄严原则,实际上一种无政府的混乱状态。没有理想,没有学问,没有事业心,而这些东西乃是心灵最好的更夫和守卫者,是神所喜爱的。于是虚假、狂妄的言词和意见乘虚而入,取代他们的地位,占据年轻人的心灵。傲慢被称为"有礼",放纵被称为"自由",奢侈被称为"慷慨",无耻被称为"勇敢"。② "他的生活方式是这样的:他一天又一天地沉迷在快乐中,今天酗酒,听下流音乐,明天又只喝清水,节食;有时候热衷于锻炼身体,有时候游手好闲,无所事事,有时候又研究其哲学来。他经常想去从政,但又心血来潮,想干什么就干什么。如果打仗激起他的兴趣,他就去从军,如果挣钱引起他的兴趣,他就去做商人。他的生活毫无秩序可言,也不受任何约束,但他自认为他的生活方式是快乐的,自由的,幸福的,想要把它坚持到底。"③寡头们把财富当做善,这是寡头政体建立的原因,贪得无厌地追求财富,为了挣钱发财而忽略其他一切事情,这就是这种政体失败的原因。导致民主政体瓦解和崩溃的也是被民主政体确定为判断事物是否善的那个标准,这就是自由。这种无政府主义的风气一定

---

① [古希腊]柏拉图:《柏拉图全集》第 2 卷,王晓朝译,人民出版社 2003 年版,第 547 页。

② [古希腊]柏拉图:《柏拉图全集》第 2 卷,王晓朝译,人民出版社 2003 年版,第 568 页。

③ [古希腊]柏拉图:《柏拉图全集》第 2 卷,王晓朝译,人民出版社 2003 年版,第 569 页。

会渗透到家庭生活中去,没有了秩序和规矩,人们想怎么样就怎么样。

为了追求过分的、不合理的自由,反而落入最残暴、最痛苦的奴役之中。因此,民主制被僭主制代替。抢劫犯以保护民众的名义成为僭主。暴君、神经错乱的疯子成为统治者。他们的灵魂被他们内心的"情爱"这位暴君所完全统治,在欲望和激情的推动下,僭主的灵魂会变得无比疯狂。终其一生,他们从来不知道怎样和人交朋友。他们不是主人便是奴隶,僭主的本性永远不可能品尝真的自由或友谊。柏拉图认为,僭主的灵魂一定是贫乏的,苦于那些永不满足的欲望。有人说具有僭主气质但是没有当上僭主的人最不幸,可是柏拉图认为,具有僭主气质,由于命运的安排成了真正的僭主才最不幸,因为他的灵魂有病,他在还不能控制自己的时候要去统治别人,这就好比一个病人或残疾人不能在家治疗的经验,却要被迫去和别人竞争或比赛。他必定会由于成了真正的僭主而变得更加妒忌、无信、不义、弃友、亵渎,他是一个藏污纳垢的器皿,是这些恶行的保姆,由此带来的后果就是:他本人是最不幸的,同时也使他周围的人成为不幸的人。①

柏拉图认为,关于四种政治体制的讨论,涉及世上一切事务中最重要的一件事:过一种善的生活还是恶的生活。通过论证可以比较五种统治者幸福的排序就是,王者型的人、荣誉型的人、寡头型的人、民主型的人、僭主型的人。关于这几种类型的人,可以看出灵魂由什么控制。灵魂的三个部分:一部分用来学习的,属于理智,它最不关心金钱和荣誉;一部分是激情,用来发怒的,它热爱荣誉,喜欢出人头地,优胜,好名声;一部分是欲望,用来满足各种饮食、爱情、金钱等各种欲望。② 每种人由哪一部分来统治灵魂,都有可能。因此,人的基本类型也有三个:爱智者(或哲学家)、爱胜者、爱利者。每一种人都把自己的生活说成是最快乐的,财主们会断言,与利益相比,荣誉和学习的快乐没有任何价值,除非它们也能带来金钱。而热爱荣誉的人则会把金钱带来的快乐与其他快乐相比,认为,其他快乐远非真正的快乐,如果不是处于必然性的约束,他是不会要它们的。哲学家则拿他认识真理和实在、始终沉浸在学习中的快乐与其他快乐相比,他会认为其他快乐远非

①　[古希腊]柏拉图:《柏拉图全集》第 2 卷,王晓朝译,人民出版社 2003 年版,第593 页。

②　[古希腊]柏拉图:《柏拉图全集》第 2 卷,王晓朝译,人民出版社 2003 年版,第594 页。

真正的快乐,如果不受必然性的约束,那么他是不会要它们的。① 几种类型的快乐和生活本身处于争论之中,不仅涉及哪一种比较高尚或卑鄙,或者比较优秀或低劣,而且涉及事实上哪一种比较快乐或没有痛苦。

柏拉图认为,爱智者对两种快乐(获得荣誉时体验到的快乐和获利时所体验到的快乐)的体验远远超过爱利者。因为哲学家从小就需要品尝另外两种快乐,而爱利者不仅不一定体验学习事物本质那种快乐,而且即使他想要这样做,渴望这样做,也不容易做到。哲学家对荣誉带来的快乐的体验也会超过热爱荣誉的人对学习知识带来的快乐的体验。如果能够实现几种目的的话,那么他们都能得到荣誉,因为富裕的人、勇敢的人、聪明的人而受到广泛尊重,荣誉能够给人带来的这种快乐是大家都熟悉的,但除了爱智者能够体验到沉思所带来的快乐外,其他任何人都不能做到这一点。那么随着经验的增长,他是上述三人中最优秀的审判者。② 他是唯一经历与理智结合在一起的人。还有判断这种工具或手段,不是爱利者或热爱荣誉者的工具,而是爱智者的工具。假如说财富和利益是评判事物的最佳标准,那么受到爱利者考察和赞扬的事物必然是最正确的和最真实的。假如以荣誉、胜利和勇敢为评判事物的最佳标准,那么它们就是热爱荣誉者和爱胜者所赞扬的事物。既然我们以经验、智慧、讨论为评判标准,我们必定要说爱智者和热爱讨论者认可的事物是最有效、最真实的。那么在这三种快乐中,灵魂中我们那个用来学习的部分所得到的快乐是最甜蜜的,受这个部分支配的人的生活是最快乐的。居于第二位的是战士和热爱荣誉者的生活和快乐,因为这种类型与爱钱类型相比更接近第一种类型。爱利者的生活和快乐处于末位。③

柏拉图认为,真理、知识是倾向于不变、不朽的,是更为真实的东西,而食物、饮料等这些东西倾向于可变、可朽,是较为不真实的东西。一般来说,用于维持身体需要的那些事物不如那些用来满足灵魂需要的事物真实,身

---

① [古希腊]柏拉图:《柏拉图全集》第 2 卷,王晓朝译,人民出版社 2003 年版,第 596 页。

② [古希腊]柏拉图:《柏拉图全集》第 2 卷,王晓朝译,人民出版社 2003 年版,第 597 页。

③ [古希腊]柏拉图:《柏拉图全集》第 2 卷,王晓朝译,人民出版社 2003 年版,第 598 页。

体与灵魂相比,身体不如灵魂那么真实,自身较为真实的东西能比那些较不真实的东西更加真实地填补和满足那些需要,我们用来填补需要的具有快乐性质的事物越真实,我们就越能得到真正的快乐,而我们用来填补需要的事物越不真实,越不可靠,我们得到的快乐就越不真实。如果我们的本性中爱利和爱胜的欲望能够遵循知识和理性的引导,在它们的陪伴下追求快乐,只追求那些理性认可的快乐,那么由于它们追随真理,因此它们所得到的快乐将是它们有可能得到的快乐中最真实的快乐。但若灵魂的另外两个部分中的一个取得控制权,其结果就是灵魂的这个部分不能找自身特有的、适当的快乐,还会强迫其他部分去追求一种不适宜、不真实的快乐。当灵魂接受灵魂的爱智部分的指导,内部没有纷争的时候,结果会使灵魂的每个部分都在各方面各负其责,都是正义的,每个部分同样也会享受到它们各自特有的、恰当的快乐,在可能的范围内享受最真实的快乐。①

这就是柏拉图所设想的理想国。虽然对话者认为这个城邦是一个理想的城邦,但世界上任何地方都找不到这样的国家。但是苏格拉底认为,也许在天上有这样一个国家的模型,愿意的人可以对它进行沉思,并看着它思考自己如何能够成为这个理想城邦的公民。至于它现在是否存在,或是将来会不会出现,这没有什么关系。追求正义和美德本身就是幸福的,正义和美德本身就是神对人的奖励和报酬。②

（六）生活是自己选择的

明确了什么是正义,什么样的人是幸福的之后,苏格拉底告诉人们生活都是自己选择的。他借用故事告诉人们这个道理。他认为,人们生前对任何人做过的错事或善事,死后都会受十倍的报应或报答。经过千年冥府之后人们可以选择来世的生活,这些生活多种多样,因为所有动物的生活方式都在这里,所有人的生活方式也在这里。但灵魂的性质是没法选择的,因为选择不同的生活方式必然决定了不同的品性。这件事对人来说似乎是一种极大的冒险。正是由于这个主要原因,我们每个人都要关心这件事,寻求和学习这件事,区别生活方式之善恶,并能总是选择条件允许的最佳生活。

---

① ［古希腊］柏拉图:《柏拉图全集》第 2 卷,王晓朝译,人民出版社 2003 年版,第604 页。

② ［古希腊］柏拉图:《柏拉图全集》第 2 卷,王晓朝译,人民出版社 2003 年版,第637 页。

"对上述一切进行考虑之后，一个人就能用目光注视自己灵魂的本性，把能使灵魂本性更加不正义的生活称作恶的生活，把能使灵魂本性更加正义的生活称作比较善的生活，进而能在较善的生活和较恶的生活之间作出合理的抉择。"①"他可以知道在整个今生和所有的来世如何在这些事情上总是选择中庸之道而避免两种极端，而这正是一个人的最大幸福之所在。"②因此，这个故事告诉人们，不论是今生还是来世，什么样的生活方式都是自己选择的，善和恶是自己选择的，伴随善和恶的幸福与不幸也是自己选择的，选择什么样的生活方式就是选择了自己成为什么样的人。所以，人最重要的是明白什么是善的，什么是恶的，能够运用自己的理性控制自己的欲望，能够节制，能够在自身内部实现正义。人为自己的选择负责，人就为自己的命运负责。

二、亚里士多德的善和幸福

亚里士多德，柏拉图最得意的弟子，也是古希腊最伟大的哲学家之一。在关于什么是好的生活、善的生活的理解上，他跟他的老师并无大的差别。他们关于生活的理解都与他们关于哲学的理解相通。他们认为哲学的、思辨的生活是最自足的生活，神一样的生活，是最幸福的生活。亚里士多德和他老师关于生活的核心价值还是有所区别。柏拉图关于生活的核心概念是正义，正义的国家和正义的人，而亚里士多德关于生活的核心概念是善和幸福。

(一)善的顶点是幸福

亚里士多德认为，就善和其他的德性相比来说，善自身就是目的，"如若在实践中确有某种为其自身而乞求的目的，而且事情都是为着它……那么，不言而喻，这一为自身的目的也就是善自身，是最高的善。"③善在亚里士多德这里，包括在整个希腊哲学中，并不仅仅只有伦理学的意义，他们认

---

① ［古希腊］柏拉图:《柏拉图全集》第 2 卷，王晓朝译，人民出版社 2003 年版，第644 页。

② ［古希腊］柏拉图:《柏拉图全集》第 2 卷，王晓朝译，人民出版社 2003 年版，第645 页。

③ ［古希腊］亚里士多德:《尼科马可伦理学》，苗力田译，中国人民大学出版社 2003 年版，第 2 页。

为,一切知识,一切抉择都是追求某种善,各个领域、各种行为的目标都是善。所以善等同于良好的功能或者某种性质,如眼镜是用来看的,音乐是用来听的,达到某种功能就是善。善的意义几乎和存在的意义同样多,它既可用来述说是什么,如神和理智;也可用来述说性质,如各种德性;也可用来述说数量,如适度;也可以述说关系,如有用;也可以述说时间,如良机;也可以述说地点,如良居;诸如此类。总结说来,善具有双重意义:一是就其自身而言就是善,另外则通过其他的方式而达到善。但是,善并不具有单一的理念,而且善如果作为共同述语,或单一的、可分离的、自存的东西,那么它既不能为人所实行,也不能为人所取得。因此,我们所探求的,不是不可实行的善,而是能为人所实行和取得的善,就是各个领域的各种好的状态。

所有的科学都在追求某种善,而把善的理念放在一边,因为,对于技术家们来说,懂得了善的理念并不对他们的技术有更多的帮助。如,织工、木匠关心的是如何是他们的技术日臻娴熟,而不是什么是善自身;即便是医生,他关心的是如何成为好的医生,他研究的是他的病人,关心的是个别人的健康,而不是健康自身是什么。对于不同的技术来说,每种技术所追求的就是这种技术的成熟和完美,这个目的就是这个技术的善,其他的也是这样,所以,所谓善就是众多目的的总和。既然目的是多种多样的,在其中有一些我们是为了其他目的而选取它。例如,钱财、长笛,这些是作为工具。这些目的显然不是最后的目的,只有最高的善才是某种最后的东西。倘若仅只有一个东西是最后的,最完满的,那么,它就是我们所寻求的最后目的。这种东西是为其自身而被选取,它自身是目的,这就是善。亚里士多德认为,我们为其自身来追求的东西比为了他物的东西更为完满,只有这个东西才有资格作为幸福,我们为了它本身而选取它,而永远不是因为其他别的什么。①

那么,行为所能达到的一切善的顶点又是什么呢? 也就是善的最高状态和性质是什么? 几乎大多数人都会同意一切善的顶点是幸福,但是关于幸福是什么,大多数人和哲人们所提出的看法不一样。一般人认为生活优裕、行为良好就是幸福,他们把幸福看做某种存在的或显而易见的东西,如

---

① ［占希腊］亚里士多德:《尼科马可伦理学》,苗力田译,中国人民大学出版社 2003 年版,第 10 页。

快乐、财富、荣誉等等。不同的人认为是不同的东西,同一个人也经常把不同的东西当做幸福。在生病的时候,他就把健康当做幸福;在贫穷的时候,他就把财富当做幸福;有一些人由于感到自己的无知,会对那些宏大高远的理论感到惊羡。也就是,这些人将匮乏的满足当做幸福。亚里士多德指出,生活方式的种类各不相同,主要的生活有三种选择,第一种享乐生活,另一种是政治生活,第三种则是思辨的、静观的生活。在这三种不同种类的生活中,每一种生活对善的认识都不一样。那些崇尚名声、喜欢活动的人认为善就是荣耀,这就是政治生活的目的。人们似乎是为了表明自身的善良而追求荣誉,也就是为了德性的缘故追求赞誉,可以说,在政治生活中,德性相比荣誉是更高的目的。至于那些敛财者,则是在那里受强制而生活着,因为很显然财富不是他们所追求的善,它只是有用的东西,并以他物为目的。只有思辨的、静观的生活不是为了别的,是为了自身,它是自足,是最高的善。

亚里士多德主张自足就是无待而有,它使生活变得愉快,不感匮乏,这也就是我们所说的幸福。它是一切事物中的最高选择,幸福是终极的和自足的,它是行为的目的,幸福就是终极的善。亚里士多德把善的事物分为三个部分,一些称为外在的善,另一些称为灵魂的和身体的善,而灵魂的善是主要的、最高的善。如果人的功能就是灵魂根据理性的现实活动,那么,人的善就是合乎德性而生成的灵魂的现实活动。在这里,他把善看做是灵魂的行为和活动,行为和现实活动本身就是目的。所以,灵魂的现实活动就是善,但不是外在的善。幸福就是生活优裕、行为美好的观点和这一原理完全符合,因为已经把幸福规定为某种好的生活和好的行为。幸福就是合乎德性的现实活动,只有那些行为高尚的人才能赢得生活中的美好和善良。这样的生活(合乎德性的生活)自身就是快乐的。一个人总是对自己所喜爱的事物感到快乐,合乎德性的行为,使爱德性的人快乐,这种快乐是灵魂的快乐。许多快乐是相互冲突的,那是因为它们不是在本性上快乐。只有那些对爱美好事物的人来说的快乐,才是本性上快乐,这就是永远合乎德性的行为。所以,对这些人来说,它们就是自身的快乐。生活并不把快乐当做附加物,像件装饰品那样,生活在其自身中就具有快乐,因此,合乎德性的行为就是自身的快乐。并且它也是善良和美好的,倘若一个明智的人,对于这些问题都能作出正确的判断,他就是最美好、最善良的人了,最美好、最善良、最快乐也就是幸福。所有这一切都属于最高善的现实活动,我们把它们或其中最好一个称为幸福。

因此,幸福也要以外在的善为补充,因为赤手空拳就不可能或者难于做好事情。有许多事情都需要使用手段,通过朋友、财富以及政治权势才做得成功。幸福是需要外在的时运亨通为其补充,但不能把幸运和幸福等同。即或幸福不是神的赠礼,而是通过德性,通过学习和培养得到的,那么它也是最神圣的东西之一。因为德性的嘉奖和至善的目的,乃是神圣的东西,是至善,它为人所共有,寓于一切通过学习,而未丧失接近德性的欲求的人中。通过努力获得幸福伴随着德性的成长,因此,通过努力获得幸福比通过机遇更好。①

幸福就是一种合乎德性的灵魂的现实活动,其他一切或者是它的必然附属品,或者是为它本性所有的手段和运用。其他动物不能称之为是幸福的,因为它们没有一种能分有这种现实活动。处于同样的理由,也不能说孩子们是幸福的,因为年龄的关系他们没有这样合于德性的行为,对于他们只能说有希望获得至福。另外,德性是完满的,需终其一生,如果在一生中变化多端,时而气运亨通,时而悲惨,这样的遭遇和结果不能叫作幸福。在机遇里并没有善和恶,合乎德性的现实活动,才是幸福的主导,其反面则导致不幸。因此,幸福作为一种合乎德性的灵魂的现实活动,必须加上拥有外在的善的条件,如技能、财富、好的机遇,才算是至福之人。② 不能像称赞做了件公正事那样来称赞幸福,而是把它当做更加神圣、更为良好的东西,称之为至福。因为幸福就是始点和本原,它就是目的本身,正是为了它所有的人才做其他的事情。凡是善良事物的原因和本原,就是荣耀和神圣的。称赞对目的本身太微弱了。

(二)德性就是现实活动的品质

亚里士多德认为,灵魂有一个非理性的部分和一个理性的部分。非理性的部分是双重的,一部分是植物的,如营养和生长的原因,这是一种潜能,与理性绝不相干,它不是属于人的本性的德性。另一部分是欲望,在一定程度上分有理性,因为他受到理性的约束。非理性部分能够听从理性,这从劝

① 〔古希腊〕亚里士多德:《尼科马可伦理学》,苗力田译,中国人民大学出版社 2003 年版,第 16 页。
② 〔古希腊〕业里士多德:《尼科马可伦理学》,苗力田译,中国人民大学出版社 2003 年版,第 19 页。

告以至一切训诫和禁令中得到证明。如若非理性的部分也可以称为理性的话,那么理性的部分也可以一分为二,一部分是理性在其中占主导地位,如在自制的人那里,它是受理性约束的。另一部分只是对父亲般的顺从,例如那些审慎、勇敢的人对理性是百依百顺,因为他们与理性本是声气相通的。德性也要按照灵魂的区别来加以规定。其中的一大类是理智上的德性,另一大类是伦理上的德性。智慧和谅解以及明智都是理智德性,而慷慨与谦恭则是伦理德性。理智德性大多由教导而生成、培养起来的,所以需要经验和时间,伦理德性则是由风俗习惯沿袭而来。因此,没有一种伦理德性是自然生成的,凡是自然如此的东西,都不能用习惯改变它。所以,我们的德性既非处于本性而生成,也非反乎本性而生成,而是自然地接受了他们,通过习惯而达成完满。①

自然的本性最初是以潜能的方式存在,然后以现实活动的方式把它展示出来,如音乐感的培养,识别颜色的能力等,是先具有这些潜能,然后才可以培养出能力。这一情况同样适用于德性。正是在待人接物的行为中,我们有的人成为公正的,有的人成为不公正的,有的人变成勇敢的,有的人变成怯懦的,有的人成为节制而温和的,有的人成为放纵而暴戾的。我们做公正的事情才能成为公正的人,进行节制才能成为有节制的人,表现勇敢才能成为勇敢的人。总的说来,品质是来自相同的现实活动,品质正是以现实活动而区别。因此,"从小就养成这样或那样的习惯不是件小事情,相反,非常重要,比一切都重要。"②对于生成什么样的品质来说,行动是主要的问题,探讨德性的出发点就是为了合乎正确理性而行动。③ 在形成人们品质的过程中,伴随着活动成果的快乐和痛苦。一个人避开肉体的快乐,并以回避肉体快乐为快乐,这就是节制,而沉湎于享乐的人就是放纵。一个人在危险面前坚定不移,保持快乐至少并不惧怕,这就是勇敢,如若痛苦不堪,就是怯懦。因此,伦理德性就是关于快乐和痛苦的德性。正如柏拉图所说,重要

---

① [古希腊]亚里士多德:《尼科马可伦理学》,苗力田译,中国人民大学出版社 2003 年版,第 25 页。

② [古希腊]亚里士多德:《尼科马可伦理学》,苗力田译,中国人民大学出版社 2003 年版,第 27 页。

③ [古希腊]亚里士多德:《尼科马可伦理学》,苗力田译,中国人民大学出版社 2003 年版,第 30 页。

的是,从小就培养起对所应做之事的快乐和痛苦的情感。正确的教育就是这样。①

此外,德性还和行为与感受有关,一切行为和感受都伴随着快乐和痛苦,因此德性与快乐和痛苦有关。亚里士多德确定的基本命题就是伦理德性是一种关于快乐和痛苦的较好的行为,相反的行为就是坏的。伦理德性的形成和表现一直伴随着选择和躲避,有三种东西使人去选取,这就是高尚、便利、快乐;有三种东西促人去躲避,就是卑陋、有害、痛苦。对于选择,善良的人做得恰到好处,邪恶的人则陷于失败。而对于快乐则更加如此。德性以快乐和痛苦而存在,由快乐和痛苦而生成和增长,相反则毁灭。同时现实活动也由快乐和痛苦而生成,是关于它们的现实活动。按照德性生成的东西,不论是公正还是勇敢,都不能自身是个什么样子,而是行动者在行动中有什么样子。首先,他必须有所知;其次,他必须有所选择,并因其自身而选择;最后,在行动中,他必须努力地坚持到底。对于德性来说知的作用是非常微弱的,而其他条件却作用不小,而且比一切都重要。因为公正和节制都是由于行为多次重复才保持下来。这些事情,只有在恰如公正和节制的人所做的那样做时,才可以被称为公正的和节制的。②

在灵魂中有三者生成,这就是感受、潜能和品质,德性为这三者之一。所谓感受,就是欲望、愤怒、恐惧、自信、嫉妒、喜悦、友爱、憎恨、期望、骄傲、怜悯等,总之它们与快乐和痛苦相伴随。所谓潜能就是那些我们由之而能感受的东西,例如由于它们能被激怒,受痛受苦或激起怜悯之心。品质就是我们由之对那些感受持有美好或恶劣的态度。德性和邪恶并不是感受,因为对感受不能说高尚和卑下,对于德性和邪恶才这样说。并且对于感受既不称赞,也不责备。只有德性和邪恶才受到称赞和责备。此外,愤怒和恐惧是不可选择,而德性则是某种选择,至少离不开选择。德性并不是潜能,因为我们并不仅仅因为能够感受而说它好或坏,加以称赞或责备。此外,潜能是与生俱来的,不能说它自然是善是恶。德性既不是感受,也不是潜能,那

---

① ［古希腊］亚里士多德:《尼科马可伦理学》,苗力田译,中国人民大学出版社2003年版,第28—29页。

② ［古希腊］亚里士多德:《尼科马可伦理学》,苗力田译,中国人民大学出版社2003年版,第30—31页。

么他只有是品质了。①

一切德性,只要某物以它为德性,就不但要使这东西状况良好,并且要给予它优秀的功能。例如眼睛的德性,就不但使眼睛明亮,还要使它的功能良好(眼睛的德性,就意味着视力敏锐)。如若这个原则可以普遍适用,那么人的德性就是使人们善良,并获得其优秀成果的品质。在感受和行为中都有不及和超越应有的限度,过度和不及都是不好的,德性则寻取和选取中间,它是要在应该的时间,在应该的状况下,应该的关系中,有应该的目的,以应该的方式,在过度和不及之间,也就是中庸,这是最好的,它属于德性。过度和不及都属于恶,中庸才是德性。德性作为中庸之道,它是一种具有选择能力的品质,它受到理性的规定,像一个明智人那样提出要求。所以,不论就实体而论,还是就是其所是的原理而论,德性就是中间性,中庸是最高的善和极端的美。② 当然并非全部行为和感受都可能有个中间性。有一些行为和感受的名称就是和罪过联系在一起的,如,恶意、歹毒、无耻等,通奸、偷盗、杀人等,这些行为本身都是错误的,谈不上什么过度与不及。③

(三)德性的具体表现

因为行为是关于个别事物的,亚里士多德对个别德性作了图解。首先,勇敢就是无畏地面对高尚的死亡,或生命的危险。一个勇敢的人并不是无所不怕,而是怕他应该怕的,坚持或害怕他所应为的目的,以应有的方式,在应该的时间。一个勇敢的人,要把握有利的时机,按照理想的指令而感受,而行动。高尚是勇敢的目的,勇敢的人为了高尚或美好而坚持,而勇敢地行动。④ 对于那些实际可怕的东西而过度自信的人称之为鲁莽。他们对可怕的东西虽然气壮如牛,但却不能坚定不移。一个人过度恐惧就是怯懦。他以不应该的方式,怕他所不应该怕的东西,如此等等。他所缺乏的是坚强,最突出的特点,就是对痛苦的过度恐惧。怯懦的人是绝望的人,因为他无所

---

① [古希腊]亚里士多德:《尼科马可伦理学》,苗力田译,中国人民大学出版社 2003 年版,第 32 页。

② [古希腊]亚里士多德:《尼科马可伦理学》,苗力田译,中国人民大学出版社 2003 年版,第 34 页。

③ [古希腊]亚里士多德:《尼科马可伦理学》,苗力田译,中国人民大学出版社 2003 年版,第 34—35 页。

④ [古希腊]亚里士多德:《尼科马可伦理学》,苗力田译,中国人民大学出版社 2003 年版,第 57 页。

不惧。勇敢的人则与此相反,因为坚定的信念就是美好的希望。鲁莽的人猛冲向前,渴望去冒险,但真正处于危险之中时,就遁逃了。一个勇敢的人在工作中是精明的,处事是冷静的。因此,勇敢就是中间性,是中庸,是自信和坚持,这是高尚的。为痛苦和激情所驱使冲向危险,算不得勇敢。勇敢要通过激情,再加上选择和目的。因此,勇敢是一种品质,勇敢就是如何对待坚定与恐惧。勇敢的意义就在于能经受痛苦,对于人来说,甘受痛苦比回避快乐要困难得多。①

　　快乐和痛苦的中间性是节制,过度快乐是放纵。放纵作为快乐上的过度,表现为在自然的欲望方面过多,在量上超过了自然的度,这样的人是完全受制于他物的人,或者偏爱某种东西,或者喜欢了不该喜欢的东西,或者以不应有的方式。放纵因之而存在的感觉,不是作为人而具有这种感觉,而是作为动物,是人和其他动物所共有的,对于这些感觉最为喜欢的是兽性,所以表现了人的被奴役和兽性。一个放纵的人追求一切快乐,或者最大的快乐。他被欲望牵引着,除了快乐别无所求。所以,在得不到快乐时他痛苦,求快乐的欲望也使他痛苦,欲望就伴随着痛苦。对于这些东西一个节制的人抱中间态度,他不喜欢那些放纵的人所喜欢的东西,相反却讨厌它们。总的说来,他不喜欢所不应喜欢的东西,他不因失去这些东西而痛苦,对此也没有欲望。或者适度,不比所应该的更多,不在所不应该的时候,如此等等。对于那些能导致健康或幸运的、令人快乐的东西,他适度地追求,并且以应该的方式。对于其他使人快乐的东西,只要它们不妨碍健康和幸运,或有损于高尚并且力所能及,他也是这样。一个有节制的人以正确的原理为依归。对快乐的追求应是适度的、少量的,并且绝不能与理性相背驰。如能这样,我们就说受到了良好的教养和有约束能力。欲望的部分也要按照理性生活,节制之人的欲望部分应该与理性相一致,两者都以高尚为目标。一个节制的人欲求他所应该欲求的东西,以应该的方式,在应该的时间,这也正是理性的安排。② 因此,一个节制的人是按理性行事的人。

　　关于慷慨。一个人能对财富最好的使用,也就是有了在财富方面的德

---

　　① ［古希腊］亚里士多德:《尼科马可伦理学》,苗力田译,中国人民大学出版社 2003 年版,第 62 页。

　　② ［古希腊］亚里士多德:《尼科马可伦理学》,苗力田译,中国人民大学出版社 2003 年版,第 67 页。

性,这样的人也就是个慷慨的人。在一切德性之中,慷慨几乎为人最钟爱,因为在给予之中,可以有助于人。一个慷慨的人,为了高尚而给予,并且是正确地给予,也就是对应该的对象,以应该的数量,在应该的时间及其他正确给予所遵循的条件。那种以给予为痛苦的人,把财物看得比高尚行为还重要,是不能称之为慷慨的。一个慷慨的人,不接受所不应接受的东西,他只接受所应得的东西,是作为必需的东西,因为这样他才能给予。慷慨的人是难以富有的,因为他既不善于获得,也不善于保持钱财。他花费和珍视钱财并不由于钱财自身,而是为了给予。不顾惜自身,这正是慷慨的所在。慷慨是在财物的给予和接受上的中间性。他以所应有的方式做两件事。正确的接受伴随着正确的给予。在给予和接受两个方面,浪费和吝啬就是过度和不及。消费也算做给予,一个浪费的人,在给予方面是过度的,在取得方面是不及的。一个吝啬的人则给得太少,而取得太多。①

大方也被认为是某种关于财物的德性,但不像慷慨那样涉及全部财物方面的行为,而只涉及消费。大方的人是慷慨的,但慷慨的人却不一定都大方。大方的人是具有科学头脑的人,他要对花费是否适当进行思考,使巨大的钱财用得恰到好处。大方的人,其消费是巨大的,同时也是适当的,它的成果同样也是巨大的和适当的,所以巨大的消费和其成果相当。大方人的消费是为了高尚,这是各种德性所共有的特点。一个贫穷的人是不会大方的,大量的消费与他的所有物是不适应的。② 那过度的人和逞强的人,花费超过了应有的限度。一个小气的人在一切方面都不及。

大度的人是对荣誉和耻辱抱应有的态度。大度的人就是重视荣誉,他们重视荣誉超过一切,而自卑的人不论对自己,还是对大度的人都是过低估计了价值。虚夸的人是对自己估价过高。一个大度的人由于他具有重大的价值,所以也是最善良的人。做一个真正的大度的人是困难的,因为他必须是美好和善良俱全。荣誉对大度的人至关重要。然而,他对财富、权力以及所遭遇的全部幸运和不幸,都抱有一种适当的态度。大度的人为了重大的事则不惜一切,甚至于自己的生命,因为不能以一切为代价而活着。他喜欢

---

① [古希腊]亚里士多德:《尼科马可伦理学》,苗力田译,中国人民大学出版社 2003 年版,第 71 页。

② [古希腊]亚里士多德:《尼科马可伦理学》,苗力田译,中国人民大学出版社 2003 年版,第 75 页。

做好事,但羞于接受好处。因为做好事是一种超越,而接受好处则是被超越。他对所接受的好处加倍奉还,这样施惠者就变成受惠者了,就变成好处的接受者了。大度的人无所动,没有光荣伟大的事业他不着手。他所想占有的东西,都是那些美好但没有用处的,而不是那些有用处的东西。这样就表示他更为自足。大度的人就是一个这样的人,不足的是自卑的人,过度则是虚夸的人。

关于公正和公平。亚里士多德认为最善良的人,不但以德性对待自己,更要以德性对待他人。待人以德是困难的。所以公正不是德性的一个部分,而是整个德性;相反,不公正也不是邪恶的一部分,而是整个的邪恶。不公正分为两类,一是违法,一是不均,而公正则是守法和均等。均等就是中间,那么公正也就是一种中间概念。公正有两类,一类是分配的公正,一类是矫正性的公正。分配的公正是指应该按照各自的价值分配,是按照所说的比例关系对公物的分配。① 矫正性的公正生成在交往之中,是指某种均等。回报这种德性是共同交往的维系,它是按照比例原则,而不是按照均等原则。亚里士多德指出,要以怨抱怨,若不然就要像奴隶般地受侮辱。要以德报德,若不然交换就不能出现,以德报德是恩惠所固有的特点。不但他人的恩惠要回报,并且自己也要开始施惠于人。不管做事公正还是不公正,都要有意地来做。公平优于公正,但不是另一个不同的种,公平和公正实际上是一回事情,虽然公平更有力些。但公平并不是法律上的公正,而是对法律的纠正。纠正法律普遍性所带来的缺点,正是公平的本性。这是因为法律不能适应一切事物,对于有些事情是不能绳之以法的,这就需要公平。

以上这些理性都属于伦理德性,伦理德性是实践的真理。因为伦理德性是选择性的品质,而选择是一种经过思考的欲望。如若选择是一种确当的选择,那么理性和欲望都应该是正确的。这样的思考是一种实践的真理,而思辨的、理论的思考则不是实践的。② 明智的人就是能得到实践真理的人。

---

① ［古希腊］亚里士多德:《尼科马可伦理学》,苗力田译,中国人民大学出版社2003年版,第98页。

② ［古希腊］亚里士多德:《尼科马可伦理学》,苗力田译,中国人民大学出版社2003年版,第120页。

（四）明智是实践的理性

所谓明智，也就是善于考虑对自身的善以及有益之事，且是对于整个生活有益，一个明智的人就是善于考虑的人。人们不能考虑那些处于必然的事物，所以明智并不是科学，也不是技术，它就是关于对人的善和恶的真正理性的实践品质。① 一个善于考虑的人，需经过核计而获得对人最大的善。明智不只是对普遍者的知识，而应该通晓个别事物。从而，一个没有知识的人，可以比有知识的人干得更出色，因为只有对个别事物的行为才是可行的，明智是实践的。青年人可以通晓几何、算术，在这方面成为智慧的，却不一定变得明智。因为对特殊事物的，必须经过经验才能熟悉，青年人所缺少的正是经验，而取得经验则须较长时间。明智与理智相对立，理智以定义为对象，这不是理性所能提供的。明智以个别事物为最后对象，它不是科学而是感觉。② 人们只能合乎明智以及伦理德性才能取得成果。德性确定一个正确的目标，明智则提出达到目标的手段，二者不可分割。如若没有德性，那么灵魂的眼睛就不能生成明智这种品质。没有明智也就没有正确的选择，正如没有了德性一样。因为德性提供了目的，明智则提供了达到目的的实践。③

有自制力的人能坚持他通过理性论断所得的结论，而无自制力的人，为情感所驱使，去做明知道的坏事；有自制力的人服从理性，在他明知欲望是不好的时候，就不再追随，不自制者由于某种过度而不坚持合理的事物。但不自制不会是笼统地对一切而言，而只是对它所沉溺的事物而言，也不是对一切都抱有同等的态度，若是这样它就等于放纵了。它们的态度是不同的，放纵者按照自己的方式进行选择，他认为永远应当追求当前的快乐，不自制也追求快乐，但并不认为是应当的。放纵者从不后悔，坚持自己的选择，而不自制者则总是后悔的。放纵者是不可救药的，不自制的人则可以纠正。

---

① ［古希腊］亚里士多德:《尼科马可伦理学》，苗力田译，中国人民大学出版社 2003 年版，第 123 页。

② ［古希腊］亚里士多德:《尼科马可伦理学》，苗力田译，中国人民大学出版社 2003 年版，第 127 页。

③ ［古希腊］亚里士多德:《尼科马可伦理学》，苗力田译，中国人民大学出版社 2003 年版，第 135 页。

明智不仅是在认知方面,而且是在实践方面。而不自制正是实践上的缺点。①

(五)幸福与友爱

亚里士多德认为,如若每种品质的现实活动都不受阻碍,或者全部,或者其中之一不受阻碍,就是幸福,幸福就是快乐的生活。没有一种完美的活动是可以阻止的,幸福就是种完美的现实活动。所以,给幸福还要增加上身体的善、外在的善、机遇的善,以免它的活动因它们的缺乏而受到阻碍。②

亚里士多德认为,有用的东西就是由之生成善和快乐的东西,因此,那些以善和快乐为目的的东西为人所喜爱。友爱就是以善和快乐为目的的东西。只有相互之间的善意才是友爱,所以,作为朋友首先必须互相有善意,对朋友的愿望是对他自身的善。友爱分为三类,有些朋友是为了有用,而不是为了自身而相爱,对他们相互之间都产生好处;有些是为了快乐而相友爱,人们愿与聪明的人交往,并不是为了他们自身,而是为了使自己愉快。那些为了用处而爱朋友的人是为了对自己有用,那些为了快乐而爱朋友的人,是为了使自己快乐。亚里士多德认为,这都不是为了自身而友爱,而是为了有用和快乐。所有这样的友爱都是偶性上的友爱。一个朋友之所以被爱,并非由于他是个朋友,而由于它们有的能提供好处,有的能提供快乐。所以,这样的朋友很容易散伙,难于长久维持。因为,他们如不再是令人快乐和对人有用,友爱也就此终止了。用处是不经久的,时而这样,时而那样,不断地变化着。做朋友的原因一旦不存在了,友爱也就不再存在,因为这是友爱存在的原因。③

而善良者的友爱是完美的,而且在德性方面相类似,作为善的人他们都是就其自身而善的。那些为了朋友自身而希望朋友为善才最是朋友,因为,他们都是为了朋友的自身,而不是出于偶性。只要善不变其为善,这种友谊就永远维持。只有德性才是恒常的,只有这样的友谊才称得上永恒的。只

①　[古希腊]亚里士多德:《尼科马可伦理学》,苗力田译,中国人民大学出版社2003年版,第155页。

②　[古希腊]亚里士多德:《尼科马可伦理学》,苗力田译,中国人民大学出版社2003年版,第159页。

③　[古希腊]亚里士多德:《尼科马可伦理学》,苗力田译,中国人民大学出版社2003年版,第166页。

有在这些善良的人们中,友爱和友谊才是最大和最善的,才因自身而做朋友,并且具有其他真正的友谊所具有的品质。① 通过快乐所形成的友谊与因德性形成的友谊也有相同之点。这就是好人们之间相互喜欢,在人们之间形成了相同的东西,如快乐,这样的友谊才能持久。不但要有共同的东西,还要有如机智那样的共同的来源。这样友谊一样分为三类。坏人可以因为快乐和有用而成为朋友,他们在这方面相类似。好人们则因为自身,由于它们的善良而成为朋友。这种朋友是整体地不加限制的朋友,其余两类朋友则由于偶性。友谊是一种品质,因为它伴有选择,而选择是来自品质。希望所爱的人成为好人,是为了他自身,并不是来自情感,而是来自品质。爱着朋友的人就是爱着自身的善、自身的好,因为一个好人在成为朋友时,对好人的欣赏就是自身的善。每一方都是对自身的善,并且以同等的愿望和快乐回报对方。②

以上所说的友爱都是平等的,双方都有着共同的要求,相互间有着同样的愿望。平等在公正的事情上和在友谊上,其意义是有区别的。在公正的事情上,价值上的平等占据首位,而数量上的平等居次要地位。在友谊中数量上平等居首要地位,价值上的平等居次要地位。如若两人在德性、罪过或财富以及其他方面差距太大,就不能成为朋友,也不值得成为朋友。一个平平常常的人总不值得去和最善良最智慧的人去做朋友。双方的距离,如若像距神一样远,肯定不会保持友谊。倘使一个朋友原封不动,另一个却大大提高,并且在德性方面也优越许多,两人很难继续做朋友。因为他们的兴趣不同,好恶各异,甚至于连共同的活动都不能参加,而没有共同活动也就没有友谊。③

大家公认友爱更多地是在爱之中,而不是在被爱之中,所以,爱就是朋友的德性。在朋友中只有这一点是受人重视的,只有这样的人是长久的朋友,保持着不变的友谊。抱怨和责备仅仅和主要存在于基于利用的友谊中,

---

① [古希腊]亚里士多德:《尼科马可伦理学》,苗力田译,中国人民大学出版社 2003 年版,第 169 页。
② [古希腊]亚里士多德:《尼科马可伦理学》,苗力田译,中国人民大学出版社 2003 年版,第 171 页。
③ [古希腊]亚里士多德:《尼科马可伦理学》,苗力田译,中国人民大学出版社 2003 年版,第 192 页。

而且这是难免的。基于德性的朋友，都希望对方好(因为这是德性和友谊的标志)。在互相钦佩的人之间，就不会有抱怨和争吵。谁也不会因被朋友超越而不满，因这正是他的目的，每个人都希望好的事情。在基于快乐的朋友之间也不会抱怨，因为双方都得到了自己所希望的东西。他们在一起享受着所消磨的时间。在利用的友谊中才充满抱怨，因为他们总想为了自己的益处而利用对方，总想在交易中占到便宜，他们认为自己所得到的少于应得，抱怨他们的伙伴们，因为自己没得到全部要求的东西，没有得其所值。因此，如有可能应对所接受的给予相应的回报，因为一个人不愿给予回报就绝不能成为朋友。还应该认识到，从不应该接受其好处的人那里接受了好处，开始就是错误的。同时，只要有可能，人们应该对接受给予同等的回报，所以要尽可能做到礼尚往来。人们从一开始就应该考虑从什么人那里接受，以什么条件接受，合乎条件就接受，不合乎条件就拒绝。给予者的选择似乎就是尺度，德性和性格乃是选择的主宰。友谊所要求的是尽其所能，而不是报其所值，一个尽力而为的人，被认为是一个高尚的人。以对方自身为目的，就不会招致抱怨(因为这种服务就是德性和友爱)，而回报则须符合选择(因为选择是符合德性和友爱)。① 道德的爱保持自身，始终如一。

善良的人也以同样的方式对待自己。因为，这样的人表里如一，全心全意地追求着同一事物。所以，他希望自己善良，并加以实践，并且是为了善自身。他向往生活，自我保存，对于善良的人来说，善良才是真实存在。每个人都希望自己好，如若让一个人变成其他东西，给什么他也不会要，他就要保持现在的这种样子。好人愿意与自己为伴，并且以此为乐。过去的回忆使他欣慰，未来的美好希望使他愉悦。思辨盈溢着他的心怀，他比谁都易于感受快乐和忧愁，他无时不在快乐和痛苦。由于善良人对自身都是这个样子，他对待朋友也正如对待自身，因为朋友就是另一个自身，一种强烈的友情就是如同对待自己一样的关怀。② 善意是友谊的起点，如没有善意友谊就不能生成，但善意却不是友谊。只有由接触才会有友谊，人是由于现实活动而存在，所以友谊也要通过现实活动表现出来。爱是主动的，被爱则是

---

① ［古希腊］亚里士多德:《尼科马可伦理学》，苗力田译，中国人民大学出版社 2003 年版，第 188 页。

② ［古希腊］亚里士多德:《尼科马可伦理学》，苗力田译，中国人民大学出版社 2003 年版，第 193—194 页。

被动的,所以友爱和友好的事物总是属于实践者。人们说,一个人应该爱他最好的朋友,而最好的朋友就是一个希望对方就其自身而善的朋友,即使并没有他人知道。这种情况,在一个人对待自己的时候最经常出现,用来规定朋友的全部其他属性也都是这样。所以说,一切与友谊相关的事物,都是从自身而推广到他人。因此,一个人是他自己的最好的朋友,人所最爱的还是他自己。①

至于那些下流和粗俗之人却不能这样,因为他们与自身不同,他们所欲求的是一种东西,所乞求的却是另一种东西。正如那些没有自制力的人一样,他们所选择的东西与他们看来是善的东西相反,实际上只是使人快乐、但却有害的东西。有些人由于怯懦和懒惰,不去做那些他们认为对自身是最好的事情。至于那些作恶多端的人,由于罪恶而憎恨自己,逃避生活,毁灭其自身,总想与人结成伙伴,逃避他们自己。因此,一个恶人,对自己并不会友好。行为善良,不但会对待自己友好,也能和别人交朋友。真正意义的自爱者是向往公正、节制等德性的人,这样的人才是真正意义上的自爱者。他们和应受谴责的那一类人之间的区别在于,一个是按照理性来生活,另一个则是按照情感来生活;一个所向往的是高尚的行为,一个所向往的看来是有利的东西。所以,善良的人应该是一个热爱自己的人,他做高尚的事情,帮助他人,同时也都是有利于自己的。邪恶的人,就不应该是个爱自己的人,他跟随着自己邪恶的感情,既伤害了自己,又伤害了他人。邪恶人的所为之事和所应为相背驰,而善良之人所做的一切都是他所应该做的。一切理智都为自己选择最好的东西,所以善良之人服从理智。他们鄙视金钱、荣誉,总之那些人们竞相争夺的东西,为自己他只求得高尚,他们才是真正自爱者。②

亚里士多德认为,在幸福与不幸中朋友都是需要的。有人认为,幸福就是自足,自足是一种无所缺的存在,而朋友作为另一个自我,只是补充一个人所不能的东西,幸福的人具有了一切的善,就不再需要朋友。亚里士多德

---

① [古希腊]亚里士多德:《尼科马可伦理学》,苗力田译,中国人民大学出版社 2003 年版,第 199 页。

② [古希腊]亚里士多德:《尼科马可伦理学》,苗力田译,中国人民大学出版社 2003 年版,第 201 页。

认为,这种认识是荒唐的,因为在外在的善中,朋友正是最大的善。① 在两种情况下(幸运和不幸)人们都寻求朋友。遭不幸的人期求援助,在幸运中的人需要陪伴,他们想做好事要求有接受好处的人。所以,在不幸中,有用的朋友更为必要,在幸运中高尚的朋友更为必要。也许朋友在场本身就使人快乐,不论是在幸运中还是在不幸中。受痛苦的人们由于朋友的分忧而得到慰藉。幸运的日子里,有朋友在场就过得更愉快。所以,在任何情况下朋友的在场都是可贵的。至福不是孤独的,人是政治动物,天生要过共同的生活。这也正是一个幸福的人所不可缺少的,他具有那些自然而善的东西,但还要和朋友在一起,和高尚的人在一起,所以幸福应该有朋友。朋友的分享应是幸福的一分子,如果一切皆备,但是没有朋友,不能说是至福。当有人说幸福不需要朋友的时候,只是说的功利意义上的朋友。幸福的享受是在生活之中,幸福是某种现实活动,而现实活动要生成,而不是对某项财产的占有。善良人的现实活动就是高尚的,它本身就是快乐的。至福之人需要这样的朋友,如若他选择去关照高尚和本己行为的话,这些行为就是作为朋友的、高尚人的行为。幸福生活应该是快乐生活,然而孤独一人则难以生活,并且只靠自身就难于进行不断的现实活动,只有在他人的帮助之下,与他人的协作之中才更容易些。至福之人也应如此,他固然是就自身而快乐,然而协同的现实活动却更能持久。②

(六)生命的本性就是善

亚里士多德认为,本性上的善就是高尚的善,就是自身的快乐。生命是有限的,对动物来说,它为感觉能力所限定,对人类来说为感觉和思维能力所限定。生活主要就是去感觉和思维。生命就其自身来说就是善,就是使人快乐的。因为它是限定的,限定(约束)是善的本性,在本性上的善也就是高尚人的善,正因为如此,所以它使一切人快乐。生命本身就是善和快乐,人人都在追求它,特别是高尚的人、至福的人,他们的生命就是最高的幸福。我们感到我们在感觉,想到我们在思想,也就是我们的存在,因为感觉和思想就是存在。感觉到生活着本身就是快乐,因为生命的本性就是善,在

---

① ［古希腊］亚里士多德:《尼科马可伦理学》,苗力田译,中国人民大学出版社2003年版,第206页。

② ［古希腊］亚里士多德:《尼科马可伦理学》,苗力田译,中国人民大学出版社2003年版,第203页。

自身之内拥有了善就感到快乐。生命是宝贵的,特别是对于那些善良的人们,因为对他们来说,存在就是善和快乐,他们由于感到在自身的善而快乐。他们是这样对待自己,也同样对待朋友,因为朋友就是另一个自己。既然存在自身对每个人都是可贵的,那么朋友也就同样的可贵。①

感觉到自身的善就使人快乐,对朋友的存在应该具有同感,这休戚与共的同感来自共同生活、交谈和思想的交流。存在如若对至福之人其自身就是可贵的,它就是自然的善和快乐,朋友的存在也近乎如此。所以,朋友也属于那些可贵的东西。凡是对自身可贵的东西,自身就该拥有它,不然就有所缺乏。因此,对于一个幸福的人,当然要有高尚的朋友。没有什么比共同生活更显得是友谊的标志,对于友谊来说,共同生活是最高选择。因为友谊就是共同性,怎样对待自己,也怎样对待朋友,对自己存在感到令人欣慰,对朋友存在感到也同样令人欣慰,而这种感觉只有在共同生活中才能成为现实活动,所以人们自然要追求共同生活。每个人都在他们认为是在生活中之最大乐趣中一起度过时光。② 当然,朋友的数量应该有一个界限,因为如果交的朋友太多,他就不能和他们在一起共同生活了,而共同生活被认为是友谊的最好标志。

但是,快乐本身不是善。亚里士多德认为,快乐和我们人类的天赋最相投合。所以,人们把奖赏和惩罚、快乐和痛苦当做教育青年的手段。同时,应该喜欢什么,应该憎恶什么,对善良风俗的养成也是极其重要的因素。它们贯穿于整个生命之中,对德性和幸福生活发生影响和作用。③ 快乐的种类不同,来自高尚的快乐有别于来自卑下的快乐。如若不是一个公正的人,就不能享受公正的快乐,正如不懂音乐的人不能享受音乐的快乐一样。生命是某种现实活动,每一个人都要用他所最喜爱的功能对同类对象做活动,例如音乐家用听觉对旋律做活动,学者用理智对思辨问题做活动,其他活动也是这样。快乐使活动变得完美,它通过使生活变得完美而使人们去追求

---

① [古希腊]亚里士多德:《尼科马可伦理学》,苗力田译,中国人民大学出版社 2003 年版,第 204 页。

② [古希腊]亚里士多德:《尼科马可伦理学》,苗力田译,中国人民大学出版社 2003 年版,第 208 页。

③ [古希腊]亚里士多德:《尼科马可伦理学》,苗力田译,中国人民大学出版社 2003 年版,第 210 页。

它,使它成为对每个人都乐于选择的事情。当然,没有现实活动,快乐就不得以生成,快乐是伴随现实活动而来的,只有使人成为完美的那些快乐,才可以说是人的主要快乐。① 因此,快乐并不是善,并不是所有的快乐都可选择的,我们要选择那些使人完美的、高尚的快乐。

(七)符合德性的人最幸福,思辨活动最幸福

亚里士多德认为,只有幸福才是人的目的,而符合德性的人才最幸福。但是幸福不是品质,它应该是现实活动。在人的活动中有一类是为着必需的,作为工具为着他物而被选择,另一类则是以其自身而被选择。幸福显然应该算做以其自身而被选择的东西,而不是为了他物而被选择,这样的活动除了自身之外,对其他别无所求。幸福就是自足,无所短缺,这样的活动是适合于德性的行为。对每一个人来说,符合他固有品质的活动是最可选择的,而对高尚的人来说,符合德性的行为是最可选择的。幸福生活可以说就是合乎德性的生活。幸福生活离不开勤劳,但却不在消遣之中,它在合乎德性的现实活动之中。因此,有理由说它是合乎最高善的,可以说合于本己德性的现实活动就是完满的幸福了,这就是思辨活动。②

亚里士多德认为幸福应伴随着快乐,而德性活动的最大快乐也就是合于智慧的活动。所以,哲学以其纯洁和经久而具有惊人的快乐。亚里士多德所说的自足,最主要须归于思辨活动。他认为,智慧的人和公正的人一样,在生活上都有所必需。但在这一切都得到充分供应之后,公正的人还需一个其公正行为的承受者和协同者。节制的人和勇敢的人以及其他的人,每个人都是这样。只有智慧的人靠他自己就能够进行思辨,而且越是这样他的智慧就越高。当然有人伴随着活动也许更好些,不过他仍然是最为自足的。只有这种活动才可以说由于自身被热爱,在理论思维之外,从这种活动中什么也不生成。而从实践活动中,我们或多或少总要得到另外的东西。幸福存在于闲暇之中,各种实践德性的活动在政治活动和战争行为中,有关这一类的实践就不能说是闲暇的。而且,战争、政治活动这些实践活动并不是由于它们自身而选择,而是为了追求某一目的。理智的活动则需要闲暇,

---

① 〔古希腊〕亚里士多德:《尼科马可伦理学》,苗力田译,中国人民大学出版社 2003 年版,第 221 页。

② 〔古希腊〕亚里士多德:《尼科马可伦理学》,苗力田译,中国人民大学出版社 2003 年版,第 223 页。

它是思辨活动,它在自身之外别无目的可追求,它有着本己的快乐,这种快乐加强了这种活动。它有着人可能有的自足、闲暇、孜孜不倦,还有一些其他的与至福有关的属性。如若一个人能终生都这样生活,这就是人所能得到的完满幸福,因为在幸福之中是没有不完全的。①

亚里士多德认为,这种思辨活动是一种高于人的生活,我们不是作为人而过这种生活,而是作为在我们之中的神,在生活中去做合于自身中最高贵部分的事。它的体积虽小,但能量巨大,其尊荣超过一切。如若人以理智为主宰,那么,理智的生命就是最高的幸福。幸福的外部要求很少,比伦理德性要少。一个自由人需要金钱去从事自由活动,一个公证人也需要这些东西以进行报偿,勇敢的人需要力量以便完成合乎其德性的活动,一个节制的人需要机会。实践需要很多条件,而所行的事业越是伟大和高尚所需要的也就越多。然而一个思辨者对于他的思辨则一无所事,外物对思辨反而成为障碍。神享有至福,但是全部德性,如公正、勇敢、慷慨、节制,这些都是琐屑无为不值得属于神。神的有别于其他活动的最高的至福,只能是思辨活动。人的与此同类的活动也是最大的幸福。其他动物没有幸福,因为他们没有思辨。凡是思辨所及之处都有幸福,哪些人的思辨越多,他们所享有的幸福也就越大,不是出于偶然而是合乎思辨,因为思辨就其自身就是荣耀。所以,幸福当然是一种思辨。②

作为一个人,思辨总要求有外部条件,它要求身体的健康、食物以及物品的供给。也就是说至福也不能缺少外在的善,但是,在过度中是找不到自足的。有一个中等水平,一个人就可以做合乎德性的事情。那些普通的平民也可以和权贵们做同样可敬的事情,甚至更多些。梭伦对幸福作过一番很好的描述,他认为,幸福就是具有中等的外部供应,而做着高尚的事情,过着节俭的生活。只要有一个中等的财产,人们就可以做他所应该做的事情了。③ 亚里士多德认为,按照理智来工作,看顾它并使它处于最佳状况的

---

① 〔古希腊〕亚里士多德:《尼科马可伦理学》,苗力田译,中国人民大学出版社2003年版,第225页。

② 〔古希腊〕亚里士多德:《尼科马可伦理学》,苗力田译,中国人民大学出版社2003年版,第227页。

③ 〔古希腊〕亚里士多德:《尼科马可伦理学》,苗力田译,中国人民大学出版社2003年版,第228页。

人,是神所宠爱的,因为他们看顾了神之所爱的东西,并且做着正确和高尚的事情。所有这一切在智慧的人那里最多,当然是神所最爱的,像这样一个人很可能就是最幸福了的。

当然,对德性只知道是不够的,更重要的是对它们的实践。想用理论来改变在性格上形成的习惯,是不可能的,或者是很困难的。必须通过习惯来培养灵魂对高尚的爱好和对丑恶的憎恶,必须预先养成一种德性所固有的特性,喜爱高尚而憎厌丑恶。然而,作为青年人只是正确地哺育还是不够的,就是在长大成人之后还应继续进行这种训练,并且养成习惯。一个想要做好事的人,就要受高尚的教育和训练,并从事高尚的职业,既不自愿地、也不非自愿地去做卑劣的事情。但要达到这一点,他还必须合乎理性地生活,遵守正确而有力的秩序。亚里士多德认为,最好的办法是形成一个共同的、正确的关心,当然,对德性的共同关心要通过法律才能出现。①

通过对古希腊两大哲学家关于生活和人生智慧的解读,我们可以看出,他们关于德性、善、幸福、正义等的理解是人类永远的财富,他们用他们早熟的智慧在为几乎整个的人类确立了人的理想的标准。而且这样的标准并不是仅仅具有理想的色彩,而是具有现实的可行性。在物欲掩盖精神追求的今天,他们对善和德性的最本原的解释,应该成为一面铜镜,让现代人以此为鉴,能够时时关照自己的内心与生活,使得我们不会忘了反思,我们为了什么而生活,我们的生活是否有意义,我们应该怎样生活。

第四节　生活的态度

一、人生的态度趋向

人生就是人的生命过程,而人的生命过程除了生活之外无以表现(当然这个生活不仅仅指人的日常生活),而人生的意义也就在生活本身中体现出来。也许在特殊的时期,为了信仰或者某些至高的价值,可能会放弃自己的生命,而放弃则是为了成全另一些生命或者更有价值的东西。有信仰也是一种生活,但是生活不是仅仅为了信仰。所以,梁漱溟认为人生除了生

_____

① ［古希腊］业里士多德:《尼科马可伦理学》,苗力田译,中国人民大学出版社2003年版,第231页。

活之外没有什么意义。他说："照我说：人生没有什么意义可指，如其询问，就是在人生生活上而有意义；人生没有什么价值可评，如其询问，那么不论何人当下都已圆满无缺无欠(不待什么事业、功德、学问、名誉，或什么好的成就，而后才有价值)。人生没有什么责任可负，如其询问，那么只有当下自己所责之于自己的。尤其要切着大家错误点而说的，就是人生快乐就在生活本身上，就在活动上，而不在有所享受于外。"①只有生活是人的最根源和最真实的存在，人的一切意义和价值都要在真实的生活中体现，人生的乐趣也在人的活动上。当自身投入到自己执著的一件事，或者能为别人所需要时，人生的美满、人生的价值、人生的乐趣就体现出来。人类的本性就是很自然地生活。人生的意义是大是小，是正是负，这不带外求，只在生活本身。这也取决于人生态度。

所谓人生态度，是指人对生活的倾向，是脚踏实地，积极努力，还是游戏人生，得过且过，还是把希望寄托在未来。梁漱溟在《人生的三路向——宗教、道德与人生》序言中谈到了三种人生态度。第一种人生态度他称为"逐求"的人生态度，意思是人在现实中逐求不已，如饮食、名誉、声色、货利等，沉迷于物欲和趣味中，与动物无异。他们纯为向外用力，两眼只向前看，逐求于物质享受，其征服自然之威力实甚伟大，其代表是西方。这一种人生态度是人对于物的问题。第二种人生态度为"厌离"的人生态度。这是人对于自己本身的问题。当人转回来冷静地观察其生活时，即感觉得人生太苦，一方面自己为饮食男女及一切欲望所纠缠，另一方面，社会上又充满了无限的偏私、嫉妒、仇怨、计较，以及生离死别种种现象，更足使人感觉得人生太无意思。如是这样，便产生一种厌离人世的人生态度。这种厌离的人生态度，为许多宗教之所由生，最能发挥到家者为印度人，其中最通透者为佛家。第三种人生态度是郑重的态度，即自觉地听其生命之自然状态，求其自然合理。"郑重"即是将全副精神照顾当下，将其生活放在当下，无前无后，一心一意，一味听从于生命之自然的发挥。在未曾回头看而自然有的郑重态度，即儿童之天真烂漫的生活。儿童对其生活，有天然之郑重，真者真切，天者天然，即顺从其生命之自然流行也。如果反回头来看生活而郑重生活，才是

---

① 梁漱溟：《人生的三路向——宗教、道德与人生》，当代中国出版社 2010 年版，第 155 页。

真正的发挥郑重。这条路发挥得最到家的,即为中国之儒家。此种人生态度的主要意义即是教人自觉地尽力量去生活。儒家最反对因为外边趣味之引诱向前生活,认为这是被动的、逐求的,而不是自觉自主的;儒家也排斥欲望,认为欲望是逐求的、非自觉的,不是尽力量去生活。如儒家之"寡欲"、"节欲"、等说,"正心诚意"、"慎独"、"仁义"、"忠恕"、"仁至义尽"、"心情俱到"等,都是以自己自觉的力量去生活。这三种路向,在梁漱溟看来,逐求是世俗的路,郑重是道德的路,而厌世则为宗教的路。①

　　我们虽然不能完全认同梁漱溟关于人生三态度的评价,但是他关于逐求态度的评价最恰当地说明了当代"物化"社会的弊端,人被物所埋没,只看见人被物控制,看不见人对生活的体会,生活被简化成消费——物的消费,幸福简化成了物质财富的增加,没有精神的逐求,在貌似追逐时尚的过程中心灵空虚地自我膨胀着。这是一种虚假的满足,不是对生活本身的满足,因为他无法从中体会生命的感觉,体会的只是虚荣心的满足。道德态度注重的是生命的精神体验,显示了生活主体的自觉和反思,具有崇高的精神追求。但是人既是社会存在,也是自然存在,对物的逐求强调的是对人的自然欲望,而道德强调的是对人的精神追求的满足。特别是在当代社会,我们不能要求纯粹的精神追求,物质生活的改善也是人们的愿望,只是不能无止境地追求物的满足,忽视精神境界的提高,也就是要"节制"、"修养"。人的全面的丰富性,包括物质生活、交往活动和精神追求,才是人的全面的发展。

　　人生的态度不一样,也就导致解决问题的路向不同,导致生活的不同状态,也导致整个人类和自然以及人和人的不同关系。梁漱溟认为,解决问题的方法——或生活的样法——有下列三种:(一)本来的路向:就是奋斗的态度,就是奋力取得所要求的东西。这种态度的结果就是改造局面,使其可以满足我们的要求。这是生活本来的路向。(二)遇到问题不去要求解决,改造局面,而是在这种境地上求我自己的满足。他所持应付问题的方法,只是自己意欲的调和。(三)遇到问题他就想根本取消这种问题或要求,这种方法最违背生活本性,因为生活的本性是向前要求的。凡对于种种欲望都持禁欲态度的都归于这条路。因此,所有人类的生活大约不出这三个路径

———————

　　①　梁漱溟:《人生的三路向——宗教、道德与人生》,当代中国出版社 2010 年版,"代序"第 1—4 页。

样法:(一)向前面要求;(二)对于自己的意思变换、调和、持中;(三)转身向后去要求;这是三个不同的路向。① 奋斗导致的人力的外求,对现状的改变,这种态度一方面尽力发挥出了人的能力,也导致整个人类历史的变迁,人类历史的过程就是人力对于自然之征服能力逐渐提高的过程。另一方面它也导致了人与自然以及人与人关系的紧张,是自然条件恶化以及战争、掠夺的根源。而意欲调和的态度则是向自己的内在下工夫,注重人顺应自然和人自身的修养,而取消问题的态度则是一种无法解决问题的无奈,注重的也是内在精神的调养。我们的主张则是,一方面以奋斗的态度致力于改造自然能力的提高,提高人们的物质生活水平;另一方面则是把人类的欲望和活动限定在一定的范围内,就像马克思指出的,应当合理地调节人与自然之间的物质变换,在最无愧于和最适合人类本性的条件下进行这种物质变换。同时注重人自身的精神境界的提升,提高人的道德修养,在精神上完善自己,使人与人友好相处。

二、作为个性与特性统一体的个体

前面已述,生活分为日常生活和非日常生活,日常生活是相对于非日常生活来说的,日常生活是个体的再生产领域,是整个社会存在的基础,而非日常生活则是社会整体运行和发展的表现。但是日常生活和非日常生活的区分只是相对而言,非日常生活在日常生活的基础上发展而来,作为非日常生活的各种对象化形式,如哲学、艺术、科学所反映的整个基础则是整体的生活。卢卡奇在《审美特性》中谈道,"如果要研究日常生活的、科学的和艺术的这三种反映的区别,我们必须始终牢记,这三种反映所模写的是同一个现实"。② 日常生活和科学与艺术反映的这同一个现实,就是人的社会生活过程,这种生活本身既是艺术和科学产生的基础,也是艺术和科学存在的目的和价值所在。正因为此这三者才是统一的,才使得科学和艺术这些更高的对象化形式有重新进入日常生活,并对其加以改变的可能。"这些反映

---

① 梁漱溟:《人生的三路向——宗教、道德与人生》,当代中国出版社 2010 年版,第 10 页。
② [匈]乔治·卢卡奇:《审美特性》第 1 卷,徐恒醇译,中国社会科学出版社 1986 年版,第 3 页。

在生活本身既能找到它的基础,也能求得它的最终完成。"①作为日常生活和非常生活不同的对象化形式,它们的根本区别在于对待生活的态度。卢卡奇说,"人们的日常态度既是每个人活动的起点,也是每个人活动的终点。这就是说,如果把日常生活看做是一条长河,那么由这条长河分流出了科学和艺术这样两种对现实更高的感受形式和再现形式"。② 同时日常生活也被科学和艺术丰富着,"通过它们对人们生活的作用和影响而重新注入日常生活的长河。这条长河不断地用人类精神的最高成果丰富着,并使这些成果适应于人的日常实际需要,再由这种需要出发作为问题和要求形成了更高的对象化形式的新分枝"。③ 这就是说,日常生活与由日常生活分流出的科学和艺术之间的相互作用,促使日常生活改变,也使科学和艺术不断提高。如果对待生活是一种自然的、听之任之的态度,那么日常生活中的个人便是一种重复性的缓慢的发展过程,如果对待生活是一种批判的态度,则生活会在非日常生活的影响和作用下,不断地发生变化。

　　面对同样的日常生活世界,赫勒和许茨采取了不同的态度,这是以他们的理论预设为前提的。许茨把日常生活世界看做是一个意义构成的世界,这个世界是人们行动的领域,日常生活的各种生活背景和现存的知识储备,成为人能生存下去的基本保障,人们基于生存经验把这个世界看做是应当如此的状态。因此,理所当然地接受生活世界如此这样的状态。赫勒把日常生活看做是个体再生产的领域,日常生活的个体既有以自我为中心、以自我生存为目的的特性,也有力图超越自我、改变现实条件并不断提升自己的个性,特性和个性的统一构成了日常生活中的个体。但是,在不同的历史条件下,特性或个性在日常生活中所占的比重不同,这反映了社会的发展程度和个体的发展程度。日常生活的个体的发展是以"特性"为中心转变到以"个性"为中心的过程,但是,转变并不是自然而然发生的,要有明确的自我意识和价值体系。因此,对待日常生活是一个批判和发展的态度。

---

　　① [匈]乔治·卢卡奇:《审美特性》第1卷,徐恒醇译,中国社会科学出版社1986年版,第2页。

　　② [匈]乔治·卢卡奇:《审美特性》第1卷,徐恒醇译,中国社会科学出版社1986年版,第1页。

　　③ [匈]乔治·卢卡奇:《审美特性》第1卷,徐恒醇译,中国社会科学出版社1986年版,第2页。

（一）以自我为中心的特性

阿格妮丝·赫勒认为，人的特性是一个本体论的事实，她说，"每个人都是带着一系列给定的特质、能力和才能而进入世界之中的特殊的个体"①。赫勒把这种人的与生俱来而且将伴随其终生的作为自然禀赋的特质和素质称为"特性"。她指出，从出生起，人就不断增加对他所处的环境、对象和社会先决条件的意识，开始培养那些能够有助于他在给定环境中生存的特质和素质，开始培养他的天生的特性。这些特殊素质的培养是其在日常生活世界中生存的最低限度。"人总是把自身作为起点来理解他生于其中的世界，并寻求和根据这一起点来操纵这一世界，因此，他借以发现世界的过程是以他的自我为中心的。"②这种现象的形成是特性的表现。

每个人的特性都是独特的，"人的唯一性，每个人的不可重复性是一个本体论的事实"。③ 但是，人的特性的唯一性，并不是人与人交流和沟通的障碍。这是因为，人的唯一性和不可重复性不是通过自身来实现的，"人的唯一性和不可重复性，只有在其对象化的世界中才能实现"④，也就是说，人的特性只有通过一般化才能实现。人的任何特性都是在人适应所处的环境、社会条件、与他人进行交往、作用于活动对象的过程中培养起来的。这个过程是在工作和语言中将生存的世界对象化的过程，也就是将独特的自我一般化的过程。工作是这样的一般化，语言交流也是这样的一般化。没有一般化，没有特殊禀赋的外化，就没有人类共同本质的表现；没有一般化，人的特性表现不出来，只是处于一种潜在的状态。每个人的特性不一样，他们也不能以完全相同的方式观察事物，但是，我们并没有因此被封闭到个体本质之中，我们仍然认识他人，同他人交流。这是因为，关于事物的认知和感受是通过语言或客观化的一般化实现的，只有通过人的实践才会有对事物的共同认知和感受。人的实践过程是特性外化的过程，也是特性一般化的过程。

从特性的本体论事实和自我生存的事实出发，必然得出，一定程度的或多或少的排他主义动机是人生存的一个基础。所谓排他主义动机，是以自

① ［匈］阿格妮丝·赫勒：《日常生活》，衣俊卿译，重庆出版社1990年版，第9页。
② ［匈］阿格妮丝·赫勒：《日常生活》，衣俊卿译，重庆出版社1990年版，第10页。
③ ［匈］阿格妮丝·赫勒：《日常生活》，衣俊卿译，重庆出版社1990年版，第10页。
④ ［匈］阿格妮丝·赫勒：《日常生活》，衣俊卿译，重庆出版社1990年版，第10页。

我为中心建立整个世界的形式。我作为个体的生存决定了我首先是从自己的利益出发做事，从自己的喜好评价他人。但是，维系着人们存在的价值等级的形成基础并不以我们是否拥有排他主义动机为基础，而是关系到这些动机的具体内涵是什么，它们的活动强度，还有我们的社会存在与自己的特殊性之间存在着什么样的关系，在何种程度上把我们的主体作为客体来对待。① 因此，特性与动机是两个系列，人与生俱来就有特性，却并没有排他主义动机。某些排他主义动机是从天生的特性的母体中展开和发展起来的。某些感情是排他主义的，如嫉妒、虚荣、懦弱、猜忌、自私等。但是，一般说来，感情本质上既非排他主义的，也不是类——个体的，但是却可以根据所涉及的对象的具体内涵而具有这些特征。数量很少的排他主义情感并不对非排他主义情感具有本体论上的优先性。但是，"由于人出生于世界之中，出生于规范和习惯的体系之中，出生于虽然独立于他但通过自己的体验可以意识到的情感关联之中，所以对他来说，这些如同他的特性一样，是基本的事实，而动机必然像从天生的母体之中一样从它们中发展起来的。特性和动机两个系列在相互关联、相互伴随中相互影响，但彼此并不构成原因"。② 人在周围所发现的世界同自我联系起来的程度、特性在他所占有的感情世界中所占优势的程度，取决于人生于其中的那个世界的社会发展状况、价值体系、他的社会关系以及他被培养的素质的特殊本性及其被培养的程度。所以，恰恰是社会关系决定了哪些特性和动机被培养起来，而不是相反。

而且，特性并不仅限于自我。"当个人占有他的环境，他的'世界'时，他就将之认做他自己的。他认为自己的个体本性屈从于整体。整体属于他，正如他属于整体一样：整体所占据的有效范围是他的有效范围，整体的要求是他的要求。个体将自身同他的整体等同，这一认同是自发进行的，并且与自我意识的形成和发展相协调。"③这一整体就是"我"生存的环境，也是"我"借以存在之物。整体是我延伸的范围，既是我的对象化，也是我的本身现实的体现。那么与这一整体相关联的情感具有什么性质呢？关键是，我在自身之内将自我与之等同的是什么。如果我将自身只不过是同我

---

① ［匈］阿格妮丝·赫勒：《日常生活》，衣俊卿译，重庆出版社1990年版，第12页。
② ［匈］阿格妮丝·赫勒：《日常生活》，衣俊卿译，重庆出版社1990年版，第13页。
③ ［匈］阿格妮丝·赫勒：《日常生活》，衣俊卿译，重庆出版社1990年版，第14页。

的排他主义欲望的满足等同起来,那么我的情感必然是排他主义的;但是如果我从自我的立场出发,把自身同我的整体的排他主义等同起来,我就可以克服特性,如爱国主义。向"为我们"意识的转变,与对我们的利益的认同以及实现这些利益的活动能够导致排他主义动机的中止,甚至当整体的特殊目的是排他主义的时候,亦是如此。在捍卫"为我们"意识和捍卫整体中,排他主义的和非排他主义的动机不可分地交织在一起。可见排他主义的情感,并非生来就有,它一定是在自我生存成长过程中,由整个生存环境滋养起来的,排他主义情感的程度是跟生存环境的状况以及价值体系相关的。

在维护自己的特性时,我不仅仅维护自己的特殊动机和产生于我的特性之上的其他动机,而且维护以这些动机为根基的整个体系。我不得不维护我所做的一切,或我与之认同的团体所做的一切,否则我无法成功地维护自己的特性。因为我在整体中生存,无法认同自己所在的整体的结果或者是我抛弃这个整体,或者我被这个整体抛弃。因此,"只要人以自我的直接等同以及与我们意识的直接等同为特征,文明就会养育特性"。① 这是对自我以及现实一种完全认可的态度,这是一种异化,正是这一异化过程养育了特性。总之,特性是人自我生存和自我保护的一种特质和能力,这种特质是以自我为出发点,以自我的生存环境为界。对于这种特质,文明既可以为了我们(种族)而养育它,也可以为了人更为广阔的视野和关系而限制它。因此,为了人自身的全面的发展应该超越特性,发展自由的个性。

(二)把发展自己作为目的的个性

没有什么人不具有排他主义动机,也没有任何人从未以任何方式在任何意义上超越自己的特性。无法在排他主义的个人和个性之间划定坚实可靠的界限。马克思在《德意志意识形态》中谈到有个性的人时说:"它是各个人的这样一种联合,这种联合把个人的自由发展和运用的条件置于他们的控制之下。"②"个人的真正的精神财富完全取决于他的现实关系的财富。"③这就是说,个性是一种以人本身的发展作为目的并能自由地利用现

---

① [匈]阿格妮丝·赫勒:《日常生活》,衣俊卿译,重庆出版社1990年版,第16页。

② [德]马克思、恩格斯:《马克思恩格斯选集》第1卷,人民出版社1995年版,第121页。

③ [德]马克思、恩格斯:《马克思恩格斯选集》第1卷,人民出版社1995年版,第89页。

有的条件得以发展的状态。个性的生成在不同时代的程度不同,但是,无论个性或它的理想模式在特定时代采取什么具体形式,个性会一直处于完善的过程中。这一过程是超越特性的过程。

赫勒指出,"个性代表了最大限度地分沾了类本质可能性的个人的潜在的可能性,因此它是典型的"。"但是,人作为'自在的'类的存在物,在多大程度上能够成为人的本质的代理人,这取决于特定社会,特定结构促进类本质发展的程度。"①就生活在社会中的普通人来说,作为异化的结果,人的意识借着把他人的本质变为存在的手段,成为使他自己的类本质贬值的手段,这就是特殊的、异化的人。"但是并非每个人无一例外都实行了这一目的与手段的换位。可能而且总是存在一些人,他们能成功地把握个人中的类,把自身同类的存在物联系起来……他们把自身视做对象,他们认为不应把他们等同于他们自身存在的需要,他们不应把自己的存在和自己存在的力量,变为不过是满足自己存在需要的手段的东西。因此我们用'个体'来称谓这样的人,对他而言,他自己的生活自觉地成为他的对象,因为他是自觉的类的存在物。"②因此,"个体"应该是把自己的生活作为自己的认识和改造对象,并自觉地把发展自己的本质力量作为目的的人。

作为"个体"的发展是一个历史的现实的过程,这一过程是和作为异化的日常生活的主体——特性斗争的过程。当然,把自己的生活自觉地理解为对象,这在不同阶段不同水平的人那里都会发生,关于人类的自觉认识可以在意识的不同水平上实现。这一意识的最令人满意的水平,总是人的类本质在特定社会中客观地最大可能发展的水平。马克思在《1844年经济学哲学手稿》中谈到了理想的总体人,以及私有财产使人异化的具体化,"人以一种完整的方式占据自己完整的本质:即是说,作为总体的人。人同世界的任何一种属人的关系……它的个体的一切官能……是通过自己对象性的态度,或者通过自己对对象的态度,而对对象的占有。对属人的现实的占有,这些官能对对象的态度,是属人的现实的确证。"也就是说,人对对象(包括人和物)表现了人在多大程度上具有人的特征。"私有财产使我们变得如此愚蠢而片面,以致任何一个对象,只有当我们拥有它时,也就是当

---

① ［匈］阿格妮丝·赫勒:《日常生活》,衣俊卿译,重庆出版社1990年版,第18页。
② ［匈］阿格妮丝·赫勒:《日常生活》,衣俊卿译,重庆出版社1990年版,第19页。

它对我们说来作为资本而存在时,当我们直接享有它,吃它、喝它、穿戴它,住它等等时,总之,当我们使用他时,它才是我们的……因此,一切肉体的和精神的感觉为这一切感觉的简单的异化即拥有感所代替。为了使人的本质能够从自身产生出内在的丰富性,必须使它沦落到如此绝对的贫困。"①马克思对于在私有财产条件下人的异化的论述到今天为止仍然是最深刻、最本质的。

赫勒认为,马克思分析异化时,内含着日常生活的异化,因为生活中的个体是生产中的个体在生活中的反映。如果劳动,即类的能力的展开成为服务于人的存在的手段,如果占有感取代了人的所有的自然情感,这只能意味着它是存在和占有的维持,这只能意味着日常生活是以特性、以存在的延续———一种以财产的占有为导向的存在———为重心。而在共产主义中,随着私有财产的积极扬弃,本质和存在的统一得以实现:每个人都有发展自己的类潜能的可能性,日常生活本身能够为这一进程的自觉展开提供场所。因此,赫勒得出和列菲伏尔相同的结论,即马克思的异化理论是对阶级社会、对私有财产、对在劳动的分工中展开的日常生活的批判。

然而,根据马克思的观点,"异化和异化的扬弃走的是同一条道路"。②首先,正是阶级社会本身不仅为共产主义的发展提供了物质手段,而且也提供了那些人的素质和特征,即人同类的关系。对马克思来说,个体所获得的一定程度的发展,正如打破自然障碍一样,是共产主义的先决条件。人迄今以这样的方式展开自己的人的本质,以至于使之丧失、并以他生活的特性为重心,但这正是个性发展的必经之路和所在之处。并非每一历史时期,每一社会阶级或每一团体都展示出同等程度的异化,类本质的丧失并非在所有人中都以同等强度发生。其次,社会自身及其需要导致了特定的态度和意识形态的形式:道德、政治、艺术、科学和哲学,它们使人的本质对个体来说变得清晰可见,并在特性与类的自觉关系之间创造个体"运动"。这些"自为的"类的对象化的存在,为个人超越其特性,形成自身与类的自觉关系并成为个体提供机会。赫勒强调,"人出生于一个或多或少异化的具体世界中,但是并非每一个人都有绝对义务按其具体给定的存在而接受这个世界,

① [德]马克思:《1844 经济学哲学手稿》,人民出版社 2005 年版,第 85 页。
② [德]马克思:《1844 经济学哲学手稿》,人民出版社 2005 年版,第 78 页。

并非每个人都必然使自身同异化的态度认同"。① 因此,即便是在异化的社会中,个体在一定程度上解除异化也不是没有可能性,对日常生活及其异化的态度对个性的形成具有关键的作用。因此,在普遍异化的世界中,也有个别超越个性的存在,成为时代的超人。不过这样的超人的伟大性和其存在价值一般只有后代人才会认识到。

特性倾向于自我保存,并使其他一切都屈从于这一自我保存。但是,如果个人成为个体,这就不再是他所屈从的戒律了:个体并不必然渴望"在所有情况下"和"以一切可能的方式"保存自身。他的日常生活也为特定的对他来说比自我保存更重要的的价值所驱动。个体,仅仅是由于他同类本质价值的自觉关系,能够选择自我毁灭或自我受难,典型的人物形象就是耶稣。正如马克思所说,这样的受难能够成为"自我享受","因为按人的方式理解的受动,是人的一种自我享受"。② 对每一个体来说,他不仅把自己特殊的潜能和禀赋当做生存的条件得以保存,而且将其作为得以发展的情境而加以利用。因此,"个体就是同类具有自觉关系,并以这一自觉关系为基础'安排'(自然是在给定的条件和可能性之内)自己的日常生活的个人。个体是在自身之中综合了特性的偶然单一性和类的普遍性的人"。③ 每个人都既是单一的,同时又具有类的普遍性,作为既成事实的单一性和类的普遍性的具体表现形式。个体的生成开始于对既成的接受终止之处,拒绝以既定的方式对既定的接受包含着个体同其世界的自觉关系。每一个体都塑造、表达他的世界,并以此塑造自身,但是,并不是每个人均被激发而再塑造这一世界和他自身。"当我被激发去创造自身和我的世界,以使我自己的能力对象化,同时在我自身中同化那些在我可以达到的那些类本质领域中形成的能力和态度时,而且只有那时才开始成为个体。"④

因此,就其同个体的关系来说,命运不是外在的:这是他自己的命运。类与个体之间的自觉综合愈是内在化,命运就愈加成为个体自己的命运。同时,只有个体才具有自我意识,自我意识是作为从类本质意识中再生的自我观察。无论谁具有自我意识,他都不会自发地同其自我等同:在他与他的

---

① [匈]阿格妮丝·赫勒:《日常生活》,衣俊卿译,重庆出版社 1990 年版,第 22 页。
② [德]马克思:《1844 经济学哲学手稿》,人民出版社 2005 年版,第 85 页。
③ [匈]阿格妮丝·赫勒:《日常生活》,衣俊卿译,重庆出版社 1990 年版,第 22 页。
④ [匈]阿格妮丝·赫勒:《日常生活》,衣俊卿译,重庆出版社 1990 年版,第 23 页。

自发间存在着特定距离。他了解自身，也了解自己的自然禀赋，他了解或至少渴望发现他的哪些才能可以与类本质的发展一道最和谐地展开，哪些是最有价值的。"他不培养（至少不赋予优先性）那些可能有益于在他的直接环境中，以及他的生存中最有效地确定方向的才能；他培养那些他视之为最有价值的才能，并同时展示每一才能的最有价值的方面，或者培养那些可能最值得变换的才能。"①苏格拉底"认识你自己"的教诲是自我意识的组织和个体生成中的第一戒律，还有是关于价值的选择。

关于特性与个性的关系，赫勒认为，在成为个体的过程中，人有意识地为其特性的动机创造活动场所，依据他的价值体系，他可以重新调配这些动机，控制它们，在极端的情形中甚至拒绝它们。但是他不能拒绝他自己的特殊禀赋（喜好、性格因素）。在正常的情形中，个性将其特性提到一个更高的水平上，它与那些与生俱来的素质和那些天然属于它的能力一起运转。同样，在正常的情形中，个体也不能废除自己的特性观点。人首先想在世界中找到他自己的位置，追求对他来说"幸福"或合理的生活。在任何情况下，都不能看轻特性和"缄默的"（尚未自觉的）类本质，因为任何自我意识都不得不对付死亡，即为人的活动限定期限的死亡。"假如不是由于死亡设定了自然终点，也就不会提出道德的要求；因为人如果不持续地'为时间困扰'，也就永远不会发动特性反对类本质的热战或冷战，人将使用永恒以满足他的一切渴望和需要。"②因此，个性的个体可以超越特性，但是不能废除自己的特性，因为完全背离特性等于否定自身的自然性，人将趋向死亡。

在赫勒看来，在区分特性和个性时，至关重要的是区分"选择"（取舍意识）和"自律"（自律意识）。"精明"是个性的特征，这是亚里士多德用以指谓那种指向最好行为的"中庸"的能力。这一特殊精明不出现于特性之中，因为特性只是期望默默地延伸它的自我。同时，行为的责任性总是内存于个体，个体必须承担行为的后果。就排他主义个人来说，责任性是外在的，正因为如此，他认为对某事他可以洗手不干，因为他对此无能为力；然而，对于个体而言责任是"内在的"，不仅是责任而且是责任的接受。对排他主义个人来说，命运是高居于它之上飘忽不定的力量，而个体则把"命运"视为

---

① ［匈］阿格妮丝·赫勒：《日常生活》，衣俊卿译，重庆出版社1990年版，第23页。
② ［匈］阿格妮丝·赫勒：《日常生活》，衣俊卿译，重庆出版社1990年版，第24页。

自己的命运。赫勒认为,"个性的凸现(设定同类本质的自觉关系)和个性的发展(持续地同产生于给定社会中的可能性相伴随)应被视做价值"。① 因此,"如果把价值内涵在道德上是积极的个体作为我们的尺度,那么我们将不得不断言,任何尚未在道德上发展到更高水准,任何缺少具有价值论上积极本性的净化能力的人都不具有个性"。② 因此,个性从一定意义上也可以说是人的发展的一种理想状态,无论是从人自身的潜能的发展来说,还是道德价值来说。当然这是一个过程,在人发展的不同阶段和不同状态下,个性的发展有程度的差异。

总之,人既不能完全地抛却特性,因为特性是人的自然倾向,完全的抛却特性等于同人本身相对立,等于选择死亡。人也不可能完全地被特性主宰,如果完全听从于特性,人就无法进化,就和动物无异。因此,个人的再生产是一个要常常在特性的利益和需要同个性的需要和价值之间作出选择的过程。赫勒认为,在迄今为止的历史中,在绝大多数社会秩序和社会关系中,特性充当日常生活的主体。日常生活的"个人"是在自身之中具有尚未自觉和尚未反映的自在类本质的特性。这是象征着日常生活水平上"迄今为止的历史"的标志。③ 而日常生活的发展和人的发展是一个过程,这一过程是个体和作为异化的日常生活的主体——特性斗争的过程。作为日常生活的个体的发展也就是日常生活以"特性"为中心转化为以"个性"为中心的过程。

三、日常生活的实用态度

在美国社会学家许茨看来,在日常生活中,实用是主体的态度,而实用动机支配着我们关于日常生活世界的自然态度。

(一)日常生活世界是一个充满意义的世界

对于日常生活世界,许茨不是从纯粹客观的意义上来谈论它的本体论结构,而是从日常生活世界意义构成的角度,突出了日常生活的主体性。胡塞尔在《欧洲科学的危机和超验现象学》中对"生活世界"的界定是这样的,生活世界是实际地被直觉到的、被经验到和可被经验到的世界(我们整个

---

① [匈]阿格妮丝·赫勒:《日常生活》,衣俊卿译,重庆出版社1990年版,第27页。
② [匈]阿格妮丝·赫勒:《日常生活》,衣俊卿译,重庆出版社1990年版,第29页。
③ [匈]阿格妮丝·赫勒:《日常生活》,衣俊卿译,重庆出版社1990年版,第30页。

实践生活是在这个世界上发生的），它是前科学的，也可以被科学化，但是在它的领域它有自己的本质结构和自然特性，一切适合于人的生存不因科学的加入而被科学化，它的结构模式不被改变。① 许茨的"日常生活世界"就是指这个被人们所经验的世界。我们每个人都是日常生活这个共和国的公民，人们在很大程度上认为这个世界的实质性存在是理所当然的。胡塞尔把人们这样经验世界的态度称为"自然态度"。许茨认为，这个被认为理所当然的、生生不息的、不断运转的世界，是人的实在的所有其他层次之最主要的预设前提。这个被认为理所当然的日常世界所具有的最重要、最微妙的特色就在于人们认为它是理所当然的。这个常识世界之所以被认为是理所当然的，是因为人作为肉体和作为社会实在是生于斯长于斯的，常识也就是生存经验的积累。

许茨认为，日常生活世界首先是我们进行各种行动的场所，是我们对行动作出反应的场所：我们不仅在这个世界中活动，而且也影响这个世界。常识世界是社会行动的领域。② 许茨最关心的是把社会行动理解成行动者赋予其行动的意义。他把对意义的主观解释看做是常识世界最重要的一种类型化，认为它是人们在日常生活中解释他们自己的行为以及他们彼此之间的行为所实际运用的方式。作为关于人类事件的常识知识的经验形式，"理解"只意味着，人们在日常生活中从一开始就把他们的世界解释成一个充满意义的世界。除了把他人存在的身体理解成为心理——生理统一体不可分割的组成部分之外，同样还要把他的各种活动当做一个具有意图的人行为举止来对待。各种动机和目标就像我们自己的动机和目标之外，是他人行为不可分割的组成部分。因此，只有揭示了决定一个给定的行动过程的那些动机，对意义的主观解释才是可能的。通过把一种行动过程类型归因于行动者那些潜在的类型动机，我们就可以达到对一种人格类型的构造。许茨倾向于把人们经常混杂起来使用的两类不同概念区别开来，那些包含着人们所要得出的结果、所要追求的目标的动机被称为"目的"动机；那些可以由人们根据行动者的背景、环境或者心理倾向作出解释的动机被称为

① ［德］胡塞尔：《欧洲科学的危机和超验现象学》，张庆熊译，上海译文出版社 2005 年版，第 64 页。

② ［美］阿尔弗雷德·许茨：《社会实在问题》，霍桂桓译，华夏出版社 2001 年版，第 4 页。

"原因"动机。这两种动机类型的时间结构所有不同,目的动机是受将来时态支配的,原因动机则是由过去时态决定的。在我现在设计我的行动的时候,我可以意识到我的目的动机,激发我行动的正是这些动机。这些时间性的区别导致了一个较大的差别:目的动机构成了一个主观范畴;原因动机则构成了一个客观范畴。行动者根据目的动机来界定和解释他的行动的意义。

行动者不仅要负责界定他自己的活动的意义,而且还要对情景负责,意义只是情景的一个组成部分。行动者确定和解释一个既定情境的方式是他的主观性所具有的一种功能,理解社会世界意味着理解人们界定其情景的方式。理解界定意味着行动,解释这个世界是在这个世界中进行活动的最基本的方式。我可以用与我的同伴界定情景的方式根本不同的方式来界定"同一个"情景,他们是根据他们的生活处境界定各种情景,同样的情景对于具有不同生活背景和生活方式的人来说,具有不同的意义,这就是实在问题。

(二)日常生活世界是最高的实在

许茨把这种日常生活的主体意义称为社会实在。他认为社会实在是多重的,而最高的实在就是日常生活世界。威廉·詹姆斯在其《心理学原理》(*Priciplesof Psychology*)的著名的一章中,分析了我们对实在的感觉。他指出,实在仅仅意味着与我们的情感生活和主动生活的关系。全部实在的起源都是主观的,无论激发我们的兴趣的东西是什么,它都是真实的。说一个事物是真实的,意味着这个事物处在与我们自己的某种关系之中。[①] 许茨同意詹姆斯的界定,他认为实在的内涵就在于主观的意义。詹姆斯认为,存在几种也许是数量无限多的各种实在秩序,许茨将各种实在秩序称为有限意义域。他说,我们通过这种专门术语的变化所要强调的,正是我们的各种经验的意义,而不是客体的本体论结构,构成了实在。[②] 每一种意义域都具有它自己的认知风格,就这种认知风格而言,每一个世界中的经验都是相互一致的。每一个有限的意义域都可以接受"实在的特征",都可以被人们当

----

① ［美］阿尔弗雷德·许茨:《社会实在问题》,霍桂桓译,华夏出版社2001年版,第283页。

② ［美］阿尔弗雷德·许茨:《社会实在问题》,霍桂桓译,华夏出版社2001年版,第309页。

做真实的东西来注意。各种想象和幻想的世界,诸如儿童的游戏世界、精神病患者的世界以及艺术的世界、梦的世界、科学静观的世界——都具有特殊的认知风格。但是,每个意义域在人的存在中的意义是不一样的。许茨认为,日常生活世界是"有限意义域"中的一种"有限意义域",它是被当做最终实在或者最高实在标示出来的。"这个在日常生活中不断运转的世界是我们经验实在的原型。所有其他意义域都可以作为它的变体来考虑。"①

之所以把它看做是一种最高的实在,是因为,日常生活世界是人的生存的基本,如果不能在这个世界中获得生存的意义,那么其他所有的实在领域就成了空中楼阁。个体认为理所当然的正是这种实在,他通过自然态度安然地生活在这种实在之中。在这种最高实在之中,个体利用自己的身体参与它;这些外界客体通过向我们提供抵抗力为我们的行动自由的可能性定界;这个领域正是我们通过我们的身体活动所能够连接的领域,所以,它是我们可以改变或者改造的领域;也只有在这个不断运转的世界上,沟通才获得了其最基本的场所。然而,日常生活实在所具有的这些特征,并不意味着其他有限意义域无法社会化。的确,有一些有限意义域当然无法从主体间际的角度被人们共享,诸如我的梦、甚至我的白日梦,但也有允许主体间际参与的其他有限意义域,如儿童的游戏世界。但是日常生活的有限意义域是人的生存最根本的意义域。只要我们的实践经验证明这个世界的统一性和一致性有效,它就会因此而获得实在的特征。因此,正像所有从一个有限的意义域向另一个有限的意义域的运动都以常识的基本事实为前提那样,人们必须认为对这个主体的所有修正在日常生活之中都是有根据的。不仅如此,这种实在在我们看来是自然的实在,而且我们在没有经过一种强迫我们打破这个"有限"意义域的界限、把实在的特征转给另一个有限意义域的特殊冲击的情况下,我们不准备放弃我们对于它所持的态度。②

(三)日常生活的自然态度及其实用动机

许茨认为,人的生存活动具有多重的实在,包括人的生产活动,人的游戏活动,多重的实在构成了人的多种存在方式。而由常识和日常生活构成

---

① [美]阿尔弗雷德·许茨:《社会实在问题》,霍桂桓译,华夏出版社 2001 年版,第442 页。

② [美]阿尔弗雷德·许茨:《社会实在问题》,霍桂桓译,华夏出版社 2001 年版,第446 页。

的世界,被认为是最高的实在。个体认为理所当然的正是这种实在,他通过自然态度安然地生活在这种实在之中。那么,怎样保持对最高实在的一种自然态度呢? 许茨借用胡塞尔的悬置的现象学概念,提出了"自然态度的悬置"的观点,他说,"现象学曾经向我们教授过悬置这个现象学概念,即通过使笛卡尔的哲学怀疑方法变得更彻底,把我们对这个世界实在的信仰存而不论,以此作为克服自然态度的一种手段。也许我们可以大胆地提出这样一种意见,即具有自然态度的人也使用一种特殊的悬置,当然这种悬置与现象学家的悬置截然不同。他并不是把他对外部世界及其各种客体的信仰存而不论,而是与此相反,把他对这个世界存在的怀疑存而不论了。他放进括号之中的是这样一种怀疑,即这个世界及其各种客体也许与它们显现给他的样子有所不同。我们建议把这种悬置叫作自然态度的悬置"。① 最高实在是人们生活的基础,在这个日常生活世界,适应身体工作的最基本的方式是人得以存在的基础,身边的事物,前辈人的经验、生活诀窍,都以最直接的方式影响着人生活,如果有相反的做法,甚至不能生存。这种对生存方式的信仰就是常识世界的基础,是把对这个世界的怀疑存而不论的自然基础。所谓对这个世界的自然态度,就是指对这个世界的实在理所当然地毫不怀疑地接受的一种态度。从实质上说,自然态度本身就是建立在人们以前对怀疑存而不论基础上的一种成果。

对于自然态度来说,"这个世界从一开始就不是每一个个体的世界,而是一个对于我们所有人来说共同的主体间际世界,我们对它不具有理论兴趣,而是具有突出的实践兴趣。日常生活的世界既是我们的各种运行和互动的舞台,也是这些行动和互动的客体。为了在其中、在我们的同伴之中实现我们所追求的意图,我们必须支配它,必须改变它。我们不仅在这个世界中工作和操作(operate),而且也影响这个世界……因此,我们可以正确地说,实用动机支配着我们关于日常生活世界的自然态度。在这种意义上,世界是某种我们必须通过我们的行动加以修正的东西,或者是修正我们的行动的东西"。② 因此,对于我们的自然态度来说,这个世界首先不是一种我

① ［美］阿尔弗雷德·许茨:《社会实在问题》,霍桂桓译,华夏出版社2001年版,第308页。

② ［美］阿尔弗雷德·许茨:《社会实在问题》,霍桂桓译,华夏出版社2001年版,第305页。

们思想的客体,而是一个我们支配的领域,我们对它具有的突出的实践的兴趣是由满足我们生活的基本需要的必然性造成的。

当然,还有一种经验因素影响我们对日常世界的自然态度,这就是许茨所说的原始焦虑。他认为,"在自然态度中支配我们的整个关联系统,就建立在我们每一个人都具有的这种基本经验之上:我知道我会死,而且我怕死。我们建议把这种基本经验称为原始焦虑。其他所有预期都是从这种最初的预期发源的。从这种原始焦虑中产生了许多相互联系的希望和畏惧、欲求和满足、机会和冒险的系统,它们在自然态度中激励人尝试支配这个世界,克服各种障碍,进行各种设计并且实现它们"。① 这里自然态度的悬置把我会死这样一种意识包括在它的括号之中了,日常生活的最高实在就建立在每一个人对他自己的这种必死性的秘密理解基础之上。无论他如何限定他对死亡的意识,他都无法避免它在概念方面和情感方面所产生的剧烈影响。最高实在凌驾于我们所有人之上的,正是人类存在的这种至高无上的状态。但是,许茨又认为,这种原始焦虑只是一种自然态度的激励因素,它本身"只不过是我们作为人类存在的实存在日常生活的最高实在中所具有的相关物,因此,希望和畏惧以及与它们相关的满足和失望,都以这个工作世界为依据,而且只有在这个世界中才成为可能。它们是它的实在的基本成分,但是,它们却不是指涉我们对它的信仰。与此相反除非人们把相反的证据强加给自然态度,否则,它就认为这个世界及其客体是理所当然的,这正是自然态度的特征。"②只要我们已经建立起来的参照图式发挥作用,只要我们以及其他人的有充分根据的经验系统发挥作用,只要我们在这种系统的引导下所进行的各种行动和操作产生了我们所希望的结果,那么,我们就相信这些经验。我们没有任何理由对我们那些有充分根据的经验提出怀疑。所以,我们相信,他们按照事物的真实现状把事物提供给我们。人们对日常生活是毫不怀疑的一种自然态度,很明显,这是一种实用的态度。

---

① [美]阿尔弗雷德·许茨:《社会实在问题》,霍桂桓译,华夏出版社 2001 年版,第307 页。

② [美]阿尔弗雷德·许茨:《社会实在问题》,霍桂桓译,华夏出版社 2001 年版,第307—308 页。

四、日常生活的批判态度

赫勒在英文版序言中谈到她的日常生活理论和许茨的社会实在理论的比较时说到，(我们的观点)尽管有一些相似性，但我的观点从总体上区别于许茨的观点。赫勒关于日常生活的实际意图同许茨的解决方法相矛盾，后者以接近实用主义系统论而告终，而她的这一成果更接近所谓"批判理论"。①

（一）日常生活对象化活动的功能性

日常生活作为个体生活的最基本层次，它的基本功能是维持个体的生存和再生产。作为个体生活的最基本层面，日常生活有基本的对象化活动，其结构存在着一般的运行模式，这种运行模式保证了日常生活的正常进行。赫勒认为，日常生活是个体生成的过程，这个过程也就是人的对象化活动，即"作为主体的个人在其中'客观化'，同时人的客观化的潜能在其中开始脱离属人的根源的生活的过程"②。所以，像所有对象化过程一样，日常生活也是在双重意义上对象化的。一方面，它是主体持续的客观化过程，另一方面，它也是个体借此被持续地再创造的过程。在无穷尽的客观化进程中，个人被塑造与对象化。当对象化在层次上一致，是"重复"时，个人是在同一水平上再生产自身；当对象化是创新的，是在更高的水平上时，再生产出的主体也将处于更高的水平。如果对象化是不连贯的，缺少内在统一原则，它们不过是"适应"，个人就是在特性的水平上再生产；如果对象化被综合并带有个体的印记，在这些范围内日常生活的对象化就是个体。因而，对象化作为持续的客观化和个体的对象化是同一过程的双生结果。③ 这样日常生活也间接地溶进和混合进历史的潮流中。正是由于这个原因，赫勒认为，日常生活是历史潮流的基础。正是从日常生活的冲突之中产生出更大的总体性社会冲突，而这些问题一旦得到解决，它们马上就会重新塑造和重新建构日常生活。

日常生活是人的生活的功能性领域，也正因为如此，日常生活的对象化成为统一的整体的存在，一切都是为了生活的正常进行。"自在的"类本质

---

① ［匈］阿格妮丝·赫勒：《日常生活》，衣俊卿译，重庆出版社1990年版，英文版"序言"第5页。

② ［匈］阿格妮丝·赫勒：《日常生活》，衣俊卿译，重庆出版社1990年版，第51页。

③ ［匈］阿格妮丝·赫勒：《日常生活》，衣俊卿译，重庆出版社1990年版，第52页。

活动提供了一个统一的然而又是组合的对象化,它具有三个不同的组成部分:第一是人造物、工具和产品的世界(对象世界);第二是习惯的世界;第三是语言。与自为的或自觉的对象化活动不同,日常生活作为自在的对象化具有异质的特征,是异质的活动领域(heterogeneousactivities)。不同的生活情景形成不同的生活模式,不同的生活模式具有不可通约性的特点。日常活动所采取的各种各样异质形式,被这些对象化所整理和引导。这些对象化在日常生活中因为其功能性而存在。这三个组成部分具有不同的功能:工具在我们的物质——操作活动中起主导作用,习惯控制着我们的态度和社会姿态,而语言主要是思维的媒介。人类文化主要在"自在的"的类本质对象化中,即在工具和物品中、在习惯体系中、语言中积累。它们的持续性等同于社会生活的持续性,通过它们,我们可以了解一定社会整体在任何给定时期所达到的平均程度的发展。同时,"自在的"对象化也是手段,即在任何给定时期再生产任何"个人"的生活或人类的生活的手段。赫勒认为,"'运用手段'等于'占有它的作用模式',认识手段等于了解如何运用它。如果我了解如何在合适的情境中,即恰当地按照其被设计的方式而使用一个词、一种工具和一种习惯,我就占有了它们。"①

"自在的"对象化的三个组成部分不能彼此分离。工具的使用,对象的操纵以及工作本身约定习惯体系,都是一个工作过程;语言也从属于工作过程,因为甚至最原始的任务,离开像命令等某种语言信息的传递也无法完成。从习惯的角度看,会得到同样的结果。大多数习惯在交谈中表达出来,或者至少可以翻译成语言;同时纯粹的社会习惯,至少其中大多数是通过对象的媒介而传递的。至于语言,言谈本身也像任何其他形式的活动一样,是人必须学会操作的活动;语言的功能之一是指导工具(对象)的使用,并且协助把这一运用转变为实践;语言总是语言习惯。这样,"自在的"类本质对象化是统一的关系体系,同时与之不可分的是一个统一的手段体系。

日常生活在总体上的对象化是在"既成的世界"的层面上的对象化。也就是说,个体的生存和成长环境是既定的,这是人出生于其中,他必须在其中学会生活,学会对之加以操纵的环境,是带着既成的习惯和情感模式的世界。"自在的"对象化为进入给定社会的个人,提供了既成的先验图示,

---

① [匈]阿格妮丝·赫勒:《日常生活》,衣俊卿译,重庆出版社1990年版,第133页。

他根据相关的先验图示来安排和整理自己的经验。然而,"自在的"对象化作为保守的力量而活动:对给定参考系的先验图式的占有会阻止某些新经验,并且以各种各样的方式延缓实际的变化进程和新的思维方式的形成。

每种形式的"自在的"类本质对象化都具有客观意义,这一意义等同于其成分的社会功能,即等同于它自己的用途。这样,意义不只是语言的属性,而且也是"自在的"类本质对象化的另两个组成部分的属性。一种习惯或一个工具,可以像一个词一样是多义的,这里的多义性关涉到习惯或手段可以履行的各种社会功能。语言也是一样,赫勒认为,"一个词的意义同它在其所从属的语言中所履行的功能是同一个东西。在语言中,意义可以属于实质上并不存在之物,不再存在之物和尚未存在之物,这是基于对事物和过程潜伏的和潜在的属性的理解的意义"。① 只有靠语言才能展示这多种形式的功能所代表的社会意义。在空间水平上,语言同"自在的"类本质对象化的另两个领域之间具有类似的关系。语言超越空间,为我们提供认识事物和了解习惯的方式。这些事物和习惯,由于不是"我们的"而无法为我们所占有,但是因为它们在特定社会具有特定的功能而通过语言对我们具有了意义。赫勒指出,日常语言是日常思维的首要的对象化,思想呈现于行为的所有形式之中。对象化的每一一般化,即每一行为,同时也是思想的对象化。因此可以说,我们的工具和我们的习惯,同我们的语言一样是人的思想的体现。因此,行动同时总是思想,在这种意义上,任何行动的客观结果都是思想的产品。当然,语言作为思想的体现,在物质世界和习惯体系的其他非语言的对象化的生成中,具有优先的作用。不仅是因为对象和行为离开语言就不可能一般化(当然,除非在生产和使用工具与手段以及获得习惯体系的情境中,否则语言也无法行使功能),而且是因为,正是语言指导着以其他形式对象化所进行的思维。② 这是人所特有的属性。

(二)"自在的"对象化领域是"自为的"对象化领域的基础

赫勒认为,"自在的类本质"代表被"理所当然地"占用的人可经验的普遍原则,"'自在的'对象化领域的属性之一在于,虽然是人的目的论活动促使这一领域活动并使之改变,但是它却是作为'给定的'秩序而矗立于每一

---

① ［匈］阿格妮丝·赫勒:《日常生活》,衣俊卿译,重庆出版社1990年版,第135页。

② ［匈］阿格妮丝·赫勒:《日常生活》,衣俊卿译,重庆出版社1990年版,第136页。

'个人'面前"①。"人的生成始于他通过自己的活动而占有这一'自在的'对象化领域之时。这是人类文化的起点,是所有'自为的'对象化领域的基础和前提条件。"②赫勒认为,"自在的"类本质对象化的所有成分在本体论上都是第一性的,"自在的"领域是必然性的领域。如果要使"自在的"对象化的自由可能得以实现,必须使"自在"之外的、与之异质的成分,在"自为的"类本质活动的建构中起作用。在本体论的意义上,"自为的"类本质对象化是第二性的。"自为的"对象化是在"自在的"类本质的基础上产生的,它们的问题和条件都是"自在的"类本质提供的。然而,向"自为的"对象化的跃迁,总是需要同"自在"保持距离,需要"自在"的重组,或至少是它的重新阐述。赫勒指出,"所有的'自为的'对象化都体现了人的自由,并表达了人性在给定时代所达到的自由的程度"。③ 也就是说,"自为的"对象化代表了一定社会发展的程度和人的自我意识程度以及人在给定时代发展的可能性。当然,"自为"并不是非异化的同义语,同样,"自在"也不是异化的同义语。科学可能成为异化的,而语言则能够成为人的所有"自为"活动的基本媒介。

一个社会的整体及其组成部分如政治结构,法律,等等,既是"自在的"又是"自为的"对象化。就其产生的自觉行为来说,这些结构是"自为的",就其已经是社会的既定的组成部分而言,它们又是"自在的"。在给定的体制中,二者中的某一方在多大程度上占主导地位,主要取决于异化的程度。一个社会机构体制,愈是能使生活于其中的人们表达自己的生活,它的对象化就愈是倾向于"自为的"范畴。像在所有的"自为的"对象化中一样,这里意识起到主导作用。"自在与自为"领域中"自为"成分的增长,与指向相关领域社会行动意识的增长和加深同步。在"自在与自为"的对象化中,"自为的"成分的程度提供了自由程度的尺度。④ 还有一个与"自在的"和"自为的"类存在相关的概念,就是"为我们存在"。"为我们存在"不是对象化范畴,成为"为我们的",意味着事态、内容、规范被内在化和被视做恰当的,并由此成为实践。因此,特定"自在的"对象化(习惯世界)变为"为我们

---

① [匈]阿格妮丝·赫勒:《日常生活》,衣俊卿译,重庆出版社1990年版,第127页。
② [匈]阿格妮丝·赫勒:《日常生活》,衣俊卿译,重庆出版社1990年版,第127页。
③ [匈]阿格妮丝·赫勒:《日常生活》,衣俊卿译,重庆出版社1990年版,第128页。
④ [匈]阿格妮丝·赫勒:《日常生活》,衣俊卿译,重庆出版社1990年版,第129页。

的"程度,反映在它们成为道德意向对象的程度和这一道德意向借以表达的双重恰当性的方式之中:对需要的价值内涵的恰当和对人本单一性的恰当。①

赫勒认为,个性的发展是对象化为主体的过程。由此她作出大胆设定,个性在排他主义个人中对象化为"自在"状态;而在个体中,个性对象化为"自为的"主体。然而,由于这是一个"个人"的问题,原则上不可能使"自在"存在或"自为"存在的所有"项目"都转变为"为我们的",充其量某些"自为的"成分可以在我们的活动中,包括日常生活领域的活动中起主导作用;同类存在的自觉关系同样可以在我们同"自在的"类本质对象化的关系中起主导作用。因而,虽然不可能把现实建构成绝对的"为我们存在",然而,"有可能基于同'自为的'对象化的自觉关系,而把一般日常生活建构为某种'为我们'之物,可以称之为'生活的引导'。"②异化的日常生活是"自在的"领域,在这一领域中,"个人"为"自在的"类本质对象化所引导,对这一对象化,他只能简单屈从。而非异化的日常生活是"为我们的"领域。当然,日常生活的"自在"方面仅仅是倾向性的,它一再产生把生活转变为"为我们的生活"的需求。这些与人之生活不可分割的渴望,尤其成为"自为的"类本质对象化的基础,从而使日常生活形成符合人之生存要求的模式。

(三)日常生活"自在的"类本质活动的共同特征

赫勒指出,尽管语言、对象和习惯等不同的"自在的类本质对象化"各有自己的独特内涵,但是,因为它们都是日常生活的功能性表现而具有共同的特征,这些特征构成日常生活活动的基础,并为它的构建提供框架。如果一个人要在给定的社会关联中维持生存、维持自我,那么对"自在的"类本质对象化的占有是最低的必要条件。因此,它们对每一个体均是必要的和强制性的。分析"自在的"类本质活动的共同特征,就等于分析日常生活和日常思维必不可少的基础结构。

第一,"自在的"类本质活动是重复性的活动。赫勒指出,"'自在的'类本质活动是重复的活动。单一性的行为不是习惯行为,偶然一次所处理的对象不会由此成为具有具体意义的对象,唯一地表达过的词不是词"。③ 因

---

① [匈]阿格妮丝·赫勒:《日常生活》,衣俊卿译,重庆出版社1990年版,第129页。
② [匈]阿格妮丝·赫勒:《日常生活》,衣俊卿译,重庆出版社1990年版,第130页。
③ [匈]阿格妮丝·赫勒:《日常生活》,衣俊卿译,重庆出版社1990年版,第144页。

此,不仅仅是我们的行为必须通过简单或复杂的中介而纳入一般社会实践中,而且我们的行为必须是可重复的,并且事实上为任何一个人按它们的"如是性"而重复。关于"重复"有三种限定同等重要。首先,"自在的"类本质对象化的意义在于它的功能,因此,在"自在的"类本质活动的重复中,"如是性"(thus-ness)意味着按其具体功能来重复这一活动。其次,从属于"自在的"类本质对象化的规范的"如是性"的严格程度是一个历史变量,例如,工具在不同的历史阶段分化程度不一样,使用工具的规范就有变化。最后,可重复性是"任何人"都可以进行的可重复性,这意味着对"自在的"类本质对象化的占有,只需要那些每一健全的人都可以多少有效地用于任务的能力。同样,"自在的"类本质对象化的占有,只需要极少或根本不需要特殊训练。赫勒认为,一种形式的活动只有当它被无数次重复,即是说,只有当它的再发生属于它作为对象化存在的本质时,才能归属于"自在的"类本质对象化,重复性是可重复性的基础。

第二,日常生活的"规则—特征"。"自在的"类本质活动的重复性使得"自在的"类本质对象化可以为行为提供规则。对规则的遵守被视做理所当然,即是说只有不遵守规则时它才具有重要性。被视做规则的"自在的"类本质对象化,只有通过实践,即通过重复它们,才会为"个人"所占有。日常生活的"规则—特征"(rule-character)不仅标志着遵守规则的"理所当然性",也标志着它的约束的有效性。在这方面,"自在的"类本质对象化,作为由重复的活动所形成的具体化的规范和规则结构,具有规范特征。"自在的"类本质对象化的规范特征指向它们的功能,遵守规范就等于行使这一功能。"如是性"也与这一功能,即与规范方面相连。由此可以推论,规范的遵守不是一个"点"的功能,而是"域"的功能。赫勒认为,规范域的范围不是静止的,它在不同的对象化中差异极大。规范域同时也依赖于行动的目标。规范域的"临界限度"(critical limit)的轨迹位于规范域的扩展开始抑制它本身功能的发挥之处,即是说位于行为不再遵循规范之处。①

第三,日常交流的符号系统是意义的承担者。赫勒认为,作为重复性交流的承担者,类本质对象化也是符号系统,它们是生活的体现。从人的实践的立场来看,符号代表着事物的具体意义。像人的所有对象化情形一样,内

---

① [匈]阿格妮丝·赫勒:《日常生活》,衣俊卿译,重庆出版社1990年版,第147页。

在于"自在的"类本质对象化的符号功能,不同于属于自然现象的符号功能,这在于它是意向性的,并非是独立于人的属性,成为人的实践的标志。每一符号都是约定的,然而通过约定而养成习惯不是随意的,它必须紧密地同已建立的习惯系统相结合;一个符号也只是因为它属于一个复合体,并因为它由此而具有意义即功能而成为符号。相应地,只有在被指示者的意义不能直接呈现之处才插入符号。在大多数情形中,作为生产、消费或操作手段的对象世界的意义是直接呈现的,因此对象世界不需要客观的符号。对象世界就传播和传递习惯的意义而言,本身就是一个重要的意义系统。当然,传递习惯的意义的符号并非均为物体,也可以是纯粹的语言符号,或者是身体的姿势表达,如思考、点头、表达敬意、祈祷、交谈,服从老人,这些活动不需要或很少需要以事物为中介。而对于对象的物质存在来说,"它的'如是性'涉及到意义,而且必须是涉及到习惯的意义,这个对象本身才行使符号的功能。"[①]

第四,经济是"自在的"类本质对象化的各要素所拥有的共同特征,它具体化于对象化自身之中,表现于对对象化的占有以及与它们的关系之中。经济总是同给定目标(给定功能)相关。"自在的"类本质对象化(它们的所有成分)被如此表达,以至于在发挥它们的功能时,要求最低限度的努力和创造性思维的最低限度的投入,以及要求在与它们功能和目标相关的最低限度的时间中得以发挥。[②] 经济是日常生活的一种常态,是个体以最轻松的方式使自身自在生存和工作的状态。日常生活中缺乏对创造性发明(创造性思维)的任何需要,其本身就具有经济价值。然而,常常缺少对创造性思维的任何需要,则足以成为超过所有其他用于经济的因素的力量,结果是包含于生产或使用对象之中的整个经济程度被实际地降低了。对创造性思维的恐惧,无论多么短暂,都能成为保守力量。习惯占有的经济化,目标是以最小的努力,在尽可能短的时间内,尽可能少地求助于创造性思维而做成某事,这正是我们在重复性实践中之所为;或者最少求助于创造性思想的范畴,以便对习惯的遵守大大地节省时间。习惯的功效学方面在于,它是被不假思索地即"自然而然"地接受和实践的。[③] 关于语言"经济"与否的程度,

---

① [匈]阿格妮丝·赫勒:《日常生活》,衣俊卿译,重庆出版社1990年版,第151页。

② [匈]阿格妮丝·赫勒:《日常生活》,衣俊卿译,重庆出版社1990年版,第153页。

③ [匈]阿格妮丝·赫勒:《日常生活》,衣俊卿译,重庆出版社1990年版,第154页。

赫勒认为它比习惯的情形更为复杂,因为在所有"自在的"类本质对象化中,语言具有最宽泛的功能领域。但是,语言作为声音,即作为交流语言而存在则是语言经济的结果。至于语言的结构,赫勒认为所有语言都倾向于简单化,即语言的经济,有些表述可能表面上背离了经济原则,但是带有使它们区别于与之共存的简短表述的社会内涵,如礼貌用语。

第五,"自在的"类本质对象化具有情境性。赫勒认为,由于"自在的"类本质对象化的功能性特点,其特定成分严格地与特定情境连在一起。作为一般规则,每一习惯都同一个情景相连。事实上,学习遵守习俗,也就是学习在什么环境中它是有效的,什么情境中加以运用。所有文化都通过把习惯同情境相联而在一定点上"打破习俗"。言谈与情境之间的联结最为根本,同时也具有最多种类的功能。只有在语言所表达的关联和情境中把握语言作用,言谈才是有意义的。维特根斯坦就说,"想象一种语言就叫做想象一种生活方式。"[①]一个多义词可以被泰然地使用,这是因为它在其中得以表达的情境把某一含义限定为正确的。赫勒强调指出,情境性不只是"自在的"类本质对象化的特征,政治和道德决策也为情境所约束,然而,存在着重大差别。在"自在的"类本质对象化中,违背情境会导致荒谬的行为或表达,在某种情况下会导致日常生活的灾难;但是对政治或道德决策而言则不是如此,在这里违背情境并不然是荒谬的。同样,在"自在的"类本质对象化中,遵守规范的情境并未揭示个性本身,而在政治和道德决策中,对情境的确认(即在正确的地点和正确的时间做正确的事情)是性格的标志。最后,在"自在的"类本质对象化中,有情境的行为成为重复性实践和重复性思维的功能,而在其他形式的活动中,对情境的确认和适应则通常为直觉的或创造的思维所行使。[②]

(四)对日常生活的批判态度

虽然"自在的"对象化是每一个社会行动、制度和人的一般社会生活的客观基础,但是,日常生活并不必然只在"自在的"对象化领域的引导下进行。赫勒认为,在日常生活中,我们可以求助于更高的对象化,同时我们可以检验和怀疑"被视做理所当然"的规范和规则。日常生活不是一种态度,

---

① [英]路德维希·维特根斯坦:《哲学研究》,陈嘉映译,上海世纪出版集团2005年版,第11页。

② [匈]阿格妮丝·赫勒:《日常生活》,衣俊卿译,重庆出版社1990年版,第158页。

它包含(或至少可以包含)各种态度,其中包括反思的——理论的态度。因此,赫勒认为尽管运用现象学方法,自己的日常生活理论接近所谓"批判理论"。

赫勒认为,如欲使日常生活成功地进行,在某些类型的活动中,我们的实践和我们的思维绝对必须是重复性的。同样重要的是,我们可以以"自为的"类本质对象化来占据这一"现成的"重复性实践的形式。排他主义个人和个体二者间的区别(这是赋予他们以不同世界的区别)在于,个体知道在何处抛弃重复以有利于对问题的文明性研究,他知道何时应当对习惯提出质疑,何时需要使一种被视做理所当然的价值贬值。同样,一般说来,个体也像排他主义"个人"一样实用主义地活动,以可能性为基础进行决策。然而,他同样知道何时、何处和为何应当中止实用主义方法,而采取一种理论态度:他能够认清那种需要行动和决策,哪种可能性因素在其中已不充分,而必须寻找某种绝对的可靠性的情境。在日常生活中,个体的头脑也同"个人"头脑一样充满着过分一般化。但是区别同样在于,个体懂得过分一般化何时转变为偏见。个体的行动也为"信念"或"信仰"所伴随,但这不是"盲目信仰"。个体使现成的习惯秩序内在化,但是他知道何时与为何要同普遍接受的排他主义规范相左。所有这些总和起来,是断言个体以相对自由的方式,同"自在的"类本质对象化,同他在日常生活中作为事实而接受的要求和规范的习惯体系总体打交道。①

但是这一相对自由的源泉是什么?赫勒认为答案是:个体根据同一个或数个"自为的"类本质对象化或整体的自觉关系来安排他的日常生活。我们的日常生活具有自己内在的等级秩序,这是为社会经济生活的迫切要求所建立起来的。但是个体根据同类本质的自觉关系,为自己创造的等级结构却有不同的特点,其核心是把本质的与非本质的加以区分。个体依据与类本质的自觉关系而建立起具有最高价值的东西,以及以他的个人天赋和需要为基础遵守这些价值的方式,以便能保证他自身的个性的充分确证。正是个体与"自为的"类本质价值的自觉关系,使这些价值成为个体活动的指导力量,形成个体生活经营中的等级结构。这样,日常活动依旧是异质的,但每一活动在人的生活中都有自己的位置,都有自觉安排的位置。这

---

① [匈]阿格妮丝·赫勒:《日常生活》,衣俊卿译,重庆出版社1990年版,第281页。

样,无论异质的"现成的"活动,必须在多大程度上以重复性实践为基础而得以恰当地进行,个体的生活都成为统一的。个体把自身对象化为一定类型的主体。排他主义个人是"自在的"主体,而个性的个体被对象化为"自为"的主体。①

赫勒认为,"自为存在"是自由在其中表达自己的领域,即人在给定时刻所获得的那种程度的自由。从个性的角度来看,个性所获得发展程度,是那一时代个人自由的尺度。从"自在的"类本质对象化现成地接受的价值等级体系,的确为个体在自己的生活中建构等级结构提供质料,但是后者是相对自由地建立起来的。作为个性的"自为存在",成为一个个体包含有内在的价值。"自为的"个性体现着在个人的一生中对人的能力的自由确证和发展所能达到的可能性。由此得出,"自为的"个体(即个性)的效力领域决不囿于日常生活,而是包括一般生活。由于个性建立起依据与类存在的自觉关系而引导自己日常生活的世界观,显而易见,任何个体都不能只以"自在的"类本质对象化为指导。他或她可以把某些为更高的对象化所产生的价值引入他或她同"自在的"对象化的关系之中。以世界观为中介,他如此安排这些价值,以便个性的统一体可以随之产生。道德为这一个体化提供推动力,道德实践起着生活的履行的指示器的作用。道德个性愈为发达,它就愈加表明所谈论的个体把内在化的道德秩序转化为他自己的本质、自己的实质。赫勒认为,当我们主张以这样的方式过我们的生活,以便它能成为人道化个性的积极的场所,成为这一个性可以在其中实现自身的场所时,它意味着日常生活变为"为我们的存在",也就是有恰当的规范和把人自身的发展作为目的的状态。"自在存在"变为"自为存在",因为我们按照我们的个性所提供的尺度而同"自在存在"相关联。

赫勒通过分析日常生活结构和模式的特点,指出了"自在的"类本质对象化主宰的日常生活的不足和局限性。作为特性主宰的日常生活是异化的,凝滞的、不变的,在原有的水平上重复发生。日常生活的改变在于日常个体的态度,通过自为的对象化领域向"自在的"对象化领域的渗透,日常主体形成自为个性的个体。这是对日常生活的一种批判态度。她认为,日

_____

① [匈]阿格妮丝·赫勒:《日常生活》,衣俊卿译,重庆出版社1990年版,第284页。

常生活应该成为"人的真正家园",①这是一种理想的设想,至于如何达到这种理想,赫勒寄希望于道德个性的建立。赫勒对日常主体自为个性的设计,以及个性的发展对于日常生活的革命作用,并不是空想的。革命时代需要伟大道德个性承担起革命的重任,发展时期,特别是在当代经济社会的转型发展时期,道德个性以及精神和文化的追求,对于打破日常生活的单调、停滞状态,具有重要的意义。这也是日常生活变革的必然。

---

① ［匈］阿格妮丝·赫勒:《日常生活》,衣俊卿译,重庆出版社1990年版,第292页。

第二章 生活方式变迁与价值选择的变化

建国六十多年来,随着我国的经济社会的巨大变化,我们传统的固定的日常生活的模式也发生了根本性的变化,非日常生活的政治、科学、艺术、哲学等对象化形式对日常生活的影响和渗透日益强大,日常生活中的个体不再是一成不变的靠经验生存的特性主体,而是有了更多的自主性和越来越多样的选择性空间,甚至可以创造出多种生活方式。这使得当代社会的人们呈现越来越多样的生存样态。

第一节 生活方式的变迁

一、我国传统生活模式的特点

(一)成熟的农本社会与发达的日常生活世界

传统中国是典型的农业文明社会,以食为天,以农为本。中国农本社会具有特殊的成熟性,不仅表现在其历史悠久,而且体现在其内在的文化机制的成熟和对全部社会生活和历史运动的影响。相应地,中国的传统日常生活世界也出奇地发达。成熟的农本社会和发达的日常生活世界之间的联系不是偶然的,而是必然的。从这一必然的联系中,我们可以找到解读中国社会和中国文化的层层的文化符码。农本社会是解读中国历史和中国文化的关键。①

从经济运行的方式来说,长期的以小农经济为主体的自给自足的自然经济具有高效的自我复制能力和稳定性的特征,这是农本社会的基础。以分散的小农经济为基础,社会的基本结构以家庭为单位,家国同构,国家是

---

① 衣俊卿:《现代化与文化阻滞力》,人民出版社2005年版,第201页。

家庭的扩大,形成了乡土社会特有的血缘性结构和文化,国家制度的强化使得这种血缘结构成为一种深层的文化机制和思维定势。乡土社会中,主导性的社会规范是基于情感和血缘关系形成的发达的自发伦理规范和礼俗体系。发达的乡土伦理规范、习俗、习惯等形成了费孝通所说的"无讼"的礼俗社会。这些因素构成了中国传统农业文明特有的的成熟性和持久的稳定性特征。另外,我们的计划经济时代不是打破而是巩固了这种乡土文明的负面作用,许多的政策不是打破而是不断地强化乡村与城市的二元结构,在一定意义上可以说,计划经济体制在本质上或许多根本点上是传统农业文明的延续。计划经济像传统农业文明的自然经济一样,用剥夺农民正常的城市公民待遇、强制性的户籍制度等把小农封闭在狭窄的土地上和天然的共同体中。可以说,正是由于中国传统农业文明的持久性和稳定性特征以及计划经济体制的反现代化和反城市化本性,带来中国社会转型所面临的一系列问题,特别是内在的顽固的文化阻滞力。

现实的情况是,尽管现代性制度性因素已经在非日常生活领域基本建立,但是就中国目前的日常生活模式来说,我们的农本社会的根基和文化基因并仍然以一种农业文明特有的成熟方式从容地持续生存。虽然中国社会的非日常的社会生活和精神生活已经远不是传统农业文明条件下的相对狭小的非日常生活世界,但是,我们的非日常生活领域的运行机制又处处活跃着日常生活世界的自在的文化模式 "在漫长的自然经济条件下,日常生活世界不是社会的背景世界,而是社会的主体和基础;相应地,与十分成熟的和稳定的农业文明相适应的必然是十分发达的日常生活世界。在这里,日常生活世界作为一种主导性的文化模式不仅统治了人的全部生存活动,而且也以内在机理和图式的方式成为社会运行的机制的灵魂。"①具有决定意义的是,"乡村和农民并不单纯是一种地域概念、领域概念或身份概念,农业并不单纯是一种经济形态或社会结构,它首先代表着一种文化存在方式或生存模式。这种文化方式或模式像血脉和基因一样自在自发地流动在个体的生存和社会的运行中,规范着生活在其中的人之行为,左右着社会的运行机制。这种文化模式是典型的自然性的、经验性的、自在性的文化,它构成了传统日常生活世界的内在图式和机理。因此,传统农业文明和传统

---

① 衣俊卿:《现代化与文化阻滞力》,人民出版社 2005 年版,第 216 页。

日常生活世界在文化上必然是同质的"。①

　　在某种意义上，我们可以说，传统中国社会是一个巨大的日常生活世界。表现在：首先，传统社会以分散的小农经济为基础，由此造成了绝大多数人口的相互隔绝和封闭的居住方式及生存模式，形成了典型的、相对纯粹的传统日常生活世界：狭小的、封闭的和天然的共同体。从空间特征来说，与非日常空间的开放性相比，日常空间一般是个人的直接生活环境，即家庭和天然共同体，具有固定、狭窄和封闭的特点。从时间特征来看，同非日常时间的节奏多变性和超越性相比，日常时间具有凝固、恒常和均匀流逝的特征。从而使中国传统农民的主导性生存样态呈现为彼此隔绝的、封闭的、分散的自然状态。其次，中国发达的和成熟的传统农业文明不仅从活动范围上把大多数人限定在封闭的、自在自发的日常生活领域之中，而且成为经验式的、情感式的传统日常生活的内在图式异常发达的温床和基础。应当说，日常生活本身都不可避免地分沾这种自在性、重复性的特征。但是，中国传统农业文明的成熟性、稳定性和持久性使得传统日常生活的内在图式异常发达，突出表现在经验式的和自然主义的文化模式。首先，以血缘、天然情感、宗法关系为基础，中国文化的情感意识、家庭意识、家族意识、人情意识特别发达，成了贯穿全部日常生活的准则，形成了发达的自然主义文化样式。其次，经验式的日常生存，人们对于经验、常识、惯例等自在自发的文化因素的依赖，使得人们的全部生存完全没有任何超出或超越日常生存的趋向和要求。再次，中国发达的和成熟的传统农业文明不仅培育了发达的自在自发的日常生活图式，而且使日常生活的经验式和情感性的文化模式成为非日常的社会活动和自觉的精神生产的内在机理。这一问题的实质在于，中国传统社会的发达的日常生活世界及其成熟的日常的文化模式具有渗透、左右和影响非日常活动的特征，在某种意义上可以断言，中国传统日常生活的自在自发的经验式的和情感式的图式成为中国传统社会中非日常的社会活动和自觉的精神领域的主导性的图式和内在机理。②

　　中国传统日常生活世界在许多方面最为典型地展示了日常生活世界的自然性、经验性、情感性这些特征，这些特征即使是在当代的日常生活中仍

_____

　　①　衣俊卿：《现代化与文化阻滞力》，人民出版社2005年版，第214页。
　　②　参见衣俊卿：《现代化与文化阻滞力》，人民出版社2005年版，第216—221页。

然很明显。首先是日常生活的自然性。成熟的、持久的农本社会、自然经济使得中国传统日常生活世界自然地延续着,传统中国人的全部生活都被这种自然的日常生活所占据。典型的日常生活的主体缺少改变现状、超越现存生活的冲动和热情,日常生活就如均匀流逝的江水,波澜不惊,最为典型地体现了乡土社会或日常生活世界的非历史特征。按费孝通的话说,"记忆都是多余的","秦皇汉武,没有关系"。① 其次是日常生活的经验性。自然的社会也是经验的社会。"支配传统日常生活的基本的文化图式是重复性的思维和重复性的实践模式,这是一个经验世界,一个常识世界,一个习俗世界。其突出的特点是尚未培养起一种反思的维度,在常识思维或经验思维中,从来没有'为什么'的问题,一切都是天经地义、古来如此的"。② 日常思维基本停留于自在的水平。因此,中国人具有中庸、无为、安于现状的保守特征。这种中庸、保守、依赖经验、以过去为定向的生存态度渗透到日常生活的方方面面,而且至今仍有很大威力。再次,日常生活的人情化特征。中华民族对于家庭、血缘、情感、人情的依赖是无可比拟的。在中国人的人情化或情感化的生存之网中,家庭的地位和作用至高无上。以家庭为本位的日常生活世界,通过血缘、亲情、人伦等编织成一种以血缘和出身关系为尺度的日常生存和日常交往的圈子,这种血缘和情感圈子同狭窄和固定的地缘相结合就构成了传统日常生活世界的阈限。人的衣食住行、礼尚往来都不超出这个以血缘和亲属关系为波纹的"差序格局"③(费孝通语)。以家庭为本位的日常生活世界,"在日常交往活动图式上的本质特征便是人情化,它成为中国传统社会所有交往活动的主色调。换言之,中国传统日常生活世界是一个典型的人情世界。在人情面前,人们常常可以牺牲原则、正义、平等、公正等一切理性化的文化特质"。④ 就像费孝通先生所说:"在西洋社会里争的是权利,而在我们却是攀关系、讲交情。"⑤人情化不仅主宰着整个的日常生活世界的交往活动,而且也充斥于非日常生活世界,成为非日常生活领域的通行规则。这种影响直到现在依然根深蒂固。

---

① 费孝通:《乡土中国　生育制度》,北京大学出版社 1998 年版,第 22 页。
② 衣俊卿:《现代化与文化阻滞力》,人民出版社 2005 年版,第 235 页。
③ 费孝通:《乡土中国　生育制度》,北京大学出版社 1998 年版,第 27 页。
④ 衣俊卿:《现代化与文化阻滞力》,人民出版社 2005 年版,第 238 页。
⑤ 费孝通:《乡土中国　生育制度》,北京大学出版社 1998 年版,第 27 页。

我们不难看出中国传统农业文明和传统日常生活世界的内在关联,也不难理解为什么中国传统社会呈现出一种难以变革的超稳定结构。一言以蔽之,中国社会内在的抑制超越和更新的文化阻滞力的根基和寓所正是这一巨大的传统的日常生活世界。这一日常生活世界的文化模式已经侵入到非日常生活领域,使得非日常生活领域也带上了日常化的特点。这样,一方面,中国传统社会以宗法血缘关系为基础的家庭本位的日常生活结构扩展和放大为整个的社会结构,其内在的血缘关系、宗法观念、人情文化等同时成为中国传统社会制度化领域的内在机理。另一方面,中国传统社会以宗法血缘关系和家庭本位为基础所形成的亲缘、人情惯例,以及相应的依赖习惯、经验、礼俗等自在自发的文化因素而生存的经验式文化模式,升华为中国传统儒学、道学、经学等自觉的精神生产的主导性文化精神。中国传统农业文明和日常生活世界的结合使得经验和人情成为制度和文化领域的主导图式。强大的日常生活模式与自觉的精神活动的自在化和非日常社会活动的日常化一起,共同形成了中国传统社会自在的文化结构和文化模式的超稳定性。这种超稳定的文化结构就成为一种我们现代化进程不得不面对的顽固的文化阻滞力。

(二)中国现代化所遭遇的文化阻滞

在不同的社会状态和条件下,日常生活在人的整个生存中所占的地位和所具有的意义是不同的。我国传统的生活模式是一个强大稳定的日常生活世界,日常生活囊括了人们的全部生活范围和生活方式。这种强大稳固性表现为,即便是在我们构建现代性制度的同时,日常生活的模式作为一种生活方式和一种强有力的行为方式,也渗透到非日常领域,使得虽然我们在形式上构建了现代性的经济和政治制度,但是在制度的实施和运行层面还无法做到真正的规范和公正,成为传统社会向现代社会转型以及人自身的现代化建设的一种阻力因素。

中国的历史经验证实走向现代性是中国社会发展的必然出路,它包括规则的规范化、经济的市场化、政治的民主化、思维的理性化、文化的多元化等等。但这对于具有几千年超稳定的文化模式的当代中国来说并不是一件轻松的事情,特别是对作为人们的生活模式的基础的日常生活来说。当我们断言我们的传统文化在根本上是现代性的一种阻碍因素的时候,主要指的是传统文化中所包含的思维方式以及所倡导的行为模式和生活模式在根本的文化意义上是与现代性的要求相冲突的。中国是一个历史悠久的农业文明大国,作为农业文明之基的自然经济在本质上是一种自在的客体经济或"无主体的经济",其生活模式是一种顺应自然、类似于自然的自在的模式。在这种历史背景下,大多数活动主体停留于自在自发的层面,凭借着关于大自然周而复始地运行的经验常识和人之生老病死的自然流程而自在自发地过着衣食住行、饮食男女等重复性的日常生计。我国几十年的计划经济与自然经济虽然有根本性差别,却分沾着一种共同的本质,即它们均为一种"无主体"的客体经济,而缺少个体主体性的参与。传统的中国是一个日常生活世界,传统的生活模式就反映在日常生活世界里。

传统农本社会的深层文化结构和生存模式对现代文化精神和生存方式的拒斥,在构建现代制度和文化的过程中很明显地表现出来。当现代市场经济的全面建构和全球化进程的加快都在呼唤着理性化的文化精神和文化模式的时候,以经验和人情为主要内涵的传统文化却强有力地渗透到时下的经济、政治、文化等各个领域的活动之中。有两个方面的突出表现:第一,以经验对抗理性。有着几千年农业文明传统的中国民众往往习惯于消极的、被动的、无主体的文化模式。封闭的自然经济和循环往复的日常生活,使得中国民众过着不思进取、知足常乐、小富即安的生活,而对各种变革怀有一种恐惧的、拒斥的心理和经验式的文化模式。这种前现代的经验式的文化模式强有力地影响着许多人,渗透到我们的行政管理、经济决策、文化创造等各个层面的社会活动中。第二,以人情对抗法治和契约。几千年传统农业文明中调节人际关系的主要因素是天然情感和宗法观念血缘关系,这种人情式的交往模式至今还强有力地影响着中国人的交往行为。市场经济要求剔除不平等的情感因素和人情因素对社会政治、经济等活动的干扰,而我们目前的现实情况则是,人情因素比以往更加强有力地出现于社会生活的各个方面,包括法律运行、干部录用等,无处不留下人情的影响和痕迹。甚至正常的人情交往因为有了交换的因素而改变了其淳朴的性质。

对我们而言,至关重要的问题是:为什么历经一个多世纪的文化启蒙和社会变革,现代性依旧没有像在西方发达社会那样,在社会深层的和内在的活动图式、文化精神等方面全方位地落脚与扎根?韦伯有一个著名的社会学假设:任何一项伟大事业的背后都存在着一种支撑这一事业、并维系这一事业成败的无形的时代精神,而资本主义的时代精神就是欧洲宗教改革之后的新教伦理。韦伯认为基督教新教的"预定论"和"天职观"是资本主义理性精神的文化基础。以此我们可以进一步推论,当一种全新的事业在制度安排和实际运行中停滞不前时,很可能是其内在的文化模式出了问题。在这种意义上,我们可以断言,造成中国现代化进程和社会转型过程中现代性本质上漂浮状态的根本原因在于,现代性遭遇了中国社会内在的深层次的文化阻滞力,而且同其他民族相比,这是异乎寻常顽固的文化保守力量,是我们很难铲除的文化基础。以自然经济为基础的、传统的成熟的农本社会,其内在的文化心理结构是经验式的"以过去为定向"的,为人们提供了自在的、安身立命的文化本能。这种文化本能具有包容一切现存、摧毁一切异端、铲除一切革新、同化一切差异的保守力量。中国传统文化的这种"超稳定结构",使得各种形式的现代性启蒙很容易被消解、变形、扭曲,而其自身则能够依旧从容地把一切新的东西纳入自己固有的轨道。①

中外许多思想家和研究者都清楚地看到了中国传统文化结构的保守、惰性以及对现代性本质上的阻滞和拒斥。林语堂分析了传统中国文化的稳定性和保守性特征。他强调,中国文化的特征是一种类自然的生存本能,正是这种文化本能导致了中国文化的保守和惰性。他断言,这种文化的保守和惰性会摧毁任何新的东西。因此,林语堂得出结论,中国唯有超越传统,才可能有出路:"事实上,我们愿意保护自己的旧文化,而我们的旧文化却不可能保护我们。只有现代化才能救中国。"②梁漱溟在《东西文化及其哲学》中区分了中国、印度和西方三种文化模式。梁漱溟指出,对应人生的这三种基本路向,恰好就有西方、中国、印度三种主要的文化模式,其中,西方文化是"以意欲向前要求为根本精神的";"中国文化是以意欲自为、调和、持中为其根本精神的";而"印度文化是以意欲反身向后要求为其根本精神的"。③ 他的论断从另一个角度进一步印证了我们的观点,中国传统的经验式文化模式不可能转换或过渡为理性化的现代文化,按照中国传统文化的路数走下去,肯定不会是现代性的生成。

因此,造成中国传统文化转型迟滞和现代性"难产"的根本原因我认为有两个。一个是中国长期的自然经济的生产模式。经济在整个的社会生活

①　参见衣俊卿:《现代化与文化阻滞力》,人民出版社 2005 年版,第 47 页。
②　林语堂:《中国人》,学林出版社 1994 年版,第 347 页。
③　梁漱溟:《东西文化及其哲学》,商务印书馆 1999 年版,第 62—63 页。

和个人生活中处于根本的基础地位,政治制度、思想文化观念、意识形态都不是空中楼阁,特别是对于思想文化观念来说,它一定是社会现实的反映。而社会现实就是现存的生产力发展水平、经济制度、运行体制、政治制度和日常生活习惯、习俗这些物化的东西。虽然在中国过去的一个多世纪各种文化启蒙不可谓不激进,但是流于纯粹的思想文化层面的东西,即便在一时语境中可以获得暂时的生存可能性,如果没有生活方式的支撑,也无法在人们的内在信念和生活中扎根。第二个原因在于传统文化立根于日常生活的根基中,而现代性在中国却是在思想文化领域开始的。过去一个多世纪的文化启蒙基本停留于表层启蒙上,而没有触及到传统文化的深层本质和根基,五四新文化运动和20世纪80年代"文化热"所代表的传统的文化启蒙主要是一种纯粹思想观念的启蒙,而这种对新思想、新观念的一般呼吁又往往只能触动和改造社会的一个很小的阶层。没有充分估计到中国传统文化的巨大惰性和顽强的生命力,因而无力从根本上促使中国普通民众从自在自发的、天人合一的传统文化模式向自由自觉的、以人之主体性为内涵的现代文化模式转变。文化作为人们的生存方式或"人类生活的样法"并不等同于纯粹的、自觉的思想观念,它既可以表现为自觉的思想观念(如世界观、意识形态等),也可以表现为自在的传统、习惯、风俗、经验、常识、天然情感,以及理性化的制度安排和社会运行机制等因素。在一个社会中,往往只有少数人是自觉的文化实践者,而绝大多数普通民众则凭借着自在的文化而自发地生存。因此,在普通民众的生活世界和文化根基没有发生真正的松动的情况下,停留于纯粹思想观念层面上的外在的、表面的文化启蒙无法兑现文化转型的承诺。

文化的东西一旦作为一种生活模式,对人就会发生根本的影响作用。但是作为生活模式的文化也是有其生存的根基的,一旦失去其生存的根基,这种文化模式也会慢慢地得到改变。从近代的文化启蒙,一直到中国的计划经济,在政治领域,包括意识形态领域,发生了天翻地覆的变化,但是却无法触动中国人的生存模式,甚至是价值观念。最根本的原因在于经济体制一直是建立在自然经济基础上,中国的超稳定的文化结构模式是几千年的自然经济所造就的。改革开放后市场经济的建立却使得老百姓的生活以至价值观念发生了根本性的变化,人们的生活模式也在悄然地发生变化。虽然传统的文化观念依然深深地影响着人们的行为做事的风格,但是文化模式的超稳定结构却在发生着松动。但是如果静等这种文化模式从底层慢慢地发生,这不但是一个很漫长的过程,而且这种文化模式也在消耗着现代性的内在动力,对现代性的发展及人自身的发展都是一种消极的阻滞力量。因此,中国的日常生活模式的变革,既需要经济体制的根本基础,同时又需要从文化的层面接受现代性精神的熏陶和诱导。

中国传统的自在自发的文化的经济基础是自然经济的生产模式,其被人们习以为常地、不假思索地置于日常生活世界的背景世界之中。因此,只有从经济生产模式的改变和自在的日常生活的批判重建入手,才能真正动摇传统文化的根基。经济体制的根本变动在我国是正在进行并完善的过程,这是整个社会层面的任务。日常生活批判的任务就是要对传统的文化模式对现代性进程的阻滞进行分析批判,以促进现代人的文化模式的构建。日常生活批判和构建的思路在于,以自我超越、自我批判和自我完善的现代性主体作为日常生活重建的主导性价值选择,以经济模式由传统向市场的变革为依托,打破日常主体自在、保守、被动的特征。因此,全部问题的突破口在于从根基上促使传统文化的转型,落脚点则在于个性的日常主体的构建。

二、六十年的物质生活和文化生活的变迁

我国建国后六十多年生活变化的过程就是打破传统生活模式,建立现代生活模式的过程,当然这个过程现在仍然是一种未完成形态,是正在进行时。生活的变化表现在生活的多个层面上,我们主要物质生活和文化生活的变迁来考察整个社会生活变迁。

(一)物质生活的变化

物质生活是人们生活的基本层面,包括物质生活结构、物质生活财富、休闲活动方式等,最集中地反映了人们生活的变化。我们从居住条件、服饰、婚庆、购物模式等几个方面考察一下我们从建国以后物质生活的变化情况。

1. 从紧张到舒适的居住条件的变化

房子自古就是人的安身立命之所,安其居才能乐其业,房子与人们的生活质量息息相关。建国六十多年来,关于房子有太多的变化,从平房到楼房,从福利房到商品房,从一家几口人蜗居在不到二十平方米的斗室里,到

现在一人独享二十多平方米的居室面积,特别是改革开放以来,民众的房屋居住情况发生了很大的变化。

对农村来说,从建国一直到 1978 年前农村的房屋基本上没有多少变化,基本上是土房、坯房,如果是新建房的话,也是在原有宅基地基础上用新的土坯建成新房。改革开放以后,农村最主要的变化之一就是房子的变化。农民很讲面子,可以吃的稍差点,但是作为装点门面的房子一定是一个大的支出。人们省吃俭用,也要盖好一点的房子。普遍的房子是砖和水泥结构,房屋宽敞高挺,有的盖起了二层或多层小楼。城市中的住房变化更为明显。1978 年前租住公房,特点是条件简陋,居住拥挤。一般的城市基本一样,绝大多数职工家庭二代甚至三代挤住在一间十几平方或二十平方米的筒子楼里。房间里除了放一张床、一个大衣柜、一张书桌外,再也没有多余的空间。整层共用一间水房,要"方便"还得到楼下百米外的公厕去。煮饭时各家都在房间外面放一个蜂窝煤炉子,下了班各自便在楼道里点火做饭,那是真正的"锅碗瓢盆交响曲"。住房条件相当差,人们有多少的不便都被现实条件忽略着。以天津为例,居住的条件,大多数是大杂院,稍好点的院里会铺砖,房子盖的没有什么规则,房里一般是抹灰的地面。夏天房子里热,人们就在院子里乘凉,年轻的人就会在院子里搭床睡觉,因为房子太小太闷热;到冬天时,院里各家垒的煤池子都储蓄着过冬的煤,总是弄得院子里满满当当,黑糊糊的。遇到大雨的天气,地势低的房子会往房子灌水,也就是天津人说的"三级跳坑",胡同,院子,屋子,到处存水。住房的条件相当艰苦,较建国之初并没有明显的改善。

80 年代福利分房,特点是房小、条件和环境差。那个时期城镇居民解决住房停留在"等、靠、要"三个字上:等国家建房,靠组织分房,要单位给房。当年人们的心态就是有间房就可以结婚,哪怕再小,能放张床,就可以当成是婚房,十几平方米的小屋,至少住着三口人,等不到、要不到房子的就和父母一起,甚至再加上兄弟姐妹一起住。80 年代中期,城市的住房逐渐改善,慢慢解决单位职工的住房困难,一般是按资历、工龄等条件按顺序分房,房子不用个人掏钱,这个时间单位职工一家分到 50 平方米的房子是最高兴的事情。房子可以分出卧室和客厅,有的可以辟出一间书房,分到这样的房子人们感觉很幸福。

90 年代集资建房,特点是房子面积增大。这个期间,一般是单位集资买房,要个人拿出一定的集资款,这样的集资房只有居住使用权,面积有大有小,六七十平方米到一百平方米都不等,一般是宽敞明亮的三居室。为更好满足人民群众的住房需求,改革开放后,我国开始探索城镇住房制度改革。1998年后停止住房实物分配,全面推进城镇住房制度改革。全国单位开始房改,这样的房子再加上一些钱就转到了个人名下。20世纪90年代后期,物业公司开始走进新建小区,小区门口有了保安站岗,谁家的灯不亮了、下水道堵了,一个电话打到物业,便会有工作人员上门检修。一种新型的服务模式,开始向居民走近,而一个新颖的名称——业主也开始出现。

20世纪90年代末21世纪初,中国的住房建设进入良性循环,政府开始平房的改造,把脏乱差的平房拆迁,人们纷纷搬进了明亮宽敞的楼房,居住条件至少会有一室一厅,独厨独卫,改善了人们的居住条件,给人们生活提供了极大的便利。同时房地产业也在高速发展,开发商们建成许许多多高品质的商品住宅楼,为人们居住创造了更优越的条件,提供了更多的选择。人们对于住房的态度发生了本质的变化,不再只要求有房住,还要住的宽敞,住的地点要出行方便,住的环境要好,住的周围配套设施要齐全,一切的一切都有了更高更全面的要求,需求的增大增多助长了房价的上涨,高价的商品房有了它的市场和需求人群。2003年以后,特点是楼房越来越高,环境越来越美,买房除实用、经济和美观之外,还要考虑环境和性能。房地产市场越来越火暴,房地产市场为各个收入阶层提供了不同户型的商品房,商品房屋越来多样化、个性化。个人购房时代来临,人们可以自由选择自己喜欢的住房,亦可自由选择喜欢的居住面积。房屋的建设越来越注重总体建设和布局,绿化面积、休闲场地都称为住房的重要考量目标。人们对住房品质的要求越来越高,人们住宅模式从最早的大杂院、平房、筒子楼过渡到楼房、小区甚至花园洋房,充分说明这60年人居变化之大。

从1998年城镇住房制度改革后十多年城镇住房建设规模不断扩大,1998—2008年,新建住房65亿平方米;城镇居民居住条件显著改善,人均住房面积达28平方米,为1978年的4.2倍;商品住房发展迅速,城镇住房主要由市场供应的格局基本形成;住房保障初显成效,逐渐解决城镇低收入住房困难家庭的住房问题;房地产业成为经济增长的重要动力,2009年房地产业增加值占国内生产总值的比重近5%。当然并不是所有的家庭都具有了这样的变化,有些低收入家庭无力承担房屋市场化带来的压力,居住条件还是很差。为改善低收入家庭的住房条件,从 2007 年 11 月开始,国家开启了针对低收入群体的经济适用房政策,分批解决和正在解决低收入群体的住房问题。在住房制度改革取得明显成效的同时,近年来房价过高的问题十分突出。房价过高带来的问题是,相当一部分人买不起住房。2009 年的一部电视连续剧《蜗居》播出后在广大观众中引起了热议,它折射出都市"房奴"的辛酸苦辣,道出了无房族的困惑与无奈。住房是关系亿万群众切身利益的重大民生问题,"居者有其屋"是中国人的传统思想,唐朝时杜甫就有"安得广厦千万家,大庇天下寒士俱欢颜"的诗句。遏制房价过快上涨,更好满足人民群众住房需求,是保障和改善民生的重大任务,是促进经济健康发展和社会和谐稳定的重大课题。①

2. 从单一到多样的服饰变化

服饰是一个社会发展阶段的标志性符号,它以一种特别的方式记录着一个社会政治、经济及文化的变迁,它就像一个多棱镜,通过堆红叠翠的衣着折射出社会的进步发展与多样。服饰也是一种文化,透过它我们能感受社会变动的脉搏。

50 年代代表性服饰是列宁装、中山装、工装背带裤、布拉吉。这样的服装代表着干练、活力、上进,与我们国家这个时期整个的社会氛围是一致的。我们刚刚建国,怀着对新中国的极大希望,民众的精神面貌十分高涨。中山装的特点是简洁实用。1949 年开始流行中山服,随军队进入各个城市的干部都穿灰色的中山服,受他们的影响,各行各业的人们争相效仿,以表达自己的革命热情。颜色以蓝色、灰色、黑色为主,被称为"老三色"。中山装具有深远的政治意义,是干部的象征。前苏联的服装对中国服装影响比较大,最有代表性的就是风行一时的列宁装,主要特点是西服领、双排扣、斜插袋,中间系一条腰带,给人感觉整洁利落、朴素大方。工装背带裤是工人阶级的象征,简单利索干净。受到苏联援华女专家的影响,布拉吉也开始流行,宽松的短袖,褶皱裙,简单的圆领,腰际系一条布带。它成了中青年女性的最爱,是文教界女性夏季的必备服装。那一代年轻人似乎并不是把美和装饰穿在身上,而是把建设、革命、热情和理想这样一些简单而崇高的理念穿在

---

① 本部分内容借鉴了仕一邦文章:《建国六十年,中国人住房条件的巨变》的部分内容,原文出处:http://wz. wen. oeeeee. com/Views. aspx? AID=43707。

身上。

60—70年代的代表性服饰是：军装、解放鞋和毛主席像章。这一时期，西装被说成是资产阶级的，布拉吉被说成是修正主义的，旗袍被说成是封建余孽，花哨的服装被斥为"奇装异服"。色彩单调、不分男女、不分职业的军装盛行。60年代前期，球衣流行，它是一种绒衣，是毛衣还不普遍时的替代品，基本只有一种款式：套头、大翻领，颜色也只有红色和蓝色两种，胸前要是印上"XX青年突击队"那就更威风了。"文化大革命"开始时，红卫兵以绿军装为时尚。"十亿人民十亿兵"的十年"文化大革命"，最时尚的装束莫过于穿一身不带领章帽徽的草绿旧军装，扎上棕色武装带，胸前佩戴毛泽东像章，胳膊上佩戴着红卫兵袖章，肩挎"为人民服务"的草绿色帆布军用挎包，脚蹬一双草绿色解放鞋。解放军是最受尊敬的人，军装也成为人们最向往的装束。受军队服装的影响，青年学生穿起了灰色四兜棉布中山装，进驻各个城市的干部也都穿起灰色的中山装。此后，又出现了青年装、学生装、军便装等其他的款式，与中山装相比，仅领、兜有点变化，形成了中山装系列。鲜艳夺目与这个时代格格不入，人人都湮没在黑、深蓝、军装黄的服装之中。当时人们的衣着款式、颜色都很单一，有西方人用嘲讽的口气将中国人形容为"蓝蚂蚁"。

1966年至1976年整整十年的"文化大革命"运动，最流行穿的是草绿色军装。鲜艳的色彩和变化形式的服装都被看做是奇装异服，是思想不纯洁，羡慕资产阶级生活方式，搞修正主义。但是后期，服装上的限制有所缓和，一些服装设计者在"老三套"（中山装、青年装、军便装）的基础上设计了一些新款式。但由于当时的物质条件，购买成衣的观念还很淡薄，不少家庭都自备缝纫机，自裁自做的服装流行开来。到了1976年岁末，严寒的冬天终于过去，服饰的坚冰逐步消融了。人们的服饰也开始从单调统一到绚丽多彩转变。此时，西方的奇装异服静静地闯入了国门，人们追求美的意识逐渐清醒。中国慢慢走出那个"灰蓝黑绿"的时代，中国人深埋几十年的爱美之心开始在服饰上得以释放。1978年，官方的"改革开放"的政治号令尚未公开发布，街头就已经开始了静悄悄的变革。70年代末，人们纷纷脱下中山装、便装、列宁装，穿起化纤类西服，这时，的确良布料成了时代宠儿。服装款式虽然在设计、工艺上只是简单地模仿制作，但毕竟给长期以来形成的"灰、蓝、黑"服装现状带来冲击。"猫王"把喇叭裤推向了时尚服饰的巅峰，随后在港台地区流行,并直接影响了改革开放初期的中国大陆地区。

80 年代开始接受时尚,代表性的服饰有红裙子、牛仔裤、喇叭裤。改革开放给服装带来了生机,人们的穿衣理念渐渐改变,开始认同这样一个真理:美是没有阶级性的,穿衣戴帽不一定与意识形态的健康与否必然相连。一部拍摄于1984 年的电影《街上流行红裙子》讲述了纺织厂的女劳模与漂亮裙子之间的故事,这部电影大受追捧,银幕上的"红裙子"使中国女性从单一刻板的服装样式中解放出来,开始追求服装色彩和式样的变化。1986年,《中国纺织报》登载了题目为《北京流行黄裙子》的文章,"当时对行情反应灵敏的个体服装摊贩,迅速推出一批黄裙子。在西单夜市上,放眼望去,一排排黄裙子有如一丛丛盛开的黄玫瑰……"一时间,色彩鲜艳的裙子成为大街小巷的女性追求时尚的标志。国外的服装样式和品牌渐渐引进中国,最先涌进中国市场的是喇叭裤,一群勇敢的年轻人带头穿了起来,开始时遭到思想保守者的一致反对,后来却成为一种时尚,风靡一时。紧接着西服又开始重新兴起,领导人带头穿起了新式的双排扣西服。这种在"文化大革命"中受到排斥、被认为是资本主义的服饰,引起了年轻人的浓厚兴趣,率先从上海掀起热潮,进而影响全国。1982 年,牛仔服开始在我国流行,牛仔裤风行之后,牛仔衣、牛仔裙、牛仔背心等层出不穷,成为年轻人追逐的目标。

90 年代的代表性服饰:健美裤、一步裙、痞子文化衫、耐克鞋等。健美裤,又名紧身裤、脚蹬裤、踩脚裤,上宽下窄,脚跟踩着裤底,多用氨纶面料制作,主要有黑、白、灰三种颜色。20 世纪80 年代末至90 年代初,它曾经是中国最流行的裤型,所有女同志,无论年龄、身材、职业,几乎人人都有,"不管多大官,都穿夹克衫;不管多大肚,都穿健美裤",反映了全民身着健美裤的盛况。随着改革开放的进程,人们的物质生活不断改善,思想逐渐开放,单调的款式已不能满意人们对着装的要求,八九十年代喇叭裤、健美裤、蝙蝠衫、连衣裙掀起一阵热浪。随着1993 年首届中国国际服装服饰博览会举行,国际服装品牌开始进入中国,人们的着装观念进一步多样化、个性化。

21 世纪的代表性服饰:个性是王道。进入21 世纪以来,人们对着装的追求已经转向个性化、多元化。服装的主要作用已经不再是御寒,而是一种个性魅力的展现。"只要我喜欢,没有什么不可以"的着装心态已成为当今人们的普遍的着装意识。现如今,大家开始不再只是简单、盲目地追随"流行"，而是选择自己喜欢并且适合自己的衣着打扮，人们对着装的追求已越来越多地转向个性化、多元化。因此，符合人们的着装心理，品牌企业都设定自己的服装消费群体，了解这些群体的心理需求和变化，一方面适应他们的心理需求，设计更具个性化的服装，另一方面，通过发布服装趋势引导人们的消费理念。如果说20世纪90年代中国女性对于服装的追求要通过品牌穿出品位和档次，进入21世纪，服装发生了天翻地覆的变化，从款式、花色、质地都发生空前的变化，很难用一种款式或是花色概括它的潮流。中国的古典装、正统装、韩服等，各领风骚一两年。个体对于服装诉求的最高境界就是穿出个性，最好是独一无二。追求个性、标新立异是现代服装特别是女性服装需求中最重要的元素。另一方面，传统的中国服装元素重新获得青睐，个体意识在服装上得到充分体现。世界服装艺术中的中国元素也开始得到越来越广泛的体现，唐装代表了中国文化的复苏，旗袍重新展现中国女性的美。唐装、旗袍走向世界舞台，中国服装作为一种文化潮流和商业主流在全世界受到注目和尊重。如今，一步裙、吊带裙、泡泡袖，不再是哪一种服装代表时尚，时尚每个季节都在变，人们也在创造着时尚，关于服装的样式不怕做不到，就怕想不到。也许最后剩下的就有变化了。当然，服装上的个性只是一种表面的个性，并未真正地体现个体个性化的要求，大多数人还是流行符号和观念的消费者，实际上是被引导着消费，只不过这种引导貌似在符合他们的个性而已。

综览中国服饰六十多年的变迁，从粗布衣到"的确良"，从蓝、灰、黑到的多元色，从中山装、西装到喇叭裤、健美裤，直至进入新世纪以来的时尚服装，无不记载着中国服饰走过的道路，也代表着时代进步和人们思想观念的转变。新中国成立六十多年以来，中国老百姓的服装意识和服装消费习惯发生了很大的变化，经历了从跟风——别人穿什么我穿什么，到追逐个性化——穿出自己的品味和特色的发展过程；服装的功能也发生了变化，从贫苦时期的遮体避寒到求新求异，服装已经不再单纯是身体的需要，更成为心理的需要，每个人根据自己的心理或者特定场合的需求可以随意选择。服装是时代的记忆，也是穿在身上的历史。从60年前简单而朴实的"新三年、旧三年、缝缝补补又三年"，演变至现如今彰显时尚与个性的"只要我喜欢，没有什么不可以"，无不透射着时代变迁的印记。服装展示着社会观念和心态的变化，折射出社会的进步与发展。新中国成立六十多年来，一个个渐渐消失的服饰词语,记录着一个个一去不复返的时代。时代在变、观念在变,服装这一社会文化的符号,承载着人们深层次的精神需求,也在不断的进步创新。透过衣着的变迁我们可以从一个侧面了解新中国的发展过程。

3. 婚庆的变化:从简朴到奢华

有人总结,建国六十年来婚庆的变化是,"五十年代一张床,六十年代一包糖,七十年代红宝书,八十年代三转一响,九十年代星级宾馆讲排场,二十一世纪个性张扬"。伴随着社会经济发展的大潮,中国人的婚庆从简朴到奢华、从单一到多样,像一面镜子,折射出新中国六十年社会经济生活的巨变。

上世纪五十年代属于理想主义时代:一张床。结婚非常简朴,一方面是因为整个国家物质基础比较薄弱,几乎所有的家庭都很贫乏,人的欲望很贫乏,但是几乎所有的人对未来都怀有极大的热情和希望,是理想主义时代。条件的最好的是看出身,凡是革命出身的都很骄傲。登记结婚,必须向组织汇报并通过审核。由于处在新中国建设初期,集中精力搞社会主义建设,要积极响应组织号召,婚事一切从简。单位办公室被同事们挂上庆祝条幅,简单张罗布置就成了婚礼礼堂。夫妻穿着白衬衫和列宁裤,接受同事们送上的口头祝福。大伙儿吃着甜滋滋的糖果,分享喜悦。新房是单位的宿舍,公家发了两张单人床,合并在一起就成双人床了。这就是五十年代一张床。同样的,农村婚礼一样很简单,移风易俗,没有了富人和穷人的区别,老百姓都一样,村支书做证婚人,宣布一下,发一下喜糖,村民祝福一下就完成了,连简单的吹吹打打都被反四旧反没了。

20世纪六七十年代计划经济时期:没票寸步难行。一般的结婚证内页上有一段毛主席语录:"世界是你们的,也是我们的,但归根结底是你们的……"在男女双方结婚举行简单的仪式前,每个人都要背一段毛泽东语录,如"排除万难,去争取胜利……"证婚人在证婚前也要先背一段毛泽东语录,只要是有公开的活动,活动之前都要背一段,一定不能背错,如果背错,随时都可以被举报,成为被打倒的对象,所以人们说话非常小心。当时,结婚叫作解决"个人问题",经单位批准才能领取结婚证。这个时期是典型的计划经济时期,没票寸步难行。人们吃饭用粮票、打油用油票、穿衣用布票,曾经流传这样的顺口溜,"上级给了一尺六,做个裤头都不够"。60年代是中国最困难的时期,内外交困,三年自然灾害,经济发展迟缓,文化上搞大革命,政治上边境危机,中苏关系破裂,苏联撤走援助专家和物质,资本主义国家对中国进行经济封锁。"文化大革命"期间,我国国民经济遭受巨大破坏,商品极度紧缺,物质匮乏。为了准备结婚用品,一家人往往在孩子18岁的时候就开始省吃俭用攒票了。而像糖果、鸡蛋、猪肉等副食品,要等夫妻俩拿到结婚证后,凭证件背面盖的小图章去指定地点领取。往往是同事、朋友都作出牺牲让出自己的票才能获得购买所要物质的机会,结婚有个收音机就是很值得骄傲的事情了。那个年代,没有彩色照片,一张2寸黑白合影基本上是新婚夫妇唯一的结婚照片。一个小康女方之家,可能打上几件木制箱子作为陪嫁,如果很贫穷的,拿个包袱皮就到了婆家。

八十年代:婚礼"启动"家庭现代化。1978年党的十一届三中全会之后,我国经济发展驶入快车道,城乡建设日新月异,人民生活逐渐地一年年得到改善。上世纪八十年代,各个地方最为流行的结婚装备"三大件"是缝纫机、手表、自行车,整个婚礼花费几千块钱。一般的农村家庭,为了孩子结婚,盖房、买家具等也是倾其所有,或者为了结婚"像样"借钱置办婚礼用品。除了时兴的电风扇、收音机、黑白电视机、手表和凤凰牌自行车,家具也变得新潮了,衣柜、碗柜、电视柜、双人席梦思等时髦的家具。只有比较富有的家庭才会去旅游结婚。80年代中期已经有婚纱摄影,富裕的家庭会去拍一套留作纪念。婚庆渐渐成为一个行业,成为服务行业的一个组成部分,而且市场越来越大。改革开放前,普通中国人要通过结婚来置办收音机、手表、自行车这些"大件"。随着改革的深入和中国经济的迅猛增长,电视机、电冰箱、洗衣机、空调乃至摩托车、小轿车等昔日可望而不可即的"奢侈品",开始伴随着一场场婚礼的举办迈入寻常百姓家,并逐渐成为日常生活的必需品,奏响了我国人民生活现代化的新乐章。

新世纪:创意婚礼渐成主角。随着国民经济的快速发展和人民生活水平的迅速提高,新人们的结婚消费日益多元化,结婚服务需求急速增长。一般婚礼的各种项目多达十几项:婚纱照、浪漫的婚礼场地、婚礼司仪、蜜月旅行……一个都不少。而很多的婚礼策划,也都交给专业的策划公司来处理。除去购置新房和车的开销,光婚礼就将花费近10万元。当然,很多人也会举行各有特色的婚礼,海滩婚礼、草地婚礼、海岛婚礼、跳伞婚礼,出国旅游,婚礼创意花样百出每个人会根据自己的收入状况安排婚礼的各种形式。传统的中式婚礼又重新受到人们的青睐,农村的礼乐吹打又重新盛行,在各个地区的农村一般都活跃着一些自发组成的婚礼乐队,对这些人来说,婚庆收入成为他们的主要收入。婚庆助推经济发展。商务部联合有关机构开展的中国结婚服务消费市场调查显示,2006 年我国结婚服务市场消费总额达 15392 亿元,对第一产业、第二产业的间接拉动约为 12000 亿元,整个结婚产业对 GDP 的总体贡献率高达 12.9%,结婚服务产业链已经形成,涉及婚姻介绍、婚礼策划、婚纱摄影、婚纱礼服、珠宝首饰、婚庆婚宴、蜜月旅游、新居购租、装修装饰、家具家电等 76 个行业。到 2006 年,我国已有婚礼策划企业 2 万多家,婚纱摄影企业 5 万多家,婚纱销售生产企业近 1 万家。整个结婚服务市场的平均利润水平达到 20% 以上。强劲需求和丰厚利润为婚庆服务市场的进一步发展提供了广阔空间。①

4. 购物模式的变化

从最初的供销社、合作社、百货大楼,到超市、便利店、专卖店、大型购物中心(Shoppingmall)、网上商城,短短 60 年间,我国历经了发达国家零售业态 150 年的沧桑变迁。据商务部监测,2008 年中国的社会消费品零售总额首次突破 10 万亿元。从 1949 年的 140 亿元,到 2008 年的 10 万亿元,社会消费品零售总额 60 年翻了七百多倍,平均每年增长 12 倍,中国人的商业生活发生了翻天覆地的变化,不仅仅是商品的丰富程度,购物渠道、方式乃至理念都与 60 年前有着天壤之别。②

新中国成立后,一直到"大跃进"开始之前,中国的商业结构一直是国营商业和集体商业占据主流,私营经济和个体经济为辅,集体经济主要是供销社,国营经济主要是国营百货。虽然当时的物资比较贫乏,但久经战乱之苦的中国人还是尝到了新生活的"甜头"。接下来的 20 年,国民基本上是在"凭票供应"中度过的,票证几乎涉及所有生活用品,当时流通中除了人民币之外,使用最广泛的就是粮票。直到 1993 年粮票才退出历史舞台,现在成了一种收藏品。由于商品较为短缺,有供应票也要排队,国营百货大楼里商品最齐全,所以排队的人也最多。70 年代最抢手的商品是手表、自行车、缝纫机和收音机,80 年代是彩电、冰箱、洗衣机这些家用电器。

---

① 上述参照了谭蓉、姜伟超文章:《婚庆六十年:折射新中国社会经济变迁》http://epaper. jxnews. com. cn/jxrb/html/2009-09/15/content_76040. htm。

② 转引自魏宗凯、土欣颖文章:《购物变化折射 60 年商业模式变革》http://www. chcw. com. cn/show-12-11583-1. html)。

改革开放以后,随着国家逐步取消商品统购统销政策,加之供销社由于体制不适应市场经济,很快就被新兴发展起来的个体户所取代。20世纪90年代中期,百盛、家乐福、易买得等大型超市在上海接连开出,很快就成了市民最喜欢的购物场所。后来社区便利店也如雨后春笋般涌现,让购物变得更加方便。而新世纪,"80后"们的购物范围则更广泛了,距离最近的是足不出户在家网购,中短途购物除了在超市和商场购买日用品外,偶尔还会到Shoppingmall、品牌折扣店选购衣物,距离再远一些的是飞到香港或者外国买化妆品和服饰。老人对于过去物质匮乏年代的回忆常常让"80后"们难以相信居然还有钱买不到东西的时代,而儿孙辈通过互联网达成交易也让老人们感到难以理解和新奇。但是变化就这样发生了,老人们对排队促销还是乐此不疲,儿女们更愿意快捷方便地购物,然后有更多的时间做其他事情。购物也成为一部分人,特别是女性休闲的方式之一。

(二)文化休闲生活的变迁

1. 休闲娱乐方式的变化

娱乐是休闲的一个内容,休闲是人们生活的一种状态。如果人们的生活一直处在压迫、强制或高度紧张的状态下,谈不上生活的质量。即便是最原始的生活状态,最简陋的生活条件,人们也会创造出一些休闲娱乐的方式,让自己的心情放松,让自己的身心有舒缓的机会。当然,在不同的生活条件下,人们的休闲方式、文化娱乐方式不同。休闲娱乐是社会文化体系的一个活跃的元素,这个文化元素的变化和发展,既反映了群众心态和文化趋向的特征,更是社会政治经济文化形态发展的一个标志。随着经济和社会的发展,人们的休闲娱乐有了更多的选择空间,人们完全可以自由选择或者创造自己喜爱的休闲娱乐方式,休闲娱乐方式也走向多样化、多元化,休闲娱乐生活也更加丰富多彩。

50年代新中国刚刚成立,人民群众欢欣鼓舞,但当时百废待兴、经济十分落后,人民的生活也刚刚得到改善,不可能有多样的娱乐生活。那时从解放区流传而来的秧歌舞盛行一时,从农村到城市,几乎人人会扭秧歌,人人会敲秧歌锣鼓,这成为当时社会的主要娱乐方式,是节假日唯一盛行的欢庆方式。这种民间艺术的流传,表达了当时人民翻身做主人的喜悦心情,同时也反映了新中国成立后欣欣向荣的景象。同时,在学校、机关、人民团体和文化青年当中,提倡学习苏联的生活方式,流行跳交谊舞,唱苏联抒情歌曲,像《莫斯科郊外的晚上》、《喀秋莎》、《红梅花开》几乎人人都会唱,这些优美的歌声传遍大街小巷,丰富了群众的文化生活。这个时期,国家刚刚建国,百废待兴,进行社会主义改造,三反五反,抗美援朝,整个国家还没有完全稳定,文化事业刚刚起步。看苏联电影、唱歌、扭秧歌成为主要的休闲方式,生活简单而快乐。50 年代末到 60 年代中期,我们逐渐有了自己特色的电影,一些革命题材和英雄主义题材的电影占据了文化市场的大部分,如《南征北战》、《龙须沟》、《董存瑞》、《铁道游击队》、《上甘岭》等,看露天电影是人们很盼望很快乐的休闲方式。虽然没有多少机会走出去,但是良好的社会风气、社会主义建设大干快上的氛围和人们对未来的无限憧憬,使整个国家弥漫着一种积极、上进、友好、单纯、神清气爽的状态中。

60 年代中期到 70 年代中期,"文化大革命"期间,由于整个国家阶级斗争的氛围,意识形态的单一化,使得娱乐生活非常匮乏,全国民众唱语录、跳忠字舞、唱样板戏。很多热血青年怀着极大地热情全国串联,当做实现自己的价值的方式。青年上山下乡,侃大山、打扑克成为打发时间的方式,也可以说没有什么休闲活动。

80 年代实行改革开放政策,中国进入历史性的转折时期。经济的大发展为文化生活创造了物质基础,也为社会文化生活带来极大的活力。港台歌曲、港台电视剧在大陆流行,日本、新加坡电视剧传入中国,人们风靡于唱邓丽君和徐小凤的歌曲,《上海滩》、《血疑》红遍全国,人人争看,林青霞、秦汉的电影也不胫而走,红极一时,琼瑶的小说几乎成了青少年首选的读物。80 年代末期到 90 年代,社会文化娱乐向多元化、多样化发展。除了看电视,青年群众中流行卡拉 OK,后来普及到各个年龄层次群众。这种自娱自乐的娱乐形式,便于抒发内心情绪,也便于自由表达消遣的意向,所以为群众所喜爱。90 年代流行跳霹雳舞,但这需要场地条件和基本技巧,只能在最时尚的新锐青年中流传。

90 年代末网络逐渐走进百姓家,网上聊天、游戏成为休闲方式之一。人们的生活逐渐富裕,旅游逐渐成为人们休闲的主要方式。"五一"、"十一"黄金周掀起的旅游消费热成为我国经济生活的新亮点,假日经济成为人们津津乐道的新话题,旅游的范围从国内、到港台、到东南亚,一直到欧洲、北美,等等。电视行业的发展和电视节目的不断丰富、创新以及方便、廉价使得看电视是一般老百姓最主要的休闲方式。国外大片的引进和国内电影的逐渐多样化,也使得老百姓重新走进电影院。休闲娱乐方式也发生了根本性的转变:从过去单调的下棋、打牌到唱歌、跳舞、看电影、健身、外出旅游等多种方式。

到了 21 世纪,随着高端科技发展,传媒时代和信息时代的降临,网络遍及全国,在网上玩电子游戏,网络对话、自己创造网络作品成了最普遍的时尚和娱乐方式。另外还创造了各种娱乐方式,例如超级女声,快乐男声,中华达人秀,等都是群众创造娱乐的成功例子。电影市场逐渐繁荣,各种音乐会、话剧丰富了人们的精神生活,这些形式成为人们特别是青年人重要的休闲方式。① 加前述的唱歌、跳舞、看电影、健身、外出旅游,以及广场文化的复兴,等等,人们选择什么样的娱乐休闲方式会根据自己的时间条件和经济条件,休闲娱乐进入多元化时代。

六十多年来,伴随着新中国文化事业的发展与壮大,娱乐也在文化属性的回归中不断发生着变化。从五十年代文化属于政治,到六十年样板戏附庸文化,再到改革开放以后文化产品个性的张扬与独立,娱乐文化的这些变化与发展离不开经济发展、政治建设与文化繁荣。六十多年发展足迹一方面体现着娱乐文化的履历,另一方面也见证着我国的变革之路。若以载体形式分解 60 年的娱乐流行风,可以看出娱乐经历了从单一到复合并呈多样化发展的趋势,电影、电视、网络都是娱乐文化主要载体。电影是 60 年代政治与生活的载体,70 年代电影集体失声后,样板戏的出现则顺应着当时政治的车轮,其红火曾一度掩盖这一时期的娱乐裂缝。进入 80 年代,电视的出现促进了娱乐的发展与壮大,于是流行音乐成为娱乐文化与改革开放的幸运儿,但是电视文化的产生让大众的娱乐朝被动的方向蔓延。90 年代影视突飞发展让我们看到了娱乐的潮流与世界的脚步,这一时期娱乐开始进入高速发展时期。进入新世纪后,网络迅速开辟出新的娱乐战场,而个性鲜明的娱乐也在网络这个载体的拓展中愈发地丰富。在网络的催生下,娱乐开始朝多元化方向发展,众多娱乐类型的出现让我们有了更大的选择空间。

---

① 部分内容参照余开伟文章:《六十年来中国文化娱乐的变化》http://www. zjdyzx. com/module/news/displaynews. aspx? _id=4836)。

从文化娱乐的主题与素材看,红色人物、革命领袖、人民公仆都曾是60年代电影永恒主题。当电视普及与发展后,大众娱乐成为时代潮流,于是,我们身边的人和事开始成为娱乐文化新时期的主角。进入网络时代,娱乐素材被无限放大,从平民到偶像,甚至连虚拟人物都有了各自的"自留地","草根"文化与新鲜的娱乐事件也为娱乐文化提供了更多的素材。从文化娱乐的群体看,也是走过了从小众到大众的过程。从五六十年代主要是知识分子的交谊舞,到80年代大街小巷流行"迪斯科",娱乐人群的扩大与普及化是时代发展的必然结果。从港台音乐被称为靡靡之音,到排山倒海式的流行潮流的模仿,到独创性的特别是有中国元素的流行音乐,再到普罗大众富有独特个性的娱乐文化,娱乐流行的精神已经从文化工作者身上扩展到几乎每个人身上,走过了星星之火到燎原之势的轨迹。文化娱乐已经不再是文化工作者的专利,而且文化工作者也是在吸收大众的娱乐创造。大众的娱乐文化的创造性一旦爆发,专业文化工作者很多也无从接招。这也是为什么看了这么多年的春晚,人们意见越来越多的原因。对于老百姓来说,总是希望通过这种文化的消费,看到来源于现实生活又有所超越性的东西,但是大众的创造力实在强大,几乎专业工作者也不见得跟上这些步伐。从精英文化到网络沃土,大众娱乐自己的时代已经到来,沙里淘金,生活中的娱乐文化是文化创造的最主要来源之一。当温饱成为过去式后,全民发言权与自上而下的娱乐属性在国民生活中所占比重越来越大,各种娱乐载体、类型、素材、人群就成为娱乐文化的源泉。网络十多年既是娱乐精神的培育期,也是娱乐文化的发展期。

2. 流行音乐从红歌到个性

每个时代都有其时代的价值追求和精神面貌,这种精神面貌反映在时代的歌曲舞蹈上,我们从我们六十多年不同时期的代表歌曲可以看出民众的心理状态。

五六十年代具有理想主义情节。人们对成为国家的主人高兴万分,对社会的发展和变化充满期待,大干快上进行社会主义建设,学习英雄人物和道德模范人物,如张思德、雷锋等,整个社会呈现热火朝天、积极上进、满怀希望和信心的状态。这个时期的歌曲很单纯,《北京的金山上》、《东方红》、《我们的生活多么幸福》、《我们是共产主义接班人》、《唱支山歌给党听》、《英雄赞歌》、《保卫黄河》、《我们工人有力量》、《红梅赞》、《学习雷锋好榜样》、《黄河颂》、《小鸟在前面带路》、《火车向着韶山跑》,《我们的田野》、《革命人永远是年轻》、苏联歌曲《喀秋莎》、《三套车》,等等,与我们国家的弥漫的理想主义是一致的。

"文化大革命"开始后,革命歌曲仍然唱,仍是些健康向上的歌曲,如《草原上升起不落的太阳》、《洪湖水浪打浪》、《克拉玛依之歌》、《红星闪闪放光彩》、《唱支山歌给党听》、《我爱北京天安门》、《太阳最红毛主席最亲》,但是主流是样板戏。七十年代末期,随着一些电影的上映,一些电影歌曲流行开来,如《边疆的泉水清又纯》、《妹妹找哥泪花流》、《雁南飞》、《假如你要认识我》,等等。邓丽君的歌曲也流传到内地,但还是被视为靡靡之音,主流的电台不放邓丽君的歌曲。

从80年代开始,港台的歌曲陆续进入内地,1984年中央电视台春节晚会,港台演员张明敏一曲《我的中国心》唱遍了中国的大街小巷,也唱遍了所有华人的角落,这是港台演员首次参加国家型节目,是一个信号,是大陆欢迎港台文化的信号。之后几乎每年都会请港台的一位或几位演员参加春节晚会。港台音乐在大陆流行,张雨生、齐秦的歌曲几乎每个年轻人都会唱。但中国大陆本身还少有代表性的流行歌曲。舞厅也流行起来,交谊舞、集体舞在年轻人、大学生中流行。80年代后期,在深圳出了第一批流行歌手,先是模仿翻唱港台歌曲,之后有了原创的歌曲,港台歌曲在大陆继续流行。90年代以后,原创通俗歌曲大为流行,如《牵挂你的人是我》,最流行的莫过于一批校园歌曲,如《同桌的你》、《中华民谣》等,《涛声依旧》、《晚秋》、《祝你平安》等生活化、爱情的歌曲越来越有市场,中国的流行音乐发展起来,港台演员大量到大陆办演唱会。之后出现了越来越多样化的歌曲类型,民歌、通俗歌曲,舞蹈除了交谊舞之外,霹雳舞很风行。

21世纪之后,流行歌曲的形式和个性化越来越明显,国外音乐和舞蹈更多地传到中国,中国音乐更具有原创性。通俗歌曲、原生态、民歌、美声,音乐和舞蹈的融合,偶像团体的出现,中国风,反映了音乐的多样性。舞蹈方面,街舞、HIP-POP,更具有现代气息,音乐变得多元化和个性化,音乐和舞蹈进入了个性风格时代。音乐在商业的操作下,进入了一个繁荣的时期。音乐和舞蹈与国外的交流合作越来越多,中国的音乐家也走向了世界,音乐会开在世纪顶级的音乐舞台上。

第二节　中国人心态和价值观念的变化

经过六十多年的变迁,在整个经济和社会发生结构转型的同时,中国人的价值观、生活态度和行为,即社会心态也发生了很大的变化。尤其是改革开放带给人们的主观感受和心理积淀,在精神层面上反映了社会变迁过程中人们的心理嬗变。

一、从流行语看六十多年价值观的变迁轨迹

流行语,是一个国家的"口头禅",它在大众中口口相传,具有明显的时代印记。新中国成立后,由于发生巨大的政治经济体制变化,汉语从文风和词汇经历了一次大换血,流行语带着强烈的革命和斗争色彩。改革开放后,流行语又一次经受大洗礼,日渐走向繁荣和多元化。尤其在新世纪,网络流行语大爆发,凸显了人民群众无与伦比的才智和创造力。语言是人民群众的艺术,体制对人民的束缚越小,人民的自由度越高,人民在语言上的创造越活跃。新时期是人民群众语言创造最活跃的时期。

新中国走过的每一段历史中,社会上都出现过许多流行语,这些流行语或严肃认真,或诙谐活泼,或由政府发动提出,或由老百姓自发总结,特别是老百姓自己总结的流行语,幽默准确,真实地反映出大众心理、社会风貌、生活状态和时代精神。不同的历史时期,人们欣赏、追求的对象不同,生活依据的价值标准不同,社会就会有不同的流行语,折射出的人们的价值观的变化。过去人们崇尚的东西,现在看来可能觉得滑稽可笑;现在人们追求的东西,退回去几十年人们会觉得不可思议。新中国成立六十年以来,人们的价值观发生了很大变化。总的看可以分为两个时期:即改革开放前(50—70年代)和改革开放(1978 年以后至今)。改革开放以后的流行语与 20 世纪70 年代以前有很大不同:20 世纪 50—70 年代,基本上是意识形态主导,流行语的来源主要是党和政府发出的口号,或者是最高领袖的语录。20 世纪80 年代以后,流行语的来源趋于多元化,媒体语言、网络语言、手机短信、口头相传的"段子"(顺口溜)都可以风靡一时。官方语言和民间语言都可以成为流行语,价值观出现多元化趋势。我们大可透过这些流行语,鸟瞰一下新中国成立以来人们价值观的变化过程。

（一）50—70 年代政治本位的价值观

50 年代：革命岁月，爱人是同志。新中国成立后，开启了"同志"时代，算得上是很典型的一个流行语变化的标志。中国人以前常用的"先生"、"小姐"、"太太"、"女士"、"阁下"、"家父家母"、"令尊令堂"等称谓暂时退出历史舞台。"同志"可说是包罗万象，领导是同志，爱人也是同志，凡是人民阵营的都可以称为"同志"。"同志"其实是革命岁月的产物。孙中山的《总理遗嘱》中写道："革命尚未成功，同志仍须努力。"到了国民革命期间，随着北伐战争的推进，这两词成为流行语。50 年代后，就变成了超高频率流行语，无处不在，无时不有。随着大跃进运动和困难时期的来临，又增添了不少流行语，如：鼓足干劲、力争上游、放卫星、合作社、大锅饭、大跃进、自力更生、艰苦奋斗、超英赶美、以钢为纲、跑步进入共产主义、纸老虎、糖衣炮弹、供给制、苏联老大哥、除四害、抗美援朝，等等。

六七十年代：斗争用语一统天下。政治运动几乎将一切词汇、标语、口号囊括，政治流行语出现大爆炸的现象，其他流行用语的生存空间则被挤占到最小。政治流行语的基本特征是"斗争性"、"革命性"很强，极端到极致，体现出强烈的不宽容意味，"打倒"、"横扫"、"炮轰"、"火烧"、"打翻在地，踩上一脚"。口号类有：毛主席著作，一天不读问题多，两天不读走下坡，三天不读没法活；对待同志要像春天般温暖，对待工作要像夏天一样火热，对待个人主义要像秋风扫落叶一样，对待敌人要像严冬一样残酷无情；革命不是请客吃饭；革命无罪，造反有理；工业学大庆、农业学大寨、全国学习解放军；阶级斗争，一抓就灵；千万不要忘记阶级斗争；破四旧、立四新，等等。汉语这一中华民族含义丰富的语言工具，这一时期变得简单粗暴。伴随着各种运动而来的大量政治流行语还有：红太阳、红卫兵、红五类、红宝书、万寿无疆、永远健康、文斗武斗、文攻武卫、早请示晚汇报、大串联、最高指示、牛鬼蛇神、封资修、黑帮、黑线、黑五类、上山下乡、斗私批修、苏修美帝、批林批孔、螺丝钉……这个时期，"同志"一词更独显尊贵，当你已不能享用这个称谓时，说明你已经被"打倒"了。70 年代末，"文化大革命"结束，"四人帮"自然也成了流行用语，当然主要是在批判的时候使用。

总结从新中国成立到改革开放前这一段历史的流行语，我们可以看出，它们所内涵的价值观表现为这样几个方面：

第一，政治本位的价值观。这个年代，信仰和信念是价值观的基础和核心。传统社会,国人所信奉的是君子修身齐家治国平天下和仁义礼智信的传统价值。战争年代,中国共产党人有了马克思主义和共产主义理想的信念支撑,延续到新中国成立后,人们的信仰和信念主要有三大基础:党、领袖和共产主义理想。表现在流行标语上,即"毛主席万岁"、"共产党万岁"等口号铺天盖地,以及"天大地大不如党的恩情大,爹亲娘亲不如毛主席亲"这样歌词的流行。在日常生活中,人们表示自己的决心或真诚时,甚至也有一口头禅——"向毛主席保证"。这类流行语既表达了人们对党、领袖的热爱和崇敬,又为个人崇拜埋下祸根。"文化大革命"期间,这样的价值观进一步演变为"三忠于四无限"。同时人们对共产主义充满向往和憧憬,但对共产主义的理解又很幼稚,有明显的乌托邦色彩:"共产主义是天堂";共产主义就是"楼上楼下,电灯电话",就是"吃饭不要钱";只要不断追求"一大二公"就可到达共产主义;通过"放卫星"、"赶英超美",就可"跑步进入共产主义"等。"极左"时期的这种社会文化理想,反映了我国小生产传统思想的狭隘与封闭。

透过 20 世纪 50 年代以来的流行语,我们不难发现,政治价值是社会认可的本位价值,例如"政治挂帅"、"突出政治"、"政治工作是一切经济工作的生命线"等,强调什么事重要就是要"当做政治任务来完成"。以政治价值为本位价值的另一种表现形式,是强调阶级和阶级斗争、路线和路线斗争的主导地位。当时的流行语是,"以阶级斗争为纲","用阶级和阶级斗争的观点分析一切,看待一切,处理一切"。也就是说,人们习惯把各种价值问题转换为阶级和阶级斗争的问题。"阶级斗争要年年讲,月月讲,天天讲","路线是个纲,纲举目张"。这一本位价值在"文化大革命"期间到了登峰造极的地步,酿成许多悲剧。

第二,社会本位价值观。所谓社会本位表现为公私和群己关系上,就是以集体、国家、社会为重,个人为轻。20 世纪 50 年代开始,集体主义价值观流行起来。这种价值观在个体与整体关系上,强调个人利益服从集体利益,"集体"越大就越有价值,越小就越没有价值。"先国家,再集体,后个人","国家拿大头,集体拿小头,个人拿零头","个人的事再大也是小事,集体的事再小也是大事"。这种价值观发展到极端,就是以否定和牺牲个人价值、个人利益为代价,抬高集体(整体)的利益和价值。所以,当时有这样的流行语:"大公无私"、"一大二公"、"斗私批修"、"狠斗私字一闪念"等。在自我与他人的关系上,流行的价值观主张牺牲自我以利他人。流行语如"舍己为人"、"毫不利己,专门利人"等。反对个人主义、利己主义,倡导利他主义,这种价值观对建立互爱的社会起到了一定的作用,但发展到极端就会适得其反。

与社会本位的价值观一致,在社会结构和秩序方面,强调社会的整体秩序和利益,主张个人服从整体。这方面的流行语如"做革命的螺丝钉","革命战士是块砖,哪里需要哪里搬","一切听从党召唤","到革命最需要的地方去"等。那个时代,"无组织纪律"是很严重的政治觉悟问题。整体主义价值观有利于社会稳定,能发挥社会整体功能,但它忽视了个人的独立性,抹杀了个人的个性,导致了个人对社会和整体的依附关系。强调社会成员的平等和公平,也是这个时代的主导价值观。认为旧社会是"人剥削人"、"人吃人"的社会,"新社会"是"人人平等"的社会。但是,这种观念发展到极端,实际上是以"平均主义"取代"公平",以普遍贫穷为代价来防止"贫富分化"、"两极分化"。"宁要社会主义的草,不要资本主义的苗","割资本主义的尾巴",这样口号的流行即源于此。

第三,勤俭节约的生活价值观。那时人们普遍崇尚节约、朴素、勤俭、艰苦的生活方式,社会的价值观提倡"勤俭节约"、"艰苦朴素"、"永葆劳动人民的本色"。这种生活观固然与建国后面临的社会主义建设的困难以及物质匮乏有关,更重要的这是国家提倡的一种美德,即便是党和国家的领导人也保持着艰苦奋斗的传统的精神。陈永贵当上国务院副总理还包着山西农民的头巾,即被视为这方面的楷模。那时穿衣服有一种说法,"新三年,旧三年,缝缝补补又三年"。为了不让人们"忘本"、"变修",大家经常"忆苦思甜","不忘阶级苦,牢记血泪仇","苦不苦,想想长征二万五;累不累,想想革命老前辈",都是流行的说法。干部、知识分子去"五七干校",知识青年要"上山下乡"、"接受贫下中农再教育",也与这一价值观有关。人们对享乐、贪欲、贪图富贵的现象十分警惕。当时一大忌讳是怕"变修","变修"的含义很泛,从"走资本主义道路"到向往城市生活,追求时尚、高质量的生活都属此类。"反修防修"、"斗私批修"是这方面的典型流行语。当时的舆论经常引以为戒的,是农民起义胜利后就腐化变质这样的"历史教训"。20世纪70年代批判"资产阶级教育路线",其根据之一就是当时的大学生上大学后,"一年土,二年洋,三年不认爹和娘"。这种价值观还表现为以"穷"和落后为荣。"大老粗"、"苦大仇深"的"工人阶级"、"贫下中农"家庭背景,成为人们炫耀的资本,这样的人也是"提干"、推荐上大学的首选。这种价值观对维系道德的纯正、淳朴起到了一定的积极作用,但也发展成为一种压抑人性的苦行主义,形成以贫穷、落后为荣的奇特价值观。

第四,婚姻自由的婚姻观。新中国成立后,"男女平等"、"妇女解放"、"婚姻自由"等观念流行起来,彻底改变了几千年旧道德对妇女的压迫,许多流行语表现出当时的新观念,如"男女平等"、"妇女能顶半边天"、"铁姑娘"等。在家庭中,"爱人"的称谓逐渐取代了旧社会"老婆"、"堂客"等称呼,这也反映出妇女地位的变化。

(二)1978 年改革开放——21 世纪,价值日趋多元化

改革开放不但是一场伟大的经济体制变革,也是社会价值观的伟大变革,人们价值观的变化也体现在流行语上。

80 年代:"五讲四美三热爱"开启新风。经过"拨乱反正"之后,为矫正之前政治运动造成的行为粗野、语言粗暴现象,扭转社会风气,奠定文明与法制基础,团中央、全国学联、全国妇联、中国文联等 9 个单位于 1981 年 2 月联合倡议在全国开展文明礼貌月活动,号召全国人民,尤其是青少年要"讲文明、讲礼貌、讲卫生、讲秩序、讲道德",要"语言美、心灵美、行为美、环境美"。不久之后,又发起"三热爱"活动(热爱祖国、热爱社会主义、热爱党),统称"五讲四美三热爱",它们逐渐走进中小学教育,自然也就成了流行语。计划生育是改革开放年代的头等大事之一,"计划生育"、"独生子女好"一类口号标语遍布全国各地。改革之初,"投机倒把"还很流行,随着劳动致富光荣的观念深入人心,人们对经商、娱乐习以为常,"个体户"、"万元户"、"小康"、"迪斯科"、"交谊舞"自然就见怪不怪了。"中国特色"、"脱贫致富"、"一国两制"、"合资企业"、"包产到户"、"转换机制"、"公关"这些流行语更充分体现中国社会政治经济领域的发展。有趣的是,消失了多年的"先生"、"小姐"、"女士"、"太太"等词汇逐渐回到人们的生活中来,侵蚀了"同志"的半壁江山。

90 年代:港台流行语渗入全国人民生活。大众文化的兴起缩小了地域及中外距离,这一时期流行语特点是:地方流行语与全国流行语并存发展,部分地方流行语借助政治经济文化上的强势升格为全国性流行语,外来新用语也为生活增光添彩;政治类流行语边缘化,大量退出历史舞台,经济、娱乐、生活方面的流行语占据主导地位。如,中国各地对丈夫、妻子的称谓原本丰富多彩,借着社会多元化,这些称谓在地方的民间流行:"男人"、"汉

子"、"婆娘"、"媳妇"、"堂客"，"爱人"在知识分子和公务员阶层仍使用广泛。然而，随着经济的发展，借着粤港大众文化的强势，广东地区惯常称丈夫和妻子的"老公"、"老婆"东征西讨、大举北伐，最终胜出，今天已经突破地域限制，成为全国人民对"爱人"最常用的昵称。广东人常用的"有没有搞错"、"搞定没有"、"莫问题了"，"炒鱿鱼"等早就成为大家的口头禅。"大哥大"、"老板"、"蛮好的"、"生猛"、"火暴"、"炒作"、"玩家"、"作秀"、"的士"、"酷毙了"、"帅呆了"、"人气"、"指数"、"打工仔"……不计其数的港台流行语涌入人们生活，互联网产生后，其传播速度更加迅猛，大大丰富了当代汉语。虽然整体而言，流行语的交流，东强西弱，南强北弱，但北京地区的流行语也借助电影电视的文化优势走向全国，如"大款儿"、"侃大山"、"大腕儿"、"托儿"。随着经济文化生活的丰富，"第二职业"、"电脑"、"发烧友"、"因特网"、"伊妹儿"自然就出现了；"下岗"、"上岗"、"希望工程"、"弱势群体"同时也反映了这一时期的社会和经济变迁。

新世纪，网络成为流行语制造厂。网络流行语成为人们最享受的网络文化之一。中国人最关注的国家大事是"申奥"与"入世"；最常听见的社会问题是"就业"、"三农"、"征地"、"拆迁"；耳熟能详的政治流行语是"三个代表"、"科学发展观"、"和谐社会"。国人都知道，"拉登"搞了"9·11"之后，全世界的"反恐"意识增强了；中国要加速发展经济，得加入"WTO"，融入"地球村"；国人更加明白"知识经济"和"信息化"的作用，也深知"金融危机"的凶险；虽然知道"知识产权"很重要，但有人还是用"盗版"，觉得省钱更重要。互联网普及，使流行语更加千奇百怪，多姿多彩，产生与流行的迅速今非昔比，一件事、一句话就可能产生流行语，很容易一两天内窜红网络。春节晚会因为其巨大的影响可能会使一句话或者一个词成为经典，如"不差钱"等。这是一个全新的时代，网络生活已经在某种意义上彻底颠覆了人们的生活方式，随之而来的便是人们思想、意识、文化的全面更新，流行语也从一元到多元，从严肃拘谨向轻松诙谐转变。

总之，改革开放后，人们的价值观并不仅仅是自上而下的国家意识形态的反映，更是老百姓日常生活、日常价值的表达。在现实的生活变革中，价值观念的内容、层次、渊源都呈现多元化的特点。生活中的价值观念主要有：

第一，致富光荣、利益合法的价值观念。从流行语来看，改革开放后与此前价值观最大的差异是关于利益、财富等方面的观念变化。关于致富光荣的价值观,是与经济体制改革的过程密切联系在一起的。在经济体制改革过程中出现了大量流行语,"党的十一届三中全会"成为里程碑的代名词,从"经济体制改革"、"土地承包"、"生产责任制",经过"打破大锅饭"、"停薪留职",到后来的"国企改革"、"股份制改革",直至"WTO",中国人的眼界、胸襟、价值观发生了翻天覆地的变化。人们终于可以抛弃"极左"时期违心的观念,堂堂正正地以富有为荣,以追求物质利益为正当。这方面的流行语,有"贫穷不是社会主义","让一部分人先富起来","不管白猫黑猫,抓住老鼠就是好猫"以及"勤劳致富"、"万元户"、"下海"、"市场经济"、"能挣会花",还有"钱不是万能的,但没有钱是万万不能的"、"有啥不能有病,没啥不能没钱"等。任何事物都有两面性,人们认可利益、财富、金钱正当性的同时,也出现了金钱崇拜、物质崇拜的现象。"金钱万能","一切向钱看",有钱就是有能力的表现,有钱就有一切,金钱崇拜败坏了社会风气。

　　第二,人的主体性和自由观念凸显。改革开放也是逐渐解除人的束缚、解放人的思想的过程。计划体制时期的人身依附关系——如土地依附或单位依附——逐渐解除,人们的自由度大大提高,主体意识、权利意识日益凸显。以前那种"无条件服从"的观念不再被认可,代之以独立、自主、自由的观念。例如,20世纪80年代,农村劳动力向城市、沿海发达地区转移时,社会上出现"盲流"、"三无人员"等说法,表明当时社会精英阶层不认可人员流动的事实;而现在,人们对"农民工"、"打工仔"、"打工妹"已经习以为常,其在社会建设中的贡献也得到充分肯定。20世纪80年代,"人才流动"还有很大争议,今天,"双向选择"、"跳槽"也已习惯成自然,"自主择业"理所当然地被视为个人的事。"北漂一族"、"SOHO一族"①,都反映出人们的

---

　　①　SOHO,即Small Office Home Office,家居办公。SOHO是一种新经济、新概念,指自由、弹性而新型的生活和工作方式。代表前潮的生产力、活跃的新经济。SOHO专指能够按照自己的兴趣和爱好自由选择工作,不受时间和地点制约、不受发展空间限制的白领一族。SOHO族自由、浪漫的工作方式吸引了越来越多的中青年人加入这个行列,在这片天空里,他们的才华得到充分的展露。SOHO跟传统上班族最大的不同是可不拘地点,时间自由,收入高低由自己来决定。同样也正是因为它自由,所以它极有挑战性。特别适合SOHO的是一些基于信息的制造、加工、传播类的工作,如编辑记者、自由撰稿人、软件设计人员、网站设计、美术、音乐等艺术工作者、财务工作者、平面设计、广告制作、咨询、服装设计、商务代理、做期货、网站等等。因为他们的大部分工作或者主要的工作完全可以在家中独立完成或通过网上与他人的协同工作来完成。大多指那些专门的自由职业者:自由撰稿人、平面设计师、工艺品设计人员、艺术家、音乐创作、产品销售员、平面设计、广告制作、服装设计、商务代理、做期货、网站,等等。

独立性和自主性。此外,"隐私"、"人格"、"权利"等也常常出现在人们嘴边。

第三,道德评价的悬空。传统社会,包括改革开放前,道德的判断标准是固定的,好和坏的分界很明确,道德是一种强有力的行为约束力量。然而在改革开放之后,随着利益追求的自由选择,道德的判断标准也模糊了,或者说在经济利益面前,道德对人们的约束变得乏力。一方面,主流话语"精神文明","有理想、有道德、有文化、有纪律","五讲四美三热爱"等说法流行,甚至像"人的价值"、"以人为本"这样的语言也常常挂在普通民众嘴边。但是,金钱至上价值观的负面也表现出来,很多人为了钱,不惜以牺牲他人的利益甚至是牺牲他人的生命为代价。很多人眼中除了金钱或者个人的私利以外,任何东西在他面前都没有价值,哪怕拔一毛而利天下他也不为;或者说,道德评价对这些人不再有约束力。另一方面由于新旧体制转轨期间出现的行为规则的"真空",道德评价很无力,社会风气、道德出现了一些新的问题。这方面的流行语,如"道德滑坡","除了骗子以外,什么都有假的",甚至以欺骗他人为目的的"忽悠"者也有人推崇。① 人们的行为标准模糊了,这种现象极大地影响了社会风气,导致整个社会道德水平滑坡。

第四,生活方式变化折射出生活心态的变化。改革开放,人民富裕了,生活方式发生了极大变化,人们有更多的条件享受生活,或者说选择自己想过的生活。许多流行语折射出人们的生活观:轻松自由、无拘无束,追求高品质的生活方式,"吃农家饭"、"自驾车旅游"等流行语反映了人们自由选择生活方式和享受生活的心态。当然,不同年龄段的人,价值观不同,就有不同的生活心态,这就出现了所谓的"代沟"。20世纪八九十年代出生的年轻人尤其明显,由于价值观跟上一辈差异明显,社会上流行起"新新人类"、"新生代"、"80后"、"90后"等说法。我们可以把"新新人类"使用的典型语言编成这样几句话,体味一下这一代人轻松潇洒的生活方式和自由随意的价值观:他可能是位"小知",或者是"白骨精"(白领+骨干+精英);或者是位"愤青"(FQ);或者是位"电脑发烧友"、"极客"(Geek,指有较高超电脑能力的人),经常在网上"潜水"、"灌水"、做"黑客";或者是位"驴友"(爱好旅游者),经常一起结伴出游;他还可能是某位明星的"粉丝"。年轻一代

---

① 有小品上春节晚会,专门形成"忽悠"系列,表明这样的人有一定的市场。

的都很自信,有的"酷毙了"、"帅呆了",有的则很"山寨"、很"雷人"……这大概就是新生代的画像。透过这些,我们可以领略到他们的价值观:自由、活泼、追求新奇和快乐。

第五,爱情、婚姻、两性关系方面的观念,也是价值观变化的重要方面。80年代以来,陆续出现了"婚姻介绍所"、"征婚"、"丁克家庭"等说法,反映人们大胆追求爱情、婚姻和注重家庭生活质量的价值观。然而,生活方式的变迁也导致部分人家庭婚姻关系变得相对松散,离婚较之过去更为普遍,所谓"红颜知己"、"蓝颜知己"反映了婚姻外的生活空间,"情人"、"小三"成为普遍的一种现象,影响了家庭的稳定和成员间的亲密关系,使得家庭的维护需要作出更多的努力。这反映了相当一部分人家庭观念淡化、道德约束弱化的现象。因此,在整个社会层面加强道德素质的提高成为一个非常重要和迫切的社会问题。

六十多年的变化是巨大的,表现为生活和价值选择方面。总的来说,人们的生活内容越来越丰富,生活空间的选择越来越大,同时要求人们整体文明素质的提高和自我约束能力的增强。

二、六十多年来择偶标准大变迁

择偶是一种重要的心理、社会、文化现象。作为社会成员一生中最重要的一种抉择,择偶标准和择偶观念无疑会反映整个社会文化的价值取向。在传统中国,婚姻并不是个人的私事,选择与谁终生相伴,也不完全取决于或者说完全不取决于当事人的喜好和意志,而是更多地受家庭、社会价值和风俗习惯的制约。由此可见,择偶标准和择偶观念势必会受到一定社会历史、文化的制约,使之具有社会性与时代性。择偶标准是变化发展的,它一方面受政治变革、文化的影响,另一方面又与人们的生存方式、行为方式和价值观念息息相关。在新中国成立后六十多年的时间里,随着社会结构中政治、经济以及文化的变迁,择偶标准也经历了一个相应的变化过程。六十多年的历史演进,中国女性的择偶标准经历了从义务到权利、从被动到主动、从名誉到物质、从物质到多元的多个变化。择偶标准的变迁透视出时代发展的脉络,也从一个方面客观地反映出了新中国成立以来中国社会发展和价值观变迁过程。

20世纪50—70年代,政治条件、家庭背景、社会地位是女性择偶时比较注重的因素。首先是 50 年代的"英模崇拜"。传统社会,女性在家庭中处于附属地位,女性在婚姻问题上听从父母的安排,嫁鸡随鸡嫁狗随狗,婚姻决定了女性一生的命运。女性的婚姻是被动的,在婚姻内没有自由和权利可言,只有伺候夫家一家大小的义务。新中国成立之后,中国女性的择偶标准出现了巨大的变化,女性对于婚姻有了主动选择的权利。1950 年 4 月,新中国第一部婚姻法《中华人民共和国婚姻法》颁布,宣布废除包办强迫婚姻,实行婚姻自由,建立一夫一妻的新婚姻制度,彻底颠覆了"父母之命,媒妁之言"的传统婚姻制度。"这一回我可要自己找婆家呀……"拒绝包办、大胆追求婚姻自主的刘巧儿唱出了人们对新婚姻的向往。身为中国新女性典范的刘巧儿还唱出了姐妹们的择偶心声——劳模,"争一对模范夫妻立业成家"是当年老百姓的婚姻理想。这一时期战斗英雄、劳动模范和捍卫祖国尊严的解放军成为了新时代女性的偶像。同时,女性在择偶时也非常重视对方的政治出身和家庭成分。女性们一般优先考虑党团员、解放军、政府机关人员等。只要男方的政治条件好,他的经济、相貌、年龄条件差一点也无妨。当时正值建设事业蓬勃展开,出身好的科技人员和工人、农民也很受女性青睐。因此五六十年代是劳模当道,当时热门职位:解放军、政府机关人员和农村干部、出身好的科技人员和工人、农民。

六七十年代政治身份。这 20 年,信仰和阶级成分是婚姻的主导力量。出身好、根红苗正或政治上得志者备受女性青睐。"文化大革命"开始后,受极左思想的影响,女性的择偶标准和整个社会的氛围一样,政治标准成为唯一的标准。在大中城市,男方的出身必须是"红五类",最好是工人阶级中的一员;而在农村,男方最好是贫下中农,当时人们都以出身于贫下中农尤其是雇农的身份感到自豪。女性不太考虑文化和经济条件,因为当时知识分子都是"臭老九",社会地位低。到十年动乱后期,由于大规模的政治动乱基本结束,党和政府采取了一系列重视经济发展和文化教育的措施,女性的择偶标准也相应地发生了变化。择偶标准为政治因素第一,文化、经济因素第二。特别是 1977 年恢复高考后,"工农兵大学生"在女性中比较受欢迎,因为这类男性符合女性当时追求的理想类型,既有良好的政治出身又具备一定的经济条件和文化素养。这种择偶标准的变化是一种进步,它客观上造成了尊重知识的社会氛围。这个时期热门职位:革命军人、革命干部、工人、农民。

80 年代:知识吃香。1977 年国家恢复高考制度后,在"尊重知识尊重人才"之风影响下,人们在情感意识上逐渐复苏,有知识有学历成为新时代青年们择偶最重要的条件,"天之骄子"的大学生成为 20 世纪 80 年代初择偶的理想对象。女性择偶标准中,文化因素上升到第一位,经济其次,政治因素被忽略。1980 年上映的《庐山恋》,风靡全国,不但反映了当时中国年轻男女追求的浪漫爱情,更是当时社会价值观和女性择偶观一个很好的反映。随着对物质权益的肯定,职业、家境也成为择偶时的重要因子。结婚时有"三转一响"(自行车、缝纫机、手表、录音机)已叫人羡慕,到了中后期,得备齐"三大件"(电视、冰箱、洗衣机)才叫体面。城乡二元分化仍然存在,但城市在经济上的优势慢慢失去,"国营"不嫁"集体","大集体"不嫁"二集体",城里残疾小伙儿能娶农村大美人的等级顺序,迅速被市场经济冲垮了。个体户这个多年上不了台面的职业,在 80 年代中后期的征婚市场上获得肯定。当时热门职位:知识分子、大学生、技术工人。

90 年代的经济挂帅。90 年代,随着经济的发展,人们逐渐发现个人价值的体现方式越来越多样化,整个社会的评价标准也发生了变化。从较早对知识拥有者的崇拜,到对社会开拓者的青睐,体现价值的方式越来越多元。不过结果却是一样的,即以创造价值的多寡来体现,这种价值又常常表现为直接的经济效益,女性的爱情观和择偶观也开始向这一方面倾斜。"金钱至上"的思想开始严重影响着人们。社会地位曾经不太高的个体户作为能够带来直接经济效益的人,或者那些能够把知识直接转化为财富的人,更容易成为女性爱慕的对象。最先开放的深圳,给了人们充分的想象空间。在那里,涌动的是发财的梦想和欲望,还有许多年轻漂亮的姑娘,也梦想着能够在这个离"花花世界"最近的地方找到自己的"白马王子"。1991年热播的电视连续剧《打工妹》反映了打工者在都市中的生活状态,但更多的是从正面来进行表达。电视剧中的女主角坚持自己的尊严,而现实生活中,很多姑娘被金钱收买。"傍大款"是当时的择偶热门词,但有钱人总是少数,于是大款成为稀缺资源,许多姑娘在不能明媒正娶的情况下,甘愿成为"二奶"。当时热门职业:老板、经理、个体户。

21 世纪的务实多元、个性追求。进入 21 世纪,中国社会发生了巨大的变化,处于转型期的中国,是一个现代与传统、变革与循规、开放与束缚共存的多元结合体。三十多年来的改革开放、政治变革和文化碰撞,不断地冲击、改变着人们的生活方式、行为方式和价值观念。婚姻作为人生重要的里程碑,关系着男性和女性的命运。人们选择婚姻的自由度增大,向物质满足与心理需求接近,因此当代女性的择偶观也趋于务实和多元。女性首先考虑的是双方的感情,除此之外对方的经济收入、物质条件、教育程度、职业声望、容貌长相等实在的因素,也成为女性择偶时不可回避的重要参考条件。感情因素重新得到男女双方的重视和认可。对于婚姻问题,社会宽容度增加,单身不婚可以是一种生活态度,未婚同居普及,"同性恋"也得到尊重,"老少配"有了传奇,"姐弟恋"已不新奇。在婚姻自由的旗帜下,我国的离婚率也上升,原因之一是人们对待婚姻的随意态度;另外如李银河所说:"爱情至上可能会带来较高的离婚率。因为感情是变化的,不太可能很稳定。如果一味地忠实自己的感情,那必然带来婚姻的变化。但对于个人来说,讲究感情的婚姻,应该更幸福,更浪漫。但还是必须重申的是,拿感情为基础的婚姻,是脆弱的,不稳定的,可能会导致以后的离婚。""但如果过于强调物质,忽略自己的精神层面,可能会带来婚后的空虚感。"①所以理性地对待婚姻,增强对婚姻内的责任感和道德意识,对于提高家庭稳定和婚姻生活质量是必需的。现在热门职位:公务员、知识分子、商人、明星。

三、六十多年人们心态的变化

社会心态是社会不断变化过程中人们的主观心理状态,是与不同社会阶段的意识形态、价值观念及社会发展趋向一致的,是社会变迁的晴雨表。社会心态并不是一种独立自成的东西,它是社会现实的反映。影响社会心态的因素有很多,包括一个社会的政治制度、经济制度、运行体制,一个社会或一个群体的价值观念,国家的发展政策,群体生活,等等。广义的社会心态包含了社会的价值取向。不过,价值观和社会心态也有明显的区别:前者是一社会成员用以进行价值判断的根本观点,具有相对的稳定性;后者则是一种弥散而变动的社会心理状态,是价值观所赖以形成的一般心理基础。

(一)新中国成立后的前三十年——旧传统的破坏

我们国家自从新中国成立以来社会生活的急剧变迁,在短短几十年的

---

① 2008 年 2 月 14 日李银河在接受《小康》杂志采访,http://news. sina. com. cn/c/2008-02-14/142714938641. shtml。

时间里,中国人似乎走过了西方国家几百年的心路历程。

对于中国人来说,中国共产党领导的新民主主义革命是一个里程碑式的事件。从革命胜利时起,中国人开始按照自己的理想来改变多灾多难的中国。中国人社会心态的变迁就是在这样的大背景下开始的。但是,中国人传统社会心理的嬗变并非始于 1949 年。自 1840 年西方列强用坚船利炮打开了中国这个古老帝国封闭的大门开始,面对整个中国的生存危机和西方列强的现代化示范,这个有着数千年历史的农业文明古国无可奈何地向充满生机的工业文明作出妥协,开始师夷长技。鸦片战争、甲午战争、戊戌变法、废除科举、辛亥革命、五四运动……这一件件巨大的历史事件改变了近代中国的自然走向,也造成了中国传统人格和社会心态的坍塌与迷茫。直到 1949 年之前,整个中国社会从经济、社会到人们的精神世界都处在变动无序的状态之中。传统已经破碎,但新的精神世界和行为模式却并未建立。

1949 年全中国解放,中国人民从此站立起来了,这是当时亿万国人最真实的感受。在新中国成立后的最初岁月里,中国人的社会心态发生了巨大的转变,其中最为突出的变化有两点:其一,国营经济和集体经济和公有制度的确立,使得中国人的心态由分散转变为统一,社会主义新中国有了更强的凝聚力;其二,经过土地改革、抗美援朝、合作化和工商业社会主义改造,婚姻自由制度确立,民众的社会心态由畏缩、被奴役转变为成了主人翁的心态,具有了集体意识、平等意识,面对新中国取得的一项项成就,中国人有了自豪感,更加自信,社会心态从自保消极走向积极进取。

第一个变化的发生不仅和一个统一的新中国的出现有关,也和这个新的国家高度的社会整合程度有关。建国后,通过一系列社会运动,在短短的几年内,社会主义制度获得了确立。而国营经济的建立,高度统一的集权式经济模式的逐渐形成,使得国家可以在短时间内将国家资源最大限度地集中到某些特定的地区和部门,使得工业化优先发展。这一体制不但使我们顺利完成了第一个五年计划,建立了独立的工业体系,同时也使得散乱的中国整合成为统一的整体,使整个中国因为共产党的领导而具有了极强的凝聚力,可以集中力量办大事。在这一整合过程中,1950 年爆发的"朝鲜战争"是使中华民族高度凝聚的一个外部事件,而 1953 年之后高度统一的计划经济体制和农业统购统销政策则是使整合得以持续的内在机制。这种高度整合的社会体制,使得自上而下的一次次社会运动能够发挥其最大的动员效率,万众一心式的同质性社会心态由此而产生。第二个变化是新中国成立后一系列翻天覆地变化和取得伟大成就的自然结果。50 年代,由于土地改革和人民当家做主,包括农民在内的数亿国人看到了自己在改变社会中的巨大作用,爆发了极大的热情进行生产、建设国家,并且有了很强的民族自信心和自豪感,对未来和生活抱有很大的希望。紧接着,通过 50 年代推行的工商业社会主义改造和农业集体化,尤其是人民公社运动,将中国社会高度地组织起来,促使农民和工人自然地产生了"听毛主席的话、跟共产党走"就无往不胜的心理期待。

同一和亢奋的社会心态带来了时代风貌的变化,也成为中国在探索发展道路上走向挫折的起因之一。民众热火朝天地工作,加快了社会建设的速度,但是如果党的决策失误了,速度越快,失误越大。从 1958 年起,一系列社会运动接踵而至:先是人民公社化运动,几乎与此同时,大跃进的浪潮席卷全国,人们被自己的热情冲昏了头脑,信奉"不怕做不到,就怕想不到"。农业提出"人有多大胆,地有多大产";工业则提出在钢铁等主要工业产品用 5—15 年的时间"超英赶美",违背了社会发展的规律,犯了急躁冒进、拔苗助长的错误,社会主义建设出现了挫折。接着,领导人的决策失误使得整个国家蒙受了一场长达十年的大动乱,无民主、无法制,政治倒退,经济停滞,老百姓不敢说出不同的声音,整个国家陷于恐怖状态,全国人民的心理遭受了巨大的戕害。

1949 年的革命胜利,确实改写了中国历史的走向。但是,一场以反对封建和殖民文化为目标的革命,却因为其错误的走向,在其胜利后的近 30 年间并没有在精神层面建立起文化的目标。在 1949—1978 年的近 30 年间,各式各样的制度性变革和广泛的社会运动,在相当的程度上左右了中国人民的期望与选择,既对中国人的价值观和社会行为的改变发生了诸多积极的影响,也造成了许多极其严重的消极后果。尽管中国人民在这 30 年间因一系列重大社会事件激发出的"革命"热情与传统的价值观和社会心态有很大的差别,但这种精神不是现代的,传统的甚至消极的价值观和社会心理仍然在以这样或那样的方式影响着中国人。具体说来,20 世纪中国革命的胜利推翻了皇权和专制独裁统治,但没有扫清以高度中央集权和个人崇拜为核心的封建专制主义的阴霾;革命的胜利推进了中国工业化的进程,但高度集权的计划经济体制同样制约了商品和市场经济的发育;革命的胜利铲除了血缘家族统治,但无所不包的单位制和农村人民公社,也弱化了他们的创造性和竞争意识;户籍制度限制了人们的流动和迁徙自由;一系列社会运动之所以不计后果地发动起来,并不是真的反封建,而是以"革命"的名义排除权力上异己;同时,由于对传统文化的错误认识,毁灭了很多宝贵的物质遗产;更重要的是,长时间的阶级斗争破坏了人们之间的和谐关系,也使得很多传统的美好的价值观念被毁灭掉,如尊老爱幼,尊师重教,讲究礼仪,等等,以至于整个社会的文明素质下降,对传统文化打击的后果十分严重,以至于之后我们要作出巨大的努力才重拾对我们的传统文化的尊重;长期的阶级斗争扩大化,使民众之间缺少了信任与包容,高度的政治化又使得整个社会呈现表面上同质化的社会心态,但实质上,党和国家的凝聚力和向心力降低。

(二)改革开放以来中国人社会心态的嬗变

伴随着"真理标准问题大讨论"而开启的思想解放运动,我国确立了改革开放的国策。综观改革开放后的三十多年,中国人的社会心态发生了巨大的变化表现为这样几个方面:

首先,对"文化大革命"悲剧的反思。"文化大革命"不是一场外来的革命,而是由于我们自身对传统文化的误读和革命途径的误读而导致的。在革命战争时期和社会主义改造时期,我们党确实通过社会革命推翻了封建帝制和专制制度,一些封建的风俗习惯也渐被消除。但是文化和精神层面的封建因素却不是可以靠大规模的阶级斗争来消除的。但是,在"文化大革命"期间,传统文化被当成了封建文化的代名词,凡是传统的东西都要被打倒。消除了传统遵循什么?没有经过现代化洗礼的群体是无法造就现代性的国民的,传统的消除靠的是简单的暴力,建立的却是毛泽东语录的单一思维和习惯,这是一种强制的统一,没有文化的根基,靠的是压制和强制。因此,在十年浩劫刚刚开始之际,那些怀着"解放全人类"的崇高目标的一代率先投身于"文化大革命",随后又最先遭到了这场"大革命"的无情抛弃,随后便以"伤痕文学"的形式对整个中国社会现实展开无情批判。这种批判不仅唤起了整个民族对这段历史的深刻反思,而且借助经济改革和对外开放的力量,直接造就了足以导致传统价值观和社会心态发生断裂的巨大震颤。对于被"文化大革命"毁掉的一代人来说,批判"文化大革命"之后陷入了精神世界的荒原之中,整个社会出现了一种由于旧的目标破灭、新的人生目标尚未确立而产生的迷惘感和失落感。但在事实上,当时的年长一代在他们几乎为之奋斗一生的事业所遭受的空前劫难面前,其所感受到的迷惘和失落更远甚于年轻一代。

催生现代价值观与社会心态的力量来自改革和开放两个方面:其一,就改革而言,十一届三中全会之后,以联产承包责任制为主导的农村经济体制改革,使得农村经济显示出前所未有的繁荣景象。在这样的背景下,1984年中共十二届三中全会明确提出了"社会主义商品经济"的概念,并决定推进以城市为重点的经济体制改革,由此计划经济逐渐被市场经济取代,我国进入市场经济时代。其二,就开放而言,外资引入,向国外学习,引进了现代的管理方式和生产方式。由于现代工业文明和信息文明的冲击和西方社会思潮的影响,1984年的中国掀起了一场"现代化"的学习热潮,国人受到"全球意识"和"新技术革命"等现代观念的冲击。在改革和开放两股力量的推动下,中国人具有了现代气息的价值观和社会心态,如平等、权利、机遇、金钱、利益等;开始主动介入经济生活和社会事务,如下海经商,关心国家命运等,"时间就是金钱"、"效率就是生命"、"观念更新"也成为寻常百姓的口头禅。在文化与教育领域兴起的"异化热"、"尼采热"、"弗洛伊德热"、"文化热"等,推动了中国学术界的发展和观念更新。

但是改革开放初期,市场经济的兴起和法律制度的现代性构建只是初步的,改革只是在制度性层面刚刚开始。虽然市场经济的运行机制催生了人们的金钱观念、权利意识和平等意识,传统的价值观发生了颠覆性的断裂,知足常乐、不思进取的心态逐渐转变为一种积极进取、创造生活的心态。但是,从总体上现代性的制度在制度层面和运行层面都没有建立起来,孕育全新价值观的社会环境尚未完全形成,公正、正义、规范等价值观念还未真正成为的普遍的社会心态。然而经济的活跃使相当多的人变得浮躁。随着改革的深入,许多深层次的矛盾也不断暴露出来,社会的贫富差别变得明显。改革并不能使所有的人获得同等的利益增加,有些人因为改革受益,有些人因为改革利益受损,改革的既得利益集团会兴奋,利益受损群体或者未受益群体会产生不满情绪。比如,社会政策提倡"一部分人先富裕起来",而经济上的"双轨制"则为部分特权阶层先富起来创造了条件。这样,在"相对剥夺"的社会心理机制的作用下,许多人的社会心理天平失衡了。到了80年代末期,整个社会竟形成了一种"端起碗吃肉,放下筷子骂娘"的复杂社会心态。这种社会心态形成了结构性的张力,此后的几年顿挫中,中国人价值观和社会心态陷入了新的迷惘与困惑之中。

80年代末90年代初,受国际上"苏东剧变"的影响,我国知识分子和青年学生中也出现了一段时期的骚乱。对于普通老百姓来说,虽然他们对社会的不平等现象牢骚满腹,但是他们也确实因为改革开放和市场的开放获得实惠,生活水平在不断提高,因此对于国际社会的风起云涌,老百姓还是事不关己高高挂起的心态。但是国际社会社会主义国家的动荡使得中国人民的思想界骚乱起来,中国社会再度出现了"左"的思想潮流。有人认为,这场风波是阶级斗争的最大反映,因此反和平演变是当务之急;也有人认为,个体经济和私营经济是孕育资产阶级自由化的土壤,而"三资企业"是和平演变的桥头堡。在这样的背景下,邓小平发表了"南巡讲话",提出在坚持"四项基本原则"的前提下,必须坚持搞经济建设、搞改革开放、搞市场经济。这不但稳定了人心,更重要的是引发了随后而起的以市场经济为导向的体制改革热潮。同年召开的中共十四大,明确提出要在中国建立社会主义市场经济的新体制,并通过其后的《宪法》修正案固定下来。至此,市场经济的大潮在中国大地上不可遏止地奔腾开来,一个与市场经济相适应的新的价值体系和社会心态开始孕育而生。市场经济的热潮深刻地影响了国人的日常生活,"下海"、"炒股"、"第二职业"、"大哥大"、"大款",这样的流行语显示了1992年以后中国社会的基本境况。人们的观念是社会生活的反映,所有制形式和分配方式的多元化也影响着人们的价值判断,中国人的价值判断呈现多元化的趋势,对个性自由的追求变得更加宽容。

进入21世纪,市场经济体制已经建立,社会主义法律体系逐渐完善,和国际社会的交流越来越趋向多元化,涉及经济、政治、文化各个方面,交流的方式和途径也呈多元化趋势,政府、民间、企业、学校,交流呈现双向发展,中国变得更加开放和从容,中国的老百姓也越来越具有开放和宽容的心怀。人们享受着和平发展带来的安定的生活,依靠自己的努力改变着自己的生活。虽然社会差距仍然很大,但是整个社会层面上老百姓的财富都在增长。2006年农业税完全取消,而且对农业生产给予补贴,义务教育普及,整个社会层面的养老保险范围逐年拓宽,农村合作医疗制度建立,社会保障机制建立并逐渐完善。虽然老百姓对社会上不公平、不平等、官员的贪污腐败等现象深恶痛绝,但还是对于改革开放为国家和老百姓带来了更多的利益给予极大的肯定。党把发展民生工程当做最重要的核心工作来做,以人为本,科学发展。抗洪抢险、地震救灾、奥运会、一系列大事件显示了中国的凝聚力和发展面貌。在国际上,中国在全球金融危机中的表现赢得了世界的尊重,显示了大国的重任和胸怀,国际舞台上我们发挥着越来越重要的作用。国家和社会的发展呈现欣欣向荣的景象,党的政策给老百姓带来越来越多的实惠和利益。因此,虽然国家在发展过程中也有矛盾,党自身的建设也有不足,但是,老百姓看到了最本质和最核心的方面。面对中国取得的一个个巨大成就,中国国际形象和国际地位的日益提升,中国的老百姓越来越有自豪感和自信心,党越来越具有凝聚力和向心力。整个社会的开放、发展,使得老百姓呈现乐观向上、追求平等、公正、规范的精神状态,现代性的价值观念和社会主义的价值观念正在建立。

(三)当代中国人精神状态的基本特征

当代中国人的价值观和社会心态体现了一种"二元性"的特征。

第一,传统与现代的共生。中国在鸦片战争以后被动的学习西方,师夷长技、戊戌变法等,是为了使传统能够在现代性的夹击下生存,以中为本、以西为用,还不是真的走向现代性。五四时期传统和现代发生激烈的撞击,从那时算起,"传统与现代"这一对主题已经缠绕了中国一百多年。"传统和现代"在有些根本价值原则上是对立的,如现代的平等、公正、规范、法制的原则,和传统的等级、特权、人治等原则。但是传统的内涵不仅仅是这些原则,传统的很多东西可以在现代性中存在下来,甚至可以弥补现代性的不足,如中国传统文化中的仁义礼智信的价值原则,宽容、和谐的原则、自强不息的精神,君子内圣外王的追求,愚公移山精神,艰苦奋斗、团结一心的精神等等,都是中国特有的文化精神。这些东西和现代性并不冲突,反而可以在一定程度上促进现代性的生成。所以传统和现代在一定范围内可以相容,不存在纯粹的传统性,也不存在纯粹的现代性。但是在现代社会,如果不能和世界处在同一水平线上促进现代性的生成,就不可能在世界上立足。所以,现代社会现代性唱主角,传统只能在与现代性不冲突的情况才能传承下来。我们可以将现代性生成的一百多年来的历史视为一个传统不断削弱和现代性不断增强的过程,或者视为传统在功能上对现代性的要求不断适应的过程。今天的中国,传统与现代仍然有发生冲突的可能,但在许多情况下却是能够共存共生的。在现代性逐渐生成的过程,我们的传统文化也因为现代性的包装发出了奇异的光彩,如奥运会开幕式上的表现。传统文化的符号因为和现代性的结合才可以走向世界,才可以借助现代性而传承并发扬光大,现代性也因为传统文化的渗透而具有中国的独特性。在我国现代化的过程中,经济发展和传统文化在许多地区都出现了互为衬托的现象。

第二,多元价值的存在和包容的心态。新中国成立以后中国共产党30年的探索,中国的发展之路并不平坦。理想主义的幻灭,理想和现实的巨大落差,使得老百姓不再执著于语言中的理想世界,他们更关心现实生活的改善,虽然对英雄主义保持足够的敬意,但是年轻的人偶像已经成了现实世界的英雄,或者某些领域的顶尖人物,如比尔·盖茨、周杰伦等。当然人们并没有放弃理想和英雄主义情结,在抗洪救灾现场,在非典肆虐的时期,很多人不顾自己的生命安危,把职责和救助他人放在第一位甚至付出生命的代价。中国民众在平时关注自身的权利和利益,但是在重大灾难、重大事件面前,国家面临危险时,中国人有血性,为了国家的尊严和安全,为了人民的利益,个人随时可以作出牺牲。奥运会的举办,抗震救灾等,已经表现了中国人不屈不挠、敢于奉献、维护民族尊严的精神。在各行各业也涌现了一系列的平民英雄,如每年的感动中国十大人物。因此,现代的人们仍然不缺乏理想,只有理想才会给人以动力,只是理想不再是宏大的遥远的目标,而是切近的可以实现的目标。这个时代理想和现实都有价值。尤其是随着改革开放的深入,人们的眼界越来越开阔,对生活有了更高的要求,内心也变得越来越宽容,越来越平和。人们可以接受不同的发展模式,不同的意见,只要心中怀有对美好价值的逐求,富裕、平等、公平、正义,在这些美好价值追求的前提下,很多的东西都可以包容。因此,当代世界多元价值并存,各行各业都可以成就自己的英雄。

(四)中国人社会心态的变迁趋势

新中国成立六十多年来,尤其是改革开放三十多年来,中国人社会心态的嬗变无疑是巨大而深刻的。在21世纪,中国人的价值观和社会心态的嬗变趋势表现在这样几个方面:

第一,中国人的价值观和社会心态变得越来越理智而成熟,社会心理承受力进一步提高。改革开放带来的经济体制变革和社会转型,导致了社会利益格局的重组、利益关系的变化以及利益分配方式的改变;新的社会阶层或利益阶层出现,社会层面的利益分配和资源占用问题导致不同阶层间的矛盾和冲突产生;社会体制、经济体制和政治体制的弊端暴露出来。因为不当利益的追求,各种腐败现象和犯罪行为也大为上升。这一切导致了人们的思想震荡和心理失衡,人们的不满情绪不时表现出来,这种不满会借助一定的时机表现出来。但是,自1992年以后,尽管改革的深度和广度远远超过前十年,尤其是随着市场经济的推进,劳动人事制度、工资制度、住房制度和医疗保障制度都发生了巨大的改革或变化,这些改革或变化在造福一大批人的同时也影响到一部分人的生活,但整个社会却并未因此出现危机的征兆。这说明国人对改革进程不再抱以盲目乐观的态度,问题意识已经成为大众的普遍素养,已学会了理性全面地看待问题。尤其是全球金融危机的过程中,人们没有恐慌,而是对党和政府给予了极大的信任和希望。然而,个别事件面前,国民素质和修养还是表现了很大程度的欠缺,如2011年日本地震导致核泄漏,日本国民秩序井然,而中国很多地方却发生了抢购食盐的风潮。但总的来说,经过改革开放动荡起伏的历练,中国人的社会心理承受能力有了大幅度的提高。

第二,中国人的价值观和社会心态变得越来越开放和多元,对各种外来文化和其他亚文化的接受能力也不断提高。同1840年鸦片战争后被动开放不同,1978年改革开放之后,中国人对外来文化的接受是热情主动的,特别是中国加入世界贸易组织之后,中国和世界的交往越来越全面,包括经济、文化各个方面。特别是进入新世纪之后,中国主动地展开文化外交,分别举办了中法文化年,中俄文化年,等等。随着成功举办北京"奥运会"和上海"世博会",中国人对本民族的文化认同和对外民族的文化接受形成了相互辉映的局面。更多的人走出国门,也有更多的人来到中国学习中国文化,在中国定居。在改革开放之初,特别是在农村,曾经很多家庭的婆媳关系剑拔弩张,给儿子娶了媳妇之后公婆就被赶到小屋居住,曾经优良的家庭文化传统几乎消失殆尽。但是随着经济水平的提高,家庭成员之间特别是代际之间的关系重新变得和谐,传统价值重新被看重。

第三,中国人的价值观与社会心态变得越来越主动和积极。随着中国经济的不断发展,中国在世界主流国家中的地位不断提高,中国人对国家的未来也越来越充满信心。中国人自信心的提高是以中国社会六十多来尤其是改革开放以来三十多年的经济变革和国力增强为基础的。进入21世纪,中国加入世界贸易组织(WTO),为"中国制造"取得了全球通行证;中国经济经过连续二十余年的高速增长,早已摆脱了 1978 年以前"短缺经济"时代的困窘,成为综合国力位居第二的世界大国。随着经济的发展,中国的社会结构也发生了相当大的变化,一个庞大的中产阶级正在形成和壮大。在这样的背景下,人们的权利意识、参与意识大大增强,不再把政治参与看做是与自己无关的事情,积极参与国家政策、法律的征求意见,参加地方出台政策的听证。农民把"村民自治"看做是自己的权力。这些都反映了人们关注国家发展和老百姓利益的积极心态。

第四,经过三十多年的改革开放,尤其是随着中国一步步融入全球经济之中,中国人的价值观和社会心态变得越来越具有世界意识,精神生活中的全球化特征日渐明显。风险意识、环保意识、诚信意识、平等意识、公共服务意识及对其他文化的宽容意识逐渐养成。与以前中国社会单纯的向外开放向外学习不同,现代中国汇流到世界交流的大海中,是在全球经济、社会和文化交流日益发展的情况下,与世界各国和地区之间的合作、交流与互动,具有共性的文化与生活样式成为全球共享的模式。如果说,自 1840 年鸦片战争起西方对中国社会的影响都是单向的话,那么,全球化以及 21 世纪中国的"和平崛起"已经使得这种影响过程逐渐趋向双向化和多向化。在全球化的背景下:一方面,外来文化对中国社会的影响将会更为普遍;另一方面,中国人的民族认同以及因这种认同而生的民族文化的复兴也会日益昌盛。随着中国的强大,中国的文化更加发展并走向世界,中国人的价值观和社会心态也更为自信、更加成熟。

第三节　生活结构的变化及满意状况(调研报告)

山东省"生活方式状况与生活满意度"调研报告
——基于德州市的调查

内容摘要:自从改革开放以来,人们的生产方式和生活方式发生了革命性的变革,社会越来越具有变动性,生活内容越来越丰富,生活的水平越来越高。但是另一方面,不同阶层和职业群体的差距也在拉大,人们对生活变化的反应不一。人们的生活方式到底有哪些变化,对这些改变人们是否满意,对当前的社会环境满意度如何,人们对未来生活有什么期望,这些问题需要走进民众身边,观察不同职业群体的生活,倾听他们的心声,才能得到答案。本调查就是要做这样的工作,本调查报告是对德州市城市和农村生活方式及满意度调查的结果分析。民众的需求代表了社会发展的方向,民众的需求和利益的逐渐得到满足的过程就是和谐社会的构建过程。

关键词:生活方式;满意度;调查报告

一、选题背景

(一)问题的提出

从当代中国的实际情况看,经过三十多年的改革开放和现代化建设,经济社会飞速发展,民众的生活结构和生活方式发生了巨大的变化,生活水平有了很大的提高。"十二五"规划纲要将"保障和改善民生"作为"十二五"发展的主要任务,指出要深入贯彻落实科学发展观,顺应各族人民过上更好生活的新期待,保障和改善民生,促进经济长期平稳较快发展和社会和谐稳定;提出今后五年经济社会发展的主要目标之一就是"人民物质文化生活明显改善"。胡锦涛在《庆祝中国共产党成立九十周年大会上的讲话》中指出,"保障和改善民生,促进社会和谐,是实现全面建设小康社会宏伟目标的必然要求。"因此,保障和和改善民生,成为关系我们党执政效果的主要内容之一。民生的生活状况到底怎么样,城市和农村不同职业的人们的收入情况,消费结构,休闲活动,交往范围,居住条件,生活态度,精神状态是怎样的,人们对自己的生活状况是否满意,对整个社会环境是否满意,对哪些方面不满意,对自己的生活和社会的未来有什么期望,这些都是有关民生的重要因素,也是构建社会主义和谐社会的重要组成部分。对这些问题的调查是了解民众生活状况最直接的方式。生活的态度和对未来的期望反映了民众的生活观念和价值追求。生活方式的这些变化在多大程度上是为了人的全面发展?希望通过本次调查,对山东省民众目前总体的生活状况有一个全面的了解和分析,并对民众的生活观念的变化进行价值分析。

(二)研究意义及背景

随着改革开放和社会主义现代化建设的发展,我国的综合国力进一步增强,民众生活逐步得到改善。特别是进入新世纪以来,党和国家越来越重视民生问题。"十二五"规划纲要将"坚持把保障和改善民生作为加快转变经济发展方式的根本出发点和落脚点","推进社会建设,要以保障和改善民生为重点,着力解决好人民最关心最直接最现实的利益问题。"因此,民生问题成为衡量社会发展的一个越来越重要的指标。

马克思曾谈到生产方式决定生活方式,在一定意义上生产方式也是广义上的生活方式。那么目前中国民众的生活状况到底怎么样呢?和传统生活相比,我们的生活结构和生活方式发生了哪些变化?工业化和现代化以及市场经济为民众的生活带来哪些影响?这些影响利弊何在?对这些问题的探讨只有通过实地的调查和访谈才能获得真实的认知,只有对调查结果进行科学的分析才能获得本质性的认识,才能提出有价值的建议。

构建和谐社会和追求健康、有质量的生活已经成为中国民众的现实要求,改革开放的成就也使我们有资格有这样的追求。现实地了解中国社会生活方式的变迁,引导树立正确健康的生活观念,创造有价值的生活方式,具有重要的现实意义。对生活方式变迁的考察与理论思考有助于我们理解健康、有质量的生活的真正内涵与构建路径。

二、调查实施方案、计划

(一)调研地的选择

本调研呈现的是关于德州市城区、部分县市和乡镇以及农村的调查结果分析,调查报告以德州市为蓝本,包括德州市有关行政机关,振华玻璃厂、皇明太阳能等工厂企业,萧何庄社区,三八路市场,陵县陵城镇乡镇,夏津县城和农村。调研地的选择尽量涵盖地区发展的各个层级和领域,体现调查的全面性和典型性,以求比较准确地反映人们的生活状况。德州市是在山东省具有代表性的一个城市,在全国中小城市中也具有一定的典型代表性,发展程度中等,但是有发展势头,并有规划。所以对德州市民众生活方式及生活满意度的调查在一定程度上可以反映山东省的一个共性。为了更全面地了解山东省的生活方式现状和人们的生活状态,本课题组还选取了山东省的其他六个地市,分别是济南、青岛、潍坊、日照、菏泽、济宁进行问卷调查,涵盖山东省各个层级的地市的城市和农村。之后将对此六个地市的调查问卷以各地市为单位分别作出统计分析,形成系列调查报告。

(二)调查研究方法

本次调研采取问卷调查和访谈相结合的方式,走进企事业单位、行政机关,深入农村农户,走向街头,走进店铺进行随即调查和访谈。对调查问卷的分析采取分类研究、职业比较、阶层分析和全面分析的方法,保证研究的准确与全面,并在综合分析的基础上,对历史变迁中人们的生活态度和生活观念作价值学的分析。

(三)调查问卷的设计与实施

在指导教师的规划指导和帮助下,课程组集体根据调查目的确定9个方面的调查内容,包括不同职业人们的收入和支出状况、住房状况、休闲活动、交往状况、生活方式的变化状况、生活的态度、生活满意度状况、对社会环境的满意度、对未来的期待等。经过反复推敲、修改、完善,共设计21个子课题。对改革开放以来民众生活方式和生活观念的变迁状况进行调查研究,并从生活方式和生活观念的变化透视人们的生存观念、价值选择。问题设计力求全面和科学,能够从问题全面准确地反映民众生活的变化和生活模式的结构,反映人们生活观念和价值追求,全面反映民众的生活风貌和精神状态。

课题组成员分别分工负责某一个地市,调查的群体包括工人、农民、公务员、专业技术人员(教师、教练等)、事业单位管理人员、公司普通职员、个体自由职业者,以及其他未被涵盖领域的人员。不同职业群体的调查数量掌握基本的数量平衡,个别配合度很高的群体,如专业技术人员和公务员人数比例稍高。但是问卷是按照职业分类统计,职业内调查数据的比例关系不受数量影响,不同职业群体的比较与比例有关,与具体人数无关。按职业群体进行问卷调查完成之后,课题组成员再分工对各个职业群体的问卷分门别类进行统计分析,统计工作细致而严谨,保证数据的客观、科学、全面。本调查问卷分类细致、内容丰富,限于篇幅,只能按地区分职业进行统计分析。对所得数据进行系统分析,通过对比研究得出相关结论。本调研报告呈现的是德州市民众生活状况的研究分析。其他地市调查问卷的统计的基础工作已经完成,后期继续进行研究分析,写出系列调研报告。

(四)实地调查的时间和地点

实地调查时间:2011年6月10日至8月30日。

实地调查地点:德州市德城区、部分县市、部分乡镇社区、农村。

(五)调查对象和范围

本次调查问卷对象涉及城市、城镇以及农村的各个行业和领域,包括:

工人、农民、公务员、企事业单位管理人员、教师、教练等专业技术人员、公司普通职员、个体和自由职业者、出租车司机、个别民营老板、离退休职工,以及其他人员。足迹遍及行政机关、学校、工厂、社区、村民住户、街头、个体经营店铺,等等。力求全面、客观地反映各个职业阶层群体民众生活方式的状况。整个德州市发放问卷600份,收回544份,回收率达90.67%。其中工人72份,农民110份,公务员74份,企事业管理人员52份,专业技术人员102份,公司普通职员43份,个体自由职业者31份,民营老板6份,无固定职业6人,离退休7人,其他未归类人员41份,收回试卷全部有效。其他6个地市每个发放调查问卷200份,共发放1200份,收回1156份,收回试卷全部有效。

(六)人员组成

课题组由德州学院7名2009机电专业本科学生组成,他们多次参加学校组织的各种文化活动、社会实践和社会公益活动,热心公益,具有较强的奉献意识和参与意识,学习成绩优秀,有的曾获山东省优秀大学生称号。调研组指导教师李霞老师,是德州学院社科部思想政治理论课专职教师,副教授,哲学博士,曾多次主持市厅级调研活动,主持调研项目曾获山东省教育厅二等奖。

三、调查研究的结果与分析

(一)人们收入和支出状况

关于各个阶层的收入和支出状况,目的是了解人们的收入状况和消费结构。划分了这样几个职业群体:工人、农民、公务员、企事业管理人员、专业技术人员、公司普通职员、个体自由职业者、民营老板以及其他没有归类的人员。由于民营老板数量太少,不足以支撑对一个类别的分析,因此没有纳入分析范畴;没有归类的其他人员涵盖职业不明确,不具有代表性,也没有纳入分析。以下各个项目都是如此。

从统计中看出,工人的收入大部分集中在1000—2000元之间,收入比较低,由此导致的生活费在家庭支出中的比重也是最大的。联合国根据恩格尔系数的大小对世界各国的生活水平有一个划分标准,即一个国家平均家庭恩格尔系数大于60%为贫穷;50%—60%为温饱;40%—50%为小康;30%—40%属于相对富裕;20%—30%为富裕;20%以下为极其富裕。工人中51.39%是处在恩格尔系数的50%—100%之间,这一部分工人还属于温饱或者贫穷,大部分家庭也是生活费占家庭支出比重最大。和其他几个职业群体相比,他们的生活费占收入的比重还算是低的,说明他们把自己的生活压缩在一个很低的水平上。

从关于农民的收入支出比看,虽然农民月收入在1000元以下的远远大于工人的比重,但是从农民生活费占收入的比重又可以看出,处于温饱和贫困水平的比例要低于工人,接近50%,这说明农民的生活成本比在城市的工人要低,农民有一些生活必需品来自自己的生产,如粮食和部分蔬菜。而生活费都是支出中比重最大的,无论是工人还是农民相对于自己的收入水平,其他方面,享受生活以及发展自己的空间还不大,抗拒风险,如意外灾难、疾病的能力还不足,因此需要国家和社会加快加强医疗、养老、意外风险的社会保障制度的建立,以使工人、农民即便是在收入不高的情况也有安全的保障。更需要国家经济更好发展,提高工人、农民的收入水平。

通过统计看出,公务员的收入比工人略高,大部分处于1000—3000元之间,处于温饱状态36.49%,50%的处于相对富裕和富裕段。但是生活费和房子这些必需品占的支出比重也是最大,说明公务员的生活要求比较高,属于比较享受生活的一个群体,也说明生活必需品还是大多数民众的最大的支出负担。

企业管理人员群体的收入是层次不齐,按照恩格尔系数标准处于温饱和贫困的生活费超过一半,但是高收入群体比例提高了,生活费和房子等生活必需品在家庭支出的比重降低,为生活空间的扩大提供了基础。

专业技术人员的收入比例比公务员略高,但是富裕的比例略略低于公务员。生活费和房子这些必须品的支出占收入的比重大,压缩了进行其他活动的空间,使得生活模式相对单调化。

公司普通职员收入集中在1000—2000元,恩格尔系数温饱和贫困的比例67.44%,它的生活费占家庭支出比重和专业技术人员持平,比公务员比例还低,说明他们的生活维持在最低水平。

个体自由职业者之间的收入有差别,但是温饱和贫困的比例达51.61%,生活费和房子等必须品占家庭支出的比例达77.42%,说明个体自由职业者的生活空间比较小。

从以上各个职业比较,虽然农民的平均收入水平是最低的,但是确实必需品支出比重最低的,占 42.73%。一方面说明农民的节俭意识,另一方面农民的生活成本相对较低。其他各个阶层,无论收入水平高低,生活费和房子的支出在整个家庭支出中所占比重,从企业管理人员的 65.39%,到工人的 73.61%,到专业技术人员的 81.38%,收入并没有与支出呈现完全对应的关系,这说明各个职业层次的生活水平和生活要求的标准是不一样的,工人、农民和普通公司职员的生活水平相对较低。农民的生活支出相对较少,因为按照他们的习惯,有一些自给自足的部分不计入收入和支出,这从另一个方面表明,生活费物价和房价走高拿走了人民过多的收入,从而也就挤压生活其他方面如休闲消费的空间。所以丰富人们的生活,提高人们的生活水平,必须提高低收入群体的收入水平。遗憾的是,本题设计有一点不足,没有将医疗列入支出的范围,而医疗支出在不少有病人的家庭占有很大的比例。

（二）住房的满意状况

从统计可以看出,对住房满意度最高的是企事业管理人员,其次是公务员,最不满意的工人占 58.33%,再次是公司普通职员和个体自由职业者,分别是 46.51% 和 45.16%,这也是与他们相对较低的收入一致的。然而对于这些人来说,过低收入和过高房价的矛盾短时间很难解决,他们的生活支出压缩在一个比较低甚至很低的水平。要解决这个矛盾,只有经济不断发展,不断提高他们的收入水平。

（三）人们的休闲活动和交往活动

这个部分主要是调查各个职业阶层的民众生活结构和活动范围。马克思在《德意志意识形态》中说"个人真正的精神财富的完全取决于他的现实社会关系的财富"[①]。在《关于费尔巴哈的提纲》中说道,"人的本质,在现实性上,是一切社会关系的总和。"[②]也就是说,一个人只有在全面的社会关系的基础上才能获得全面的发展,人的发展离不开人的社会交往,人的交往范围代表人的活动的空间和发展的可能性。如果交往在非常狭窄的范围内进行,人本身就是狭隘的存在。当然这里所说的交往不仅仅指的日常生活的交往,它包括社会生活的方方面面。从上面的图表可以看出,工人已经具

---

① 《马克思恩格斯选集》第 1 卷,人民出版社 1995 年版,第 89 页。
② 《马克思恩格斯选集》第 1 卷,人民出版社 1995 年版,第 60 页。

有了多种活动的形式,但是基于收入、时间以及行为习惯,比较被动的看电视和随意的聊天成为休闲活动的主要方式,这两种方式占据主导地位。一方面确实可以使人们的身心放松,但他们是消极的,不能发挥人的主体性,对人的发展帮助不大。但也可以令人欣慰的是,休闲场所的修建,以及全民健身运动的开展,很多人开始注意健身锻炼,如果通过这种方式推动我国传统健身方式的开展,对个人对国家都是一笔财富。

农民的主要休闲活动是看电视和聊天,很少甚至几乎没有旅游的占到86.37%,交往范围主要是家庭成员和亲属之间,少部分有同事和朋友。从这种统计看出,农民的生活方式比较单调,大部分农民还是传统的自然的、被动的休闲活动,这一方面与生产方式和收入有关,更与生活习惯有关。现在大部分农村实现了机械化,人们有了更多的休闲时间,但是好多好的休闲活动,包括传统的节日游戏活动大多数也已经没有了。农民由于自然节气和劳动时间关系,不像在城市的工薪阶层有比较多的休闲时间,更多的要为增加收入忙碌。但是农民有意识地丰富自己的生活,不要把自己的生活范围仅仅限制在家庭,在条件允许的情况下做一下旅游,在农闲的季节恢复和再创造节日活动,这将丰富农民的生活,并拓宽交往范围,使生活有更多的滋味和色彩。

从公务员的休闲活动方式和交往范围来看,公务员的休闲活动比较多样化,交往范围也较广泛,尤其是健身体育活动比重的增大是一个非常好的现象,这说明人们越来越注意身体健康和提高生活质量。

可以看出,企事业管理人员的休闲活动和交往范围也是比较丰富,这既与收入有关,也与休闲时间有关,更与生活习惯有关。多种多样的生活方式和休闲活动,不但是生活的丰富,而且是交往范围的拓宽,为自己的发展提供更大的可能性。张弛有度,会使得身心更加健康。

作为专业技术人员来说,休闲活动和交往形式具有多样化的特点,但是看电视的比例较大,看电视可以获得信息吗?大部分看电视只是一种休闲而已,它可以放松,但是这种休闲活动不是一种积极的方式。健身活动比例增大是一种好的现象。一多半以上的人很少或者没有旅游过,恐怕更多的是经济原因导致。在条件不具备的情况下,合理安排自己的时间,形成健康生活方式和生活结构,可以提高生活的质量。

可以看出,公司普通职员由于收入的原因69.77%的人很少或从没有旅游过,休闲活动相对也比较单一,看电视占了55.81%的比例。单一化的休闲活动方式既与收入有一定的关系,更重要的是与生活习惯有关。在收入不多的情况下,一些花钱的活动方式如旅游,休闲消费无法实施,但是也可以养成健康的生活方式,如多种形式的健身运动。

可以看出,个体自由职业者休闲活动也呈现多样化的特点。但是由于收入和时间的关系,74.19%的人很少或没有旅游过。因此,休闲活动的多样化和丰富化跟收入是有关系的。市场经济条件下,休闲活动都被商品化,收入高者才有机会选择自己喜欢的休闲方式。

(四)人们生活方式变化的认知

这一问题调查的是各个职业阶层的人们改革开放以来的活动方式的变化情况,一般来说,人们的活动方式和活动结构决定了他关注的和拥有的,因此能感受到这些活动条件和活动方式的变化。

人们普遍认为交通和通信是改革开放变化最大的,它对人们生活的影响也是最大的,它极大地拓宽了人们的信息渠道和交往范围,使得天涯变咫尺。因为信息的即时传播,人们与世界上的每个地方保持着同步,因为交通的方便和快捷,人们可以随时想去哪里就去哪里。首先通信和交通从根本上改变着人们的生活。其次变化最大的是住房和饮食,人们的住房条件越来越好,饮食越来越丰富多样,人们因此而享受着越来越多样化的生活。

(五)人们的生活态度

人们的生活态度对人们的现实生活和未来都会有很大的影响,积极向上的态度可以激发个人的潜能,既能贡献社会,也能改变自身。追求平和和宁静是享受生活的状态。生活态度是发展自己的个性的重要因素。

可以看出,人们越来重视对未来的规划,对未来抱有希望,并希望通过自己的努力积极创造想要的生活;同时很希望日子能安安稳稳、平平静静地过,家和万事兴。可以说既具有中国传统的注重家庭、注重平和的美德,又具有现代人的开拓创造的精神。有所区别的是工人、农民更侧重安安稳稳过日子;公务员、公司职员、个体自由职业者更侧重生活的创造性;企事业管理人员、专业技术人员则是二者都注重。

(六)对生活和社会环境的满意程度

各个职业阶层的人们对自己目前的生活是否满意,哪些满意,哪些不满意,对当前的社会环境是否满意,哪些满意,哪些不满意以及群众的反应、群众的满意度是检验一个国家政策措施是否具有合法性的根本的指标,这是了解民情的最基本的途径。通过对这些问题的回答,可以为和谐社会的构建提供一些参考。

对生活满意或不满意原因的调查目的是要看民众的追求和要求。首先从上表的对比可以看出,公务员对生活的满意度最高,很满意和满意相加达到60.81%,其次是企事业管理人员和农民,都超过50%,分别是57.70%和51.82%,再次是专业技术人员,满意率是47.06%,再有就是个体自由职业者,满意率是35.48%,而工人和公司普通职员对生活的满意度最低,分别是26.39%和23.25%。这种调查结果与这几个职业阶层在社会上的生活状况相符,特别是工人和中小城市的公司普通职员,工作很辛苦,但是收入水平很低,面对高昂的物价,他们确实在节衣缩食过日子,而由于企业规章制度的不健全,他们长时间享受不到社会保障的利益。即便是对生活满意度较高几个职业阶层都有超过30%以上的人有提高生活品质的要求,也就是说这些人对生活也是不满意的。而专业技术人员、工人、个体自由职业者、公司普通职员提高生活品质的要求都超过了40%以上,尤其是公司普通职员和工人,他们对生活的不满意度达到了32.55%和25.95%,这两个群体都有感觉各方面不如人的人,在公司普通职员中这个比例高达13.95%。这说明在市场经济的时代,收入的多少确实是个人价值实现的最主要的衡量标准。没有钱,自己的生活需求满足不了,就会感觉事事不如人,就会有挫折感,就会对生活说"不"。国家要采取措施提高这几个群体的收入水平,要让他们有和其他群体平等的感觉,要让这些人有被社会承认的感觉,这样他们才会对生活说"是"。

从上表可以看出,除了公务员,几乎所有职业群体都把家庭和睦和日子平静放在最高的位置上,认为家庭和睦是生活满意的根本。当然,公务员对家庭和睦也有很高的肯定。这反映了中国传统的家庭观念在现代化中并没有被消解,反而人们在流动的现代性中更感受到家的重要和力量。家是感情的栖息地,是人们生活的核心,是人们内心安定的港湾,没有家的稳定,人们无法对自己的感情说"是",家的温暖是人们创造生活的精神力量。除此之外,公务员、企事业管理人员、公司普通职员、专业技术人员、个体职业者都很看重对生活的追求,这是人生的重要推动力,也是我们整个国家、整个社会蓬勃发展的根源和动力。

可以看出,工人、农民、公务员、专业技术人员都将挣钱太少列为对生活不满意的最主要原因,而企事业管理人员将生活单调列为不满意的最主要原因,公司普通职员将精神生活贫乏列为对生活不满意的最主要原因。可以看出,公司职员是对生活对精神很有追求的群体,他们虽然收入比较低,但是他们不缺乏追求,他们很多是毕业不久的大学生,有追求就会有创造。因此他们是一个有希望的群体。几乎所有的群体都感觉自己的生活状态和自己的目标有不少的距离,这说明人们都有更高的追求,这恰是国家和社会蓬勃发展的动力因素。

可以看出,每一个职业群体的大部分都认为,国家和社会的状况总体上是可以的,但是还存在不尽如人意的地方,如贫富差距、地区差距、阶层差距,不公平现象、官员的腐败等。农民的社会满意度最高,公务员、企事业管理人员对社会环境的满意度都超过不满意度,而个体自由职业者、工人、公司普通职员和专业技术人员的社会不满意度超过了满意度,这也是与这些职业群体在社会中的经济地位和社会地位一致的。这些群体成员都是靠自己的辛勤劳动来获取收入,可能他们应得的一部分资源还不得不拱手他人,相对于公务员和企事业管理人员等群体,他们相对不大容易获得价值感和成就感,在社会资源的获取上会有不公平的感觉。

民众对社会最满意的是国家发展有活力,老百姓有奔头和社会保障机制的建立,同时对法律的进步和道德水平的逐渐提高也给予一定的肯定。从这里看出,老百姓是最实事求是的,国家发展的一点点进步,老百姓都看得到,能感受到社会进步所带来的变化,享受到社会发展带来的利益,包括物质和精神两方面。

可以看出,各个阶层的民众普遍对社会地位、贫富两极分化和贪污腐败现象不满意,尤其是工人和公司普通职员这两个收入水平最低的群体对两极分化的现象体会最深刻,因此也是最有挫折感的群体。社会风气的重利轻义,金钱物质至上,分配不公以及部分人道德沦丧的现象也刺激着民众的神经。国家需要采取措施避免两极分化加重,完善社会法律制度,保证社会公平正义的实现。这也是现代国家的责任和义务。

企事业管理人员、公务员、农民关于对现在满意的人数比例都超过了一半以上,这些人都是改革的比较大的受益群体;公司普通职员在过去和现在的对比中也是更多的倾向于现在,但有 41.86% 的人认为现在和过去都各有优缺点,怀有对过去的简单和单纯生活的美好回忆,对现在的资源分配不平等、价值观扭曲的不满,当然更多的还是看到社会各方面进步的情形。而工人、专业技术人员和个体自由职业者则更倾向于现在和过去各有优缺点,这些在当今社会没有特殊资源可以利用的群体,既对当今社会的经济发展和各方面发展给予肯定,也感受到了社会资源分配的不平等,感受到了比过去更严重的等级分化和特权,所以还会有对过去美好东西的回忆和肯定。这样的人也会促使这个社会发现不足,进一步发展完善。当然比起过去和现在,民众对现在更满意。

(七)对未来生活的期待

这几个选项都是民众所渴望的,但是从比例关系上我们看到了差别,所有的群体都把家人身体健康、家庭和睦作为最渴望的期待,家和万事兴。这说明社会的变迁虽然影响了人们对一些社会关系的认识,但是对家的渴望、对家庭幸福的追求仍然是中国人最基本的愿望。国家的富强,社会的公平是民众不断提高生活水平并发展自己的基础,国富则民强,国泰则民安,这是人们的重要选择。当然对于收入相对较低的工人、农民来说,为改变自己的生活现状,提高收入水平,过更富有的生活是他们更重要的选择。特别是工人最初并不是改革的受益者,是低收入群体,而农民则很久无法享受到国家的保障利益,因此他们更希望挣更多的钱,过上更富有、更安全、更有保障的生活。相对于挣更多的钱,公务员和专业技术人员这些知识文化水平较高的群体更希望提高生活的品质,享受生活的过程。当然这也是其他群体很多人的希望。

四、结论

通过对调查问卷的统计和分析,我们得出以下结论:(1)人们的生活方式,包括工作方式、休闲活动和生活条件发生了巨大的变化。一方面,社会不断发展,越来越有活力,为各个职业阶层的人的发展创造了机会,人们的生活水平也在不断提高,人们的生活方式也越来越多样化。但是另一方面,两极分化、贫富差距在扩大,虽然调查问卷没有涉及到最富有的阶层的状况,但是从人们对社会现状的认知我们可以感受到,人们对社会环境和一些社会现象的不满。但是民众又是宽容的,人们看到了党和国家的努力,在发展经济、改善民生方面所作的努力和取得的成绩。(2)在生活态度方面,人们热爱生活,对未来充满希望,努力通过各种方式发挥自己的潜能,积极地创造着自己的生活。特别是中小城市的公司职员这个群体,虽然收入不高,但是对未来抱有希望,坚持着自己的追求,这是社会发展的生力军。(3)虽然不同的群体社会满意度有差别,但是总体来说,满意大过不满意,在对现在还是过去满意选择时,绝大多数的人选择了对现在满意。也就是说,虽然有诸多不满意,但是几乎所有的民众都看到了社会的进步和国家的努力。(4)最传统的注重家庭和睦的美德仍然被视为最重要的价值,这是社会安定和谐的最重要的价值观念。当然,收入提高是人们目前最希望的,因为大多数群体生活费的支出成为人们的不可承受之重。总之,人们在总体上对生活的改变是满意的,但是社会更公平、更发展,个人收入更多,生活更丰富,生活品质更高,这是人们的希望。这是我们调查研究得出的基本结论。

五、对策和建议

面对各个群体对未来生活的期待,经济社会不断发展是基础。而在现有基础上如何提高人们生活的品质,让人们感觉到生活得更幸福、更满意?我认为应该从以下几个方面作出努力。

(一)恢复节日文化,重现生活风采

人们的生活水平在提高,但是传统的一些好东西却消失不见了。在困难的时候人们并没有生活得不快乐,依然生活得有滋有味,这就是人们的精神道德追求和文化生活让人们身心愉悦。而现在生活条件好了,人们却越来越不会生活了,那么多的人整天守着电视,看一些无聊的电视剧,或者无聊地说一些家长里短。原来的节日欢庆的场面不见了,那种快乐和兴奋不见了,传统的戏曲、龙灯节目没有了。人们的钱多了,可是生活却单调了,好像除了要挣钱,不知道怎样去生活了。对于传统文化活动的恢复和再创造,应该坚持两条腿走路。一方面,政府应该成立专门的民间文化宣导部门,利用大众媒体和各种方式进行宣传,拨出专门的力量和资金进行民间文化的发掘、整理、恢复与再创造的工作。另一方面,发挥民间组织的作用。在社区或者村里组织文化活动,社区管理人员和村委会成立专门的文化活动小组,利用节假日的时间,组织回乡的年轻人参加本地的传统节日文化活动,让传统的节日文化重现活力,恢复节日文化,让我们的生活恢复往日的生机和活力。让我们的后代,不论是农村还是城市都能感受到我们传统的节日文化的魅力和凝聚作用。

（二）积极的生活态度，健康的生活方式

生活的态度反映了人的精神面貌，也是一个人以至一个社会能否发展的精神因素。通过调查，我们发现民众都对未来抱有极大的希望，这种希望是对国家和社会的希望，也是对自己的希望，包含着对国家和自己的信心。每个人都要有积极健康的生活态度，要有改变现状、创造新生活的勇气和精神，才能创造自己想要的生活。健康快乐的生活方式并不一定与收入呈正比，有些人很有钱，却不会生活，去追求一些糜烂的生活，追求物欲和肉欲的满足。简单的生活可以快乐，但是必须有内容的生活。首先，好好地努力地工作，是每个人获得价值感和成就感的基础，也是发展自己的机会，作为年轻人要为自己制订发展的计划。其次，要为自己制订健康的活动计划，如定期定时健身、体育运动，参加社区的文化娱乐活动。再次，进行积极健康的交往活动，建立积极健康的人际关系。体育活动、集体活动或者专业活动都可以丰富自己的生活，交友未有不如己，通过与朋友的健康交往，拓宽自己的生活范围，开阔自己视野，获得发展的可能性。再有，也是最重要的，继续保持传统的家庭美德，建立良好的家庭人家关系，创造条件与家人共同进行休闲和体育活动。良好的家庭生活是每个人生活的核心，家是每个人活动的中心，只有这个中心稳定、和谐，健康快乐的生活才有支撑。

（三）提升社会公平指数

社会公平是人们积极性发挥的动力之一。针对人们对社会及生活不满意的因素，主要是收入低，整个社会层面贫富差距、两极分化和贪污腐败严重。这种现状导致的是社会优质资源更多地被有权、有钱阶层掌握，他们在任何领域都有优先权，包括孩子教育、财富、优质的居住环境等。解决社会矛盾最基本的是要靠社会的整体发展，但是不公平的制度不会因为社会的发展而自行消除。因此，社会发展，提高各个阶层的收入水平与不公平的消除是并行不悖的两条线。一是要继续完善法律制度及其实施；二是政府要为弱势群体创造发展的机会，政策上给予弱势群体以倾斜，采取优惠的政策让富裕阶层带动贫困阶层的发展和收入的提高。在制度层面消除不公平，这是社会整体发展的动力，也是社会和谐的因素之一。

六、致谢

本调查获得了调查单位领导、被调查单位和调查对象的大力支持,特别是街头民众、出租车司机、农民是怀着期望填这份问卷,使我们感觉到我们调查研究的价值,在此一并表示感谢。希望本调研报告会对德州市的"幸福德州"工程提供有价值的信息和建议。

通过此次调查和分析,确实感受到了民众对社会生活变化的情绪,虽然对有些方面还有不满,但是总体上对社会生活的变迁是满意的,感觉生活越来越好,并且对未来抱有希望。民众这种饱满的热情和对党和政府的信任是我们国家和社会发展的极大的精神动力和信心支持。科学发展,以人为本,创造幸福生活,构建和谐社会,我们在路上。

附件:

生活方式状况与生活满意度调查问卷

您好! 随着改革开放的深入,人们的生活方式有了很大的变化,为了解人们生活方式的状况以及生活满意度,特进行本次调查活动。希望能得到您的大力支持! 请您在所选项目下打√即可。谢谢!

1.您的职业是(　　)

A.工人　B.农民　C.公务员　D.企事业单位管理人员

E.专业技术人员　F.公司普通职员　G.民营老板

H.个体/自由职业　I.离退休　J.无固定职业　K.其他

2.您生活在(　　)

A.城市　B.农村　C.城镇或城郊

3.您的年龄是(　　)

A.50后　B.60后　C.70后　D.80后　E.90后

4.您的月收入是(　　)

A.1000元以下　B.1000—2000元　C.2001—3000元

D.3001—5000元　E.5001—10000元　F.10000万元以上

5.您一天工作的时间? (　　)

A.8小时以内　B.8个小时以上　C.很自由,随意支配

D. 工作是我生活的全部

6. 您的生活费支出占您收入的比重是(   )

A. 低于 1/4　B. 1/4 左右　C. 1/3 左右

D. 1/2 左右　E. 几乎是收入的全部

7. 您家庭支出中比重最大的是(   )

A. 生活费　B. 房子(房贷)　C. 教育　D. 衣服　E. 奢侈品　F. 其他

8. 您对住房条件满意吗?(   )

A. 很满意,居住条件和环境都很好　　B. 满意,居住条件和环境有改善

C. 不太满意,房子太小,需要改善　　D. 很不满意,居住条件很差

9. 您平时的休闲活动主要有什么?(   )

A. 旅游　B. 聊天　C. 娱乐　D. 健身、体育运动　E. 看电视　F. 其他

10. 您旅游过吗?(   )

A. 经常,每年都有　B. 有,几年安排一次　C. 很少　D. 从没有

11. 您的交往范围主要包括(   )

A. 家庭成员和亲属　B. 同事　C. 同学　D. 休闲活动的朋友之间

E. 商业伙伴　F. 范围很广泛

12. 改革开放以来,您的生活方式变化最大的是(   )

A. 饮食　B. 住房　C. 衣着　D. 交通及通信　E. 休闲娱乐　F. 教育

13. 您对生活的态度是(   )

A. 对自己的未来有希望和规划,积极创造自己想要的生活

B. 追求自己的个性　C. 赶着潮流跑

D. 安安稳稳、平平淡淡地过日子　E. 没有规划,大家怎样我就怎样

14. 您对生活的总体状况满意吗?(   )

A. 很满意,生活需求都能满足　　B. 满意,各方面生活有改善

C. 一般,物质生活有改善,但总体生活品质一般

D. 不满意,生活条件需要改善　E. 很不满意,各方面都不如人

15. 您感觉满意的主要原因是(可多选)(   )

A. 物质生活丰裕　B. 生活有追求,精神生活充实　C. 家庭和睦

D. 孩子争气　E. 自己事业有成　F. 日子很平静,平淡即是福

16. 目前对您的生活来说,您最不满意的是什么?(   )

A. 挣钱太少,生活困顿　B. 房子问题　C. 休闲活动少,生活很单调

D. 精神生活贫乏 E. 离自己的目标还有很大的距离

F. 没有不满意,一切都好

17. 您对目前的社会环境满意吗?( )

A. 满意,国家进步,社会和谐

B. 一般,有些不尽如人意的地方,但整体上还算可以

C. 不满意,社会风气差,人们之间只有利益关系,没有人情味

18. 您对社会最满意的是(可多选)( )

A. 国家发展有活力,老百姓有奔头 B. 法律健全,社会公平

C. 社会秩序好,老百姓有安全感

D. 整个社会道德水平在提高 E. 社会保障机制逐渐建立 F. 其他

19. 您对社会环境最不满意的是( )

A. 社会风气败坏 B. 社会分配不公 C. 社会地位、贫富两极分化严重

D. 贪污腐败严重 E. 生活环境变得糟糕

20. 您对现在生活的满意还是对以前的生活满意?( )

A. 对以前满意,社会公平,社会关系简单,社会风气正

B. 对现在满意,物质生活改善,各方面在进步

C. 各有优点和不足

21. 您对未来生活有什么期待(可多选)( )

A. 国富民强,国泰民安,社会公平和谐 B. 家人身体健康,家庭和睦

C. 生活质量提高 D. 挣更多的钱,过更富有的生活

第三章　当代社会的生存状态

第一节　当代社会的生活形态

当代社会,中国人的生活状态和传统的农业社会已经有了很大的变化,从物质生活到休闲文化到精神生活,都今非昔比。然而这种种变化在不同的生活阶层中程度是不一样的,有的人发生了根本性的变化,有的正在变化中,有的部分变化;各种年龄层次变化的程度也不一样。因此,在中国由传统向现代的转型期,各种各样的人因为生活的状态不同,生活的态度也不一样,或者也可以说,因为生活态度不同,导致他们的生活状态也不同。

一、个性表现和游戏态度

当代人非常注重个性的发展和表现,常常以独特的形式表现自己的存在。特别是年轻人对于生活不是听之任之的态度,而是保持着一种距离,常常调侃、戏谑生活的种种表现。这种个性和游戏的态度最突出的表现是近几年流行语的异军突起。现在的流行语,正以前所未有的速度"横空出世",乃至于网络上经常要以月为单位,评选当月的流行语,而年度流行语,各大媒体都要采取各种方法进行耐心细致的评选,因为实在是太多了,要想评选出"十大流行语"往往并不是容易的事情。流行语像发酵一样,从社会的各个角落冒出来,各领风骚三五天,见证着这个五彩斑斓的世界。如今,流行语已经插上了翅膀,网络上看似无意的一句话,都有可能成为流行语。转型期社会,面对急剧变化的时代节奏,我们常常眼花缭乱、心思迷离,流行语往往成为一个窗口,承载着我们一点一滴的情感脉动,体现了老百姓的聪明与智慧。我们盘点一下近几年的流行语,看看其中包含的价值观念和生活心态。

2008 年流行语:1. 山寨。源自广东话,最早冒出来的是"山寨手机",是一些用低廉成本制成的仿冒名牌产品的手机。此后语义逐渐发生变化,除了用来指冒牌产品之外,还可指"民间的""非正式的"。从山寨手机开始,现在已无所不"山寨",引申为"以草根对抗权威,以大众对抗精英"。2. 雷。本是名词,大为流行的"雷"是动词、形容词,表示受到惊吓或十分震惊。如"被你雷倒了"。3. 囧。一个早已废弃不用的古字,意为"光"、"明亮"。因它的字形很有特点,有点像人的脸部,呆滞的四方脸,配着一个张着的大嘴巴,双眉向下耷拉着,一副苦恼的样子;并且,它的字音又与"窘"相同。于是古字今用,被赋予"郁闷、尴尬、无奈"之义,东山再起。4. 不抛弃不放弃。电视连续剧《士兵突击》中的一句十分经典的话:宁可牺牲自己,也不抛弃战友;宁可牺牲自己,也不放弃完成作战任务。——这是《士兵突击》中英雄连队"钢七连"的灵魂,也是战士许三多的精神支柱。"不抛弃不放弃"于是传遍华夏大地的每一个角落,代表了人们的执著追求的精神。5. 宅男宅女。来自日语,简单地说,"宅男"就是窝在家里的男人,"宅女"就是窝在家里的女人。他们大多是独身者,十分依赖电脑和网络,不喜欢外出,不喜欢交际,在家里做着自己爱做的事,自得其乐。代表了一部分人的一种生活状态。6. 不折腾。胡锦涛总书记在中共十一届三中全会 30 周年纪念会上说:只要我们不动摇、不懈怠、不折腾,坚定不移地推进改革开放,坚定不移地走中国特色社会主义道路,就一定能够胜利实现这一宏伟蓝图的奋斗目标。"不折腾"三字立即引起了全世界的关注,直接以汉语拼音"buzheteng"的词形进入英文语汇中。"不折腾"传遍了全世界,成为一个世界流行语。代表了人们脚踏实地、和平发展的要求。7. 非诚勿扰。本是冯小刚导演、葛优和舒淇主演的贺岁档电影的片名。由于宣传造势到位,影片上映后票房飙升,冲破三亿大关,在 2008 年底迅速走红。代表了人们要求真诚的态度。

2009 年十大流行语:1. 不差钱。本是东北地区的方言,2009 年"春晚"赵本山等演出的小品,用它做了剧名,产生了轰动效应,后在全国流行开来。在实际使用中,多带有调侃的色彩,并不纠缠于钱多钱少。2. 躲猫猫。本是一种儿童游戏,即"捉迷藏"。2009 年 2 月,云南省晋宁县看守所里发生了所谓"躲猫猫"事件,一名 24 岁的男子因盗伐林木被关入看守所后死去,警方称死者是在玩"躲猫猫"时眼部被蒙,不慎撞墙受伤而死亡的。最终侦查结果表明该男子系被"狱霸"殴打致死。此后,"躲猫猫"就有了多种新义:或隐瞒事实,或逃避监督,或暗箱操作,总之,不让人了解真情。3. 低碳。所谓"低碳",是指降低二氧化碳的排放。二氧化碳是全球气候变暖的罪魁祸首,影响到了人类社会的可持续发展。2009 年 12 月哥本哈根联合国气候变化大会,在世界范围内又一次掀起了"低碳"浪潮。"低碳"经济、"低碳"科技、"低碳"城市、"低碳"生活,"低碳"已成为"绿色"的重要标志之一。代表人们关心自身和人类生存的意识。4. 被就业。2009 年 7 月,一位应届大学毕业生在网上发帖爆料:他在不知情的情况下,学校已经替他签好了"就业协议书"。于是网友发明了"被就业"的说法,以讽刺这种虚报高校就业率的行为。随后,但凡意志遭遇强迫时,均可套上"被××"的帽子,如职工"被全勤",举报人"被自杀",交择校费的家长"被自愿"。5. 裸。本义为不穿衣服,流行语用的是引申义,即只有事物本身,而没有任何附加物或附加条件。比如"裸婚"是不买房,不买车,不戴婚戒,不办婚礼,不度蜜月,只领取结婚证书;"裸官"是家属、孩子、存款都在国外,一个人留在国内做官。6. 纠结。本为动词,表示互相缠绕。自从四五年前的一部动画片中有个角色大呼"纠结啊"之后,"纠结"便在网络上走红。可以做名词,表示解不开的心结;可以做动词,表示陷入复杂而尴尬的境地;可以做形容词,表示思绪的极度困惑和混乱。7. 杯具。首先是易中天因为在一期《百家讲坛》中瞪大眼睛感叹了一句"悲剧啊",图上"人生就像茶几,上面摆满了杯具。"结果就被网友截了图并上传到了网上,随即成为无数网友争相引用的签名档。"杯具"一词诞生后,网上出现了"杯具党",网友们又创造了"餐具(惨剧)"、"洗具(喜剧)"和"茶具(差距)"。在网友看来,"杯具"这个词比"悲剧"更能表现内心的无奈,同时又多了一分自嘲的乐观态度,比之前单纯的悲观也多了一分希望。8. 秒杀。译自英语的 seckill,起先是网络游戏的专用词,指玩家在游戏中瞬间被 PK 出局或者瞬间将对手击倒。2009 年 9 月,某购物网站周年庆推出了"秒杀"活动:在网络拍卖开始后第一个确认的网络买家,可以按照远远低于成本价的秒杀价买到指定商品。于是"秒杀客"、"秒杀族"应运而生,并且越来越多。此后,"秒杀"又用于其他领域,比如股市中某股票价格在短时间内大幅下跌,也叫"秒杀"。9. 蜗居、蚁族。蜗居本来用于谦称自己的住所,指像蜗牛壳一样狭小的房子。这一词语的流行和 2009 年热播电视剧《蜗居》有关。在房价节节攀升的大背景下,电视剧中年轻人为买房而沦为房奴的故事引起了广泛的共鸣,它让人们对"蜗居"一词有了深刻的印象。青年学者廉思主编的《蚁族——大学毕业生聚居村实录》一书出版后,"蚁族"一词就频繁地在各种媒体上亮相,它指的是大学生低收入的群体。这些人一般聚居大城市的边缘地区和近郊农村,因和蚂蚁有若干相似之处而得名。他们虽然弱小,但胸怀理想,充满活力,具有挑战的意识和顽强的意志。10. 你 out 了! 英语单词 OUT 在英汉词典中的解释是"出外;在外;向外",如今,这个词被赋予了"落伍"的新意,无数追赶时尚潮流的年轻人时刻将其挂在嘴边,不为别的,就为了能在适当的时机鄙视一下被潮流落在后头的人。

2010 网络流行语。1. 神马都是浮云。这是"什么都是浮云"的谐音,意思是什么都不值得一提。"神马"和"浮云"的神奇之处,则是当这两个词结合在一起时便可组成万能句式,推之四海皆可用,成为无数网友的口头禅。代表了一种不满、无奈或者安慰自己的态度。2. 给力。在 2010 年世界杯期间,由于与球场的氛围相合,"给力"一词开始成为网络热门词汇。所谓"不给力"就是形容和自己预想的目标相差甚远,而"给力"自然就是有作用、给劲、带劲的意思了。11 月 10 日,该词上了人民日报头版标题,更被普遍认为是网络语言"转正"的标志。3. 我爸是李刚。10 月 16 日晚发生在河北保定的一起交通事故中,肇事者高喊:"有本事你们告去,我爸是李刚!"此事迅速成为网友和媒体热议的焦点,"我爸是李刚"也迅速成为网络流行语。由此延伸出"我爸是李刚"的造句行动,表达的是对那些"拼爹"的"二代"行为的蔑视和讽刺。4. "蒜你狠"。源于大蒜价格疯涨,甚至比肉、鸡蛋还贵后,人们的无奈。之后"豆你玩","糖高宗"、"姜你军"、"油你涨"、"苹什么"、"鸽你肉"等,大批三字经犹如一副推倒的多米诺骨牌,形象地展示出食品接力涨价的现状和群众的无奈和抗议。5. 围脖(微博)。"围脖"是微博的谐音,它从 2010 开始进入大众视野,并渐入佳境。微博以其便捷性和实时性的特点,在当今的互联网生活中扮演起越来越重要的角色。

2011 年十大流行语。1. 亲。"亲"是"亲爱的"的简称。几年前,"亲"曾在某些群体的小范围中露面;随后进入淘宝网的交易平台:"亲,快来抢购哦!"人们称之为"淘宝体"。跟"亲爱的"相比较,"亲"显得简洁,也屏蔽了"爱"字的暧昧色彩,亲切感却有增无减。2. 伤不起,被称为"咆哮体"。

2011年"伤不起"火暴起来,和网络上的一篇题为"学法语的人你伤不起啊!"的帖子有关。随着该帖大热,"伤不起"成了热词,"×××,你伤不起啊"也成了热门句式,帖子中"有木有"(即"有没有")以简洁、明快的句式表达了如黄河之水奔腾不息的各种无奈、纠结、伤不起之情,迅速成为网友最爱。

3. Hold 住。2011年8月9日台湾中天电视综合台的一档综艺节目中,女大学生谢依霖以夸张另类的造型、英汉混杂的台词、扭捏怪诞的举止亮相,陈说在一个时尚场合如何处变不惊,提醒自己不能慌乱,要"hold 住"整个场面。七分钟的节目引起巨大的反响,于是"hold 住"迅即成为海峡两岸的流行语。Hold 指掌控、把握、维持,"hold 住"便是掌控住、保持住、管住、抓住之类的意思。4. 我反正信了。2011年7月23日,在温州附近发生一起两列动车追尾的特大交通事故,40人遇难,191人受伤。抢救中有关人员曾把一辆车的车头掩埋于地下。有媒体记者询问原因,铁道部新闻发言人回答:现场有一个泥塘,影响施救工作,把车头埋于其中是为了便于抢救,"至于你信不信,(停顿)我反正信了"。他的话立即引来一片质疑。此后,"我反正信了"被广泛使用,其含义有三:第一,真信;第二,说反话,真不信;第三,无厘头的搞笑,指自己说的压根就是一个笑话。5. 坑爹。"坑爹"原是骂人的话,在北方某些方言中,"坑"有欺骗、欺诈的意思,"爹"指老子,即父亲。"坑爹"的字面义便是"欺骗老子"。"坑爹"表达的是一种强烈的愤慨。在流传中,"坑爹"还常用于责备、批评或讽刺、挖苦。6. 卖萌。"卖萌"的"萌",是从日语中借过来的。日本的动漫爱好者用"萌"形容非常喜好的事物,特别是动漫中的美少女。"萌"进入汉语以后,有了可爱、性感、讨人喜欢的新义项。"卖萌"的意思是装可爱、扮嫩、撒娇,一般具有调侃色彩。

7. 吐槽。来源于日语,类似于中国相声的捧哏,被台湾译成了"吐槽",后引申指给人难堪、抬扛、掀老底、拆台,多用于嘲笑、讥讽、抱怨,甚至谩骂。当前,主要有两种用法:一是揭人家老底,批评别人;二是揭自己老底,表述心声。8. 气场。"气场"本指环绕在人体周围的能量场,能显示出一个人的整体状态,包括健康、心理及修为等,引申指由气质、学识、修养等等的综合表现而形成的超凡魅力。具有强大"气场"的人必定富有吸引力和影响力。

9. 悲催。"悲催"是个形容词,形容失意、伤心、难过、哀痛、丧失信心等,由短语"悲惨得催人泪下"缩略而成。从短语的字面上看,似乎"悲"的程度很高;其实不完全如此,常常带有或多或少的调侃或宣泄的意味。10. 忐忑。

龚琳娜演唱的《忐忑》风靡一时。这首歌没有明确的意思,全是让人听不明白的"咳咿呀咿呦⋯⋯"但在演唱者眉飞色舞、幽默搞怪的夸张表演下,广大听众为之着迷。《忐忑》被人们戏称为"神曲","忐忑"这个词于是火了起来,用法也得到了进一步丰富。本来是形容词,当下又演变出动词(如"忐忑了整整一天")等。

其他如"我是出来打酱油的",一种十分流行的对现实无奈的术语,道义上强烈关注某事,行为上明哲保身,相当于"路过"、"飘过"、"与自己无关"之意。这种极具调侃的语气词,应和了当下网友们在网络上隐藏自己,事不关己高高挂起的心态。从"很黄很暴力"到"很傻很天真",极具娱乐精神的网民们总是乐于通过恶搞来表达自己对当前社会热点事件的见解。网络流行语也因此各领风骚。

网络流行语的火热,一方面是人们通过公开的途径自由地表达对某些社会现象或者某些事件的看法,或支持,或谴责,或讽刺,或褒扬。另一方面,也反映了当代人对于生活的一种自由的游戏的态度。这种态度是社会进步和自由的表现,但是这种进步和自由又没有达到一种足以让人们感觉完全安全的程度。人们对于某些事件特别是涉及政治事件的公开评价还有担心,网络这个公开而又隐蔽的窗口使人们不必担心因为说真话而惹祸上身,所以人们可以自由地表达出自己的心声。网络成为当代人们最重要的生活内容之一,人们工作、学习离不开网络,休闲娱乐离不开网络,交友离不开网络,网络成为人们生活最密切的伙伴。人们在网络上表达着对生活的感受,对社会的变化的态度,在网络中展现着智慧。网络也是生活,这种生活相比起现实中的生活更加自由,自由地对待自己、对待他人、对待社会中的人和事。因此,网络生活更真实地表达了人们的生活态度。

值得注意的是,网络流行语的寿命比较短暂,当某一种社会现象消失了,或者不再是社会的热点了,这种流行语的寿命也就要结束了,如"蒜你狠"之类的语言。所以哪些流行语是反映人们的长久的社会心态,要看这种流行语的内涵。很多的流行语都带有调侃或者讽刺的意味,是人们的一种自我娱乐,如"打酱油"之类;也有一些是人们对人的素质的批判,如"我爸是李刚";也有的是对一种社会现象的讽刺和无奈,如"拼爹"。因此,流行语中有文章,有自我的游戏与调侃,有对美好行为的赞叹和支持,反映着人们对这个社会的反思和认识,反映着人们的价值追求。

二、生活的可能性与现实性

自然经济条件下的生活和我们当下的生活,有这样几个区别:一是生活方式的多元化。不同的工作方式导致不同的生活方式,而选择什么样的职业、从事什么样的工作,一方面有家庭背景、受教育程度的原因;另一方面在已有条件基础上也有了多种选择的可能性。与此一致,在生活方式的选择上就有了多种的选择空间。二是生活范围、地点的开放性。传统社会人们的生活范围局限在狭小的范围内,而当代社会,人们的活动范围以"家"或者工作地点为核心,向外辐射,通过工作、交往、旅游,极大地拓宽了自己的活动范围,生活由此变得更加丰富。三是时间的尺度变得异常重要。传统社会一成不变的生活,时间好像停滞了,而当代社会的变动性使得时间变得异常重要。时间意味着发展的机会,在一定的时间跨度范围内,确定明确的目标,制订可行的计划,按计划努力实施,会感觉人和时间同步而行。如果没有规划,浑浑噩噩,时间就会悄悄地无痕地从身旁划过,这样的状态,只有年龄才是时间的标志,其他都与时间无关。当代人生活空间范围不断变化,时间向度凸显,人们的生活具有了两个向度:现在和未来;人们的生活具有了两种状态:现实性和可能性。

(一)生活的三个向度:过去、现在和未来

梁漱溟在《人生的三路向》中说到,因为生活中解决问题的方法不同,决定了生活的三种样法:一是,遇到问题都是对于前面去下手。这种下手的结果就是改造局面,使其可以满足我们的要求,这是生活本来的路向。二是遇到问题不去要求解决,改造局面,就在这种境地上求我自己的满足。他所持应付问题的方法,只是自己意欲的调和。三是遇到问题他就想根本地取消这种问题或要求。这也是应付苦难的一个方法,但是最违背生活本性。这三种生活方法分别是:一向前面要求;二对于自己的意思变换、调和、持中;三转身向后去要求。西方文化属于第一种路向——向前的路向,中国文化是以意欲自我调和、持中为其根本精神的。印度文化是以意欲反身向后要求为其根本精神的。① 在我看来,这三种路向有积极的、有消极的、有折中的,但都是针对问题的一种态度,都是针对现在的生活状态。当然向前的

---

① 梁漱溟:《人生的三路向——宗教、道德与人生》,当代中国出版社 2010 年版,第 9—11 页。

态度会导致向前的发展,但是这三种路向都没有把未来作为一种可能性放到现实之中。

我把生活的活法分为三种:一是面向过去的;二是面向现在的;三是面向未来的。面向过去的活法活在回忆之中,所有过去的东西都是好的,对现在不满意,对未来没想法,这是一种悲观主义的人生态度。这种状态在什么样的社会阶段都存在,鲁迅笔下有一个九斤老太,她整天念叨的是,"以前的天没现在热得这般厉害"、"现在的炒豆子比以前硬"、"一代不如一代"等。有些经历过五六十年代的人经常怀念那个时代人们的单纯,对现代社会的人心不古、利益纠葛不以为然,对社会的进步视而不见。这种态度是一种抱怨的态度,没有什么建设性的意见。然而,这种活在过去的态度,并不是没有一点积极意义,它提供了一个比较的维度。在当前市场经济社会金钱至上、利益当道价值观的引领下,确实以前很多美好的品质不见了,人不如以前单纯了,帮助别人想着回报了,路遇别人困难袖手旁观了,甚至伸一只手就可以救人命的情况连一只手也不愿意伸出。以前的生活很简单,生活不富裕且劳累,一年到头要为吃喝着忙,但是喝的水是干净的,呼吸的空气是新鲜的。现在吃的喝的少有不被农药化肥污染的,毒米、毒面、毒油、毒蔬菜、毒水果、毒牙膏,人们把经过甲醛泡过的时尚衣服穿在身上,想不生病都难。住的房子、买的家具一年到头散发着致病的怪味儿。最要命的是,我们赖以生存、不用花钱买的无价之宝——那曾经透明无毒无味的空气,现在带着灰尘、尾气被我们吸进身体。为了追求经济利益的最大化,环保这块绊脚石被踢到一边,甚至连天空的臭氧层也被我们折腾出了一个大洞。由于空气中二氧化硫的含量增加,我们头顶上看似洁白美丽的云彩,说不定什么时候下来的就是酸雨。社会竞争的激烈,就业的压力,房子的压力,儿女教育的压力,使得现代人活得越来越紧张,怕过得赶不上人家,怕升职赶不上趟。现代人追求得多,压力也大,虽然物质财富增多了,生活水平提高了,但是生活未见得更安全,生活质量未见得更高,幸福的感觉未见得强烈。活在过去的生活态度虽然不能为社会提供发展的向度,但它可以提供一个比较的维度。通过现在和过去的对比,看看现在的进步和退步,看看传统的优秀价值是否得到坚守和发扬,它提醒我们不要忘记自己的传统和根源。我们民族的优秀文化传统是千百年来传递下来适合这个民族成长的东西,走向现代性并不意味着把传统连根拔掉,传统消失殆尽的民族就失去了民族的根基和个性。

第二种态度是面向现在的。面向现在是一种活在当下、把握现在的生活状态。这既区别于以未来激发人的斗志和意志的理想主义，又区别于依靠回忆来获得生活支撑的悲观主义。它要求人们立足于当下的生活状态，关心人的生活现状，解决现实的问题。这样的一种生活状态既注重物质生活水平和条件的改善，也注重精神素质的提升。它关注的是当下人的生活状态，它相信做好每一个现在，无数个现在就构成了一生满意的状态。现在是无数个已经成为过去的"现在"累积而成的，而现在的累积就是未来，所以现在是人最应该把握的。这是当代普遍的生活态度。这种态度认为，过去的已经过去，未来是未定的，只有现在是可以享受和把握的，所以要解决现在面临的问题，解决现在的矛盾。活在过去和未来都是无奈之举，人们要享受的是现在，享受现在就是享受人生，人生就是现在。我们走过传统社会，传统的一成不变表现为过去就是现在，现在还是在过去之中，未来还是过去的延续，因此，这样的时代没有未来，因为未来也是过去。我们也走过理想主义时代，理想主义时代是把未来当成一种理想在现在存在，成为现在的动力和精神，现在是未来的过程。当代的时代，传统无以满足当代人的物质需求和精神需求，未来也没有足够的动力支撑现在，对于大多数人来说，只有人们的现实需要得到满足，人们才会有幸福感。这就是面向现在的生活态度。

第三种态度是面向未来的。邓小平曾提出三个面向："面向世界，面向未来，面向现代化。"这三个面向为我们国家的发展提供了方向，面向世界是发展的空间维度，要走向世界，以整个世界的水平衡量我们的发展；面向未来是发展的时间维度，只有面向未来，国家才能发展，社会才能进步；面向现代化是指我们发展的方向，要冲破传统，以现代化作为发展的目标。这是有实现的现实性的未来。还有一种未来的向度，把未来的虚幻的世界作为人生的支撑力量，人们忍受现世的困难，等待来世的救赎，就像基督教。这种向度严格来说不是未来的向度，无法改变现世的命运，期待来生是作为一种精神上的安慰。在革命战争年代和社会主义建设初期，社会的现实无法给参与革命和建设人们以实际的回报，只有以未来的制度建设成果和利益作为诱饵，人们期待的是用现在的努力甚至牺牲来换得未来的幸福。人们怀着对未来共产主义社会的理想和信仰，对未来社会丰富的物质生活、公平的社会制度的期待,支撑人们忍受当时的苦难,甚至为此要付出生命的代价。战争年代这种对未来生活的期待,对未来制度和幸福生活的向往所产生的巨大动力,是只有信仰和信念才有的力量,这种信念成为人们甚至以生命为代价改变现实的巨大的支撑力量。

面向过去的态度固守传统,永远不会有进步;面向现在的态度能一步步解决问题,但是没有理想实现的快乐和期待的动力;面向未来的理想主义不解决现实的问题,未来可能永远达不到自己想要的目标。当然,纯粹的面向过去或者面向未来的态度不会存在,因为人们毕竟是生活在现在。以过去为导向的社会,有可能因为对现实社会的不满,有可能是在经验社会,有可能是思维定势,过去的就是美好的。以未来为导向的,或者是一种信仰(基督教的来世),因为对现世的无可奈何,或者耽于幻想,因为对现实不满。面向现在的态度是一种现实的态度,它不会流连于过去,也不会空想未来,而是立足于当下,珍惜过去留下的和当前所有的,包括物质、精神和情感的东西。面向现在的态度应该把面向过去和面向未来的优势包括进去。传承优秀的传统,使现在的路走得更踏实;以现实为基础设计恰当的目标,给现在以动力。这样的现在,才是有根基和有希望的现在,这样设计的未来才是会成为现实的未来。因为现在不是空中楼阁,它是过去的累积,而现在的累积就成为未来,未来的目标作为一种方向存在于现在之中。过去的未来是现在,未来的过去也是现在,未来则是未来的现实。过去的价值要由现在解读,就像意大利历史学家克罗齐所说:"一切历史都是当代史";未来的发展基础由现在提供,而关于未来的目标和规划则为现在的发展提供动力和可能性空间。因此,现在包含着过去和未来,看得见的过去和未来都在现在之中。

(二)生活的可能性和现实性

关于未来的可能性有几种情况,一种是幻想,如对来世的期待,这是一种没有任何实现可能的不可能性。但是这种对莫须有的未来的期待有它的精神作用,心中有这样的上帝可以成为冥冥中生命的导师,指导人的行为选择,实际上是人自己的价值选择。还有一种可能性是有现实的根据,但还不是现实性,经过努力有可能把可能变为现实的一种可能性。当然,这样的可能性程度有大有小,现实根据比较充分的,可能性程度就大,现实根据较小的,可能性程度就小。可能性要变成现实性就要作出巨大的努力。

我们的传统社会是以过去为定向的社会,这样的社会,经验是主要的行为依据,信而好古。当代社会是以现在为导向的社会,而它又内在地包含着未来,因为如果不包含未来的目标,现在很快就失去现实性,因为原地踏步就意味着退步和落后。马克思在《共产党宣言》中所说,"生产的不变变革,一切社会状况不停地动荡,永远的不安定和变动,这就是资产阶级时代不同于过去一切时代的地方。一切固定的僵化的关系以及与之相适应的素被尊崇的观念和见解都被消除了,一切新形成的关系等不到固定下来就陈旧了。一切等级的和固定的东西都烟消云散了,一切神圣的东西都被亵渎了。人们终于不得的用冷静的眼光来看他们的生活地位、他们的相互关系"。① 这就是对当代社会的描述。这个变动不安的社会不仅以现实性为根据,也以可能性为根据。以前是现实性决定可能性,而现在是在一定程度上可能性决定现实性,不论对于人还是社会都是这样。

可能性表现为一个国家、一个单位或一个人为自己设定的目标和规划。如果目标明确、步骤清晰、措施得力,为这个目标努力,目标实现就会促使社会和人的发展不断跨上新的台阶。第二次世界大战后日本的快速发展,东南亚几个国家和地区的奋力追赶以及中国从 20 世纪 70 年代末开始改革开放之后的崛起,都是例子。对于人来说,制定了目标并为之努力,整个人生都是奋斗的足迹,如果一直没有目标,得过且过,知足常乐,就不会有进步,只能原地踏步甚至后退。未来的目标就是可能性,目标分为大的目标和阶段性目标,经过努力目标一步步实现的过程就是可能性逐渐变为现实性的过程。在新的现实性上产生新的可能性,新的可能性又变为新的现实性,就是这样的循环往复中,逐渐达到人和社会的理想状态,当然这个过程是无止境的。因此,有目标的现实性就是有未来的现实性,这样的现实性是将可能性包含在现实性之中的,也可以说可能性就是现实性的一个组成部分。没有目标的现实性,就是没有规划的现实性,也是没有未来的现实性。只有将可能性包括进现实性之中,现实性才是有希望的现实性和有未来的现实性。因此,当可能性存在于现实性之中的时候,人是有希望也是有未来的人。有希望的未来可以激发人的潜能和动力,包含未来可能性的人生是有动力和

---

① 《马克思恩格斯选集》第 1 卷,人民出版社 1995 年版,第 275 页。

活力的人生。

三、消费社会的符号化和伪个性

（一）消费的符号化

当代社会进入消费社会。消费社会是与生产社会相对而言,它是指生产相对过剩,需要鼓励消费以便维持、拉动、刺激生产。在生产社会,人们关注更多的是产品的物性特征、物理属性、使用与实用价值;在消费社会,人们关注更多的则商品的符号价值、文化精神特性与形象价值,在这样的社会里,消费成为社会生活和生产的主导动力和目标。在消费社会,价值与生产都具有了文化的含义。杰姆逊曾经描述消费社会在西方出现的历史状况。他认为,一种新型的社会开始出现于第二次大战后的某个时期,它被冠以后工业社会、跨国资本主义、消费社会、媒体社会等种种名称。他指出:"新的消费类型;人为的商品废弃;时尚和风格的急速变化;广告、电视和媒体迄今为止无与伦比的方式对社会的全面渗透;城市与乡村、中央与地方的旧有的紧张关系被市郊和普遍的标准化所取代;超级公路庞大和驾驶文化的来临——这些特征似乎都可以标志着一个与战前社会的根本断裂……"①因此,也可以认为西方发达国家在六七十年代开始形成消费社会。鲍德里亚由现代社会中人与物的关系入手,从特殊的需求理论出发来界定社会,称它为消费社会。

在这一需求理论中,消费者不是对具体的物的功用或个别的使用价值有所需求,他们实际上是对商品所赋予的意义(及意义的差异)有所需求。用鲍德里亚自己的话来表述,就是人们添置洗衣机等生活用品不仅是"当做工具来使用",而且被"当做舒适和优越等要素来耍弄"并愿意为后者掏钱。在这一理论中,消费者热爱商品的品牌和象征意义甚于商品的实用价值,不能简单看成是个人爱慕虚荣的行为,而是一种以社会心理为基础的整体的系统行为。这样,我们就能理解当今的消费者在买进某一款名牌西服的同时,必须连带购进与之匹配的领带或衬衣,或许还要考虑相应的腰带、皮鞋或手提包,这不是为了实用,而是为了意义的齐备,为了意义的完整。

---

① ［美］F. 杰姆逊:《文化转向》,胡业敏等译,中国社会科学出版社 2000 年版,第19 页。

这里,意义是暗示的,根据具体的情境生发的。所谓"完美的诱惑"在鲍德里亚看来就是指消费者意欲尽可能地占有符号的意义,各类符号的各种意义,无论是符号的现实意义还是历史意义。所以他说出了极其精彩的警句:"我们从大众交流中获得的不是现实,而是对现实所产生的眩晕"。① 当然这种"眩晕"是由符号和文字所产生。

鲍德里亚认为,消费社会的产生不是社会心理发展的必然结果,而是资本主义生产力发展的一个梦魇,因为是生产力的发展进入了增长的恶性循环。在这种恶性循环中,个人和集体的财富的增长是与危害的增加同步的。鲍德里亚认为危害的产生至少来自于以下两个方面,"一方面,它是工业发展与技术进步产生的后果;另一方面,它产生于消费结构的本身"。② 特别荒谬的是,当由增长所带来的危害造成了巨大的损失必须由新的增长来弥补时,这些居然也能作为增长的最新成就来炫耀,即所有人为的或技术的灾难所引起的消耗,如"额外的汽油开支和为事故的受害者所花费的医疗用等,所有这些仍可以作为消费的增长来计算,也就是说,在国内生产总值和统计的名义下竟可以作为增长和财富的指数。"③这样,便有了"国民生产总值的神话",在这神话中,所有的社会产品和服务的价值全都被加在一起加以统计而不分优劣,不计于社会有益还是有害。用鲍德里亚的话来说,"任何生产出来的东西,都因存在这一事实本身而变得神圣"。④ 不管这一生产是出于什么目的,派上什么用途,一切都可以算是社会财富的一部分。这一神话的逻辑就是——"任何生产出来的东西都是积极的"。于是"浪费"也因此而具有了"积极"的意义。浪费原本是指正当的和合理用途之上的多余的消耗,另外对浪费的指责还有道德方面的功用。而在消费社会中,传统的道德观念被消解。在生产力发达的社会中,浪费以其独特的功用代替了以往理性消费的用途,它甚至作为消费社会的核心功能而发挥作用——

————————

① [法]让·鲍德里亚:《消费社会》,刘成富、全志钢译,南京大学出版社2000年版,第12页。

② [法]让·鲍德里亚:《消费社会》,刘成富、全志钢译,南京大学出版社2000年版,第20页。

③ [法]让·鲍德里亚:《消费社会》,刘成富、全志钢译,南京大学出版社2000年版,第20页。

④ [法]让·鲍德里亚:《消费社会》,刘成富、全志钢译,南京大学出版社2000年版,第23页。

"支出的增加以及仪式中多余的'白花钱'竟成了表现价值、差别和意义的地方"。而我们平常所说的丰盛也只有在浪费中才有实际的意义。①

因此，在消费社会，消费具有了社会逻辑。所谓消费的社会逻辑就是人们生产和驾驭社会符号的逻辑，而不是那种把财富和服务的使用价值占为己有的逻辑。② 从这样一种社会逻辑出发，鲍德里亚告诉读者："人们从来不消费物的本身（使用价值）——人们总是把物（从广义的角度）用来当做能够突出你的符号，或让你加入视为理想的团体，或参考一个地位更高的团体来摆脱本团体。"③由此，他将消费的社会逻辑同工业社会的生产逻辑区分开来。首先，"创造财富的节奏与工业经济的生产力有关，而激发需求的节奏则随社会区分逻辑的变化而变化"。其次，在物质增长的社会里，由社会区分和地位要求所激活的需求和向往，其上升的速度总是比财富的增长速度要快。物质的增长不仅意味着需求的增长，以及财富与需求之间的某种不平衡，而且还意味着需求增长与生产力增长之间这种不平衡本身的增长。再次，人们社会"需求"的增长是没有限制的，而财富的增长是有限的；物的文化系统是难以确定的，而对物的量的吸收是一定的。因此，为了扩大需求，广告的窍门和战略目标就在于"通过他人来激起每个人对物化社会的神话的欲望"。广告从不与单个人进行对话，而是在社会阶层区分性的关系中瞄准他，好似要捕获其"深层的"动机。④

显然，鲍德里亚在这里最想告诉读者的是消费的社会逻辑与工业社会的生产逻辑之间的分野，这分界线不是在其他方面，既不是在产品的生产方面，又不是在一般意义上的商品的需求方面，即商品的使用价值的需求上，而是在需求的对象方面。这是一种特殊的社会心理需求，是对商品的符号和符号背后的意义的需求，或者说是由占有"社会意义的欲望"所激发出来的需求。因此这种需求是对符号等级或这一等级所代表的意义"差异"的

---

① ［法］让·鲍德里亚：《消费社会》，刘成富、全志钢译，南京大学出版社 2000 年版，第 24 页。

② ［法］让·鲍德里亚：《消费社会》，刘成富、全志钢译，南京大学出版社 2000 年版，第 48 页。

③ ［法］让·鲍德里亚：《消费社会》，刘成富、全志钢译，南京大学出版社 2000 年版，第 48 页。

④ ［法］让·鲍德里亚：《消费社会》，刘成富、全志钢译，南京大学出版社 2000 年版，第 51—53 页。

需求,它永远不会得到满足,也永远不会有需求的确定性。① 笔者认为,只有进入这样一种社会,这个社会不存在差异,或者说不因为差异而有社会地位的区别,只是以人的潜能发展的差异作为人的差异化,这种消费的神话才能取消。

(二)消费中的伪个性

在消费社会中,消费者的购买行为和需求是个体自由选择的结果,还是被生产出来的? 加尔布雷斯等学者认为在消费社会中,消费者是盲目的或被操纵的,消费者个性,或者说消费者的自由选择和主权实际上是一个骗局,他只是被强加了选择的自由而已。实际上消费者的需求是被生产出来的。所谓被生产出来是指,"企业在某种财富生产和服务的同时,也发明了使人接受它的各种方法,因而实际上也就'生产'了与之相对应的需求"。②

鲍德里亚在批判加尔布雷斯的"需求是生产的结果"的基础之上,提出了"需求体系是生产体系的产物"这样一种观点,认为在消费社会中需求并不与具体的物和商品有关,需求也不是与物一一对应的,因此需求不是一个一个地被生产的,需求作为一种体系是在一个更大的生产力范围里以总体的支配性面貌出现的。③ 正是站在需求体系的总体立场上,鲍德里亚指出,消费者对物的消费与我们一般意义上所说的享受是不同的,如果说个体的需求性消费必然是一种使用或享受式的消费的话,那么在消费系统中,情形就发生了变化,消费甚至可以"被规定为排斥享受的"。他说:"作为社会逻辑,消费建立在否认享受的基础上。这时享受也不再是其合目的性、理性的目标,而是某一进程中的个体合理化步骤,而这一进程的目的是指向他处的。享受会把消费规定为自为的、自主的和终极性的。然而,消费从来都不是如此。人们可以自娱自乐,但是一旦人们进行消费,那就绝不是孤立的行为了(这种'孤立'只是消费者的幻觉,而这一幻觉受到所有关于消费的意识形态话语的精心维护),人们就进入了一个全面的编码价值生产交换系

---

① [法]让·鲍德里亚:《消费社会》,刘成富、全志钢译,南京大学出版社 2000 年版,第69 页。

② [法]让·鲍德里亚:《消费社会》,刘成富、全志钢译,南京大学出版社 2000 年版,第64 页。

③ [法]让·鲍德里亚:《消费社会》,刘成富、全志钢译,南京大学出版社 2000 年版,第64—65 页。

统中,在那里,所有的消费者都不由自主地互相牵连。"①所以,在此意义上,批评家认为消费和语言一样是一种交流体系,是一种"含义的秩序"。

这种总体立场使得我们可以用结构主义的视角来看待消费,即"消费系统并非建立在对需求和享受的迫切要求上,而是建立在某种符号(物品/符号)和区分的编码上"。也就是说,在消费社会中,"财富和产品的生理功能和生理经济系统(这是需求和生存的生理层次)被符号社会学系统(消费的本来层次)所取代"。② 同时这种结构主义视角也使人们能加深理解前面所说的消费需求是对"差异"的需求,因为对单个商品的消费(或者说使用)是无所谓差异的,只有在某个相对的系统之中才有差异存在。也只有在这一语境中我们才能确实感受到需求作为一种体系所具有的支配力量。

那么,在消费社会中个体的价值和地位如何得到体现? 消费社会中最有号召力的口号是"个性化消费",在消费活动中人们能够对自己的主体地位加以确认,"找到自己的个性并肯定它",会有一种十分充实的乐趣——"真正成为自己的乐趣"。然而,事实上对西方 18 世纪以来的主体神话消解的最厉害的正是消费社会本身。无论消费者买什么样式的服装,用什么品牌的化妆品,驾驶什么款式的汽车都无法体现自己真正的个性,虽然人们之间有着真实的差异存在,但是在消费过程中这些差异不会把个体相互对立起来,而是对它们进行归并和集中,根据某种不确定的等级进行划分,并向某些范例汇聚,而差异正是以这些范例为出发点被生产和再生产的。当然,这些范例并不是由独特的个性所奠定,而是一种组合个性,例如对某些成功人士来说,吸某种品牌的烟与穿戴某种款式的西服衬衣、领带可能是相对固定的搭配,标志着其某一类人的身份特征。当然这种组合个性是某种组合文化的反映,由多种因素构成,也有偶然的或感性的成分。但是最根本的原因是消费系统在促使着人们及产品的同质化,在这一同质化的过程中,个性的差别被产品的差异所取代,而与此同时,资本主义大工业生产在进行着对差异的垄断和集中。

----

① ［法］让·鲍德里亚:《消费社会》,刘成富、全志钢译,南京大学出版社 2000 年版,第70 页。

② ［法］让·鲍德里亚:《消费社会》,刘成富、全志钢译,南京大学出版社 2000 年版,第71 页。

　　既是差异又是垄断和集中,这里存在着明显的矛盾,该如何统一? 鲍德里亚的解释是恰到好处:"抽象地说,垄断和差异在逻辑上是无法兼容的,它们之所以可以共存,恰恰是因为差异并不是真正的差异。"因此,消费者"无论怎么进行自我区分,实际上都是向某种范例趋同,都是通过对某种抽象范例、某种时尚组合形象的参照来确认自己的身份,并因而放弃了那只会偶尔出现在与他人及世界的具体对立关系中的一切真实的差别和独特性"。① 鲍德里亚强调,"应该看到消费并不是围绕着某个个体组合起来的,因为根据名望或雷同的要求,个体的个人需求是以集体语境为索引的。其中首先有一种区分的结构逻辑,它将个体生产为'个性化的',也就是生产为互相区别的,但是根据某些普遍范例及它们的编码,他们就在寻找自我独特性的行为本身中相互类同了"。② 因此他教导,不必过多地关注个体符号之下体验的独特性或类同性问题,虽然这类问题并非毫无意义,但是真正应该研究和关注的是置于编码符号之下的区分系统和个性化逻辑。这一区分系统和个性化逻辑"从来不依靠人们之间的(独特的、不可逆转的)真实差别。使之成为系统的,恰恰是它取消了(必然不同的)每个人本来的内容、本来的存在,取而代之以作为区分符号进行工业化和商业化的差异形式。它取消了一切原始品质,只将区分模式及其系统生产保留下来"。③

　　鲍德里亚不仅挑明人们的消费行为是一种符号消费,消费系统是一个置于编码之下的差异系统,而且还透彻地析出,这一由工业化和商业化生产的大规模的差异系统是排除个性化的。他进一步分析,这样一个消费差异系统还可以看成是一套特殊的语言系统。因为在这里,符号差异不是固定的和排他的,而是互相作用和互相诉求的,并且是可以相互交换的,这样一来编了码的差异不仅不能将个体与个体之间真正区分开来,反而变成了交换的材料,所以人们的消费行为也是一种语言交流。由此可以说,所谓个性化消费只是在大编码系统下的有限的语言表达。这样,由鲍德里亚所建构

---

　　① 〔法〕让·鲍德里亚:《消费社会》,刘成富、全志钢译,南京大学出版社 2000 年版,第83—84 页。

　　② 〔法〕让·鲍德里亚:《消费社会》,刘成富、全志钢译,南京大学出版社 2000 年版,第87 页。

　　③ 〔法〕让·鲍德里亚:《消费社会》,刘成富、全志钢译,南京大学出版社 2000 年版,第88 页。

的消费的社会逻辑出发,他将消费行为规定为以下三点:第一,不再是对物品功能的使用、拥有等;第二,不再是个体或团体名望声誉的简单功能;第三,是沟通和交换的系统,是被持续发送、接收并重新创造的符号编码,是一种语言。①

（三）消费文化是一种新的社会规训

鲍德里亚认为,消费文化遵循的是日常生活和商品的符号化原则,所以消费文化是消费社会的派生物,而不是传统文化的传承。传统文化的形而上的特质在消费社会被消解,代之而起的是物的符号系统。但是物的符号系统既不是预设的,也不是封闭的,它是一个无限的开放系统,充满着歧义,自然更有着多种读解的可能性。然而,这多种读解的可能性并不助长消费者的个性化发展。消费过程并不是发展、鼓励和确立差异,而是将差异进行归并和集中。他认为消费只是表面上混乱的领域,似乎"在其他任何地方都受到社会规矩约束的个体,终于能够在那个属于自己的'私人'范围内享有一点点的自由和个人自主。"而实际情形并非如此,"消费是一种主动集体行为,是一种约束、一种道德、一种制度。它完全是一种价值体系,具备这个概念所必需的集团一体化及社会控制功能。"②因此在消费过程中存在着某种支配力量,这种支配力量为了维护符号秩序和组织的完整,必然要对消费者进行调教和规训,使得这一体系能够有效地运作起来并长期维持下去。所以鲍德里亚会说:"消费社会也是进行消费培训、进行面向消费的社会驯化的社会——也就是与新型生产力的出现以及一种生产力高度发达的经济体系的垄断性调整相适应的一种新的特定社会化模式。"③

消费文化是一种新的社会规训力量,这种规训与传统的学校、机关、社会团体的规训是完全不同的系统,是"一种更加非官方、非制度化的系统"。相应的规训是与消费、信用、服务等概念相关的信仰与约束,是来自市场法则和社会经济系统的规训。消费文化的规训不是强制的,但有时它比强制

---

① ［法］让·鲍德里亚:《消费社会》,刘成富、全志钢译,南京大学出版社2000年版,第88页。

② ［法］让·鲍德里亚:《消费社会》,刘成富、全志钢译,南京大学出版社2000年版,第73页。

③ ［法］让·鲍德里亚:《消费社会》,刘成富、全志钢译,南京大学出版社2000年版,第73页。

的规条更有力量,它假借着市场法则控制着社会的整体语境。就个别的消费行为而言,个体消费者有着选择权和独立性,一旦进入具体的情景,就有着多种因素的相互作用。尽管它仍然是消费,但已经是"对人际关系、对团结、相互性、热情以及对以服务形式标准化了的社会参与的消费"了,"这是一种对关切、真诚和热情的持续性消费,然而当然也是对这种独有的关切符号的消费——这种关切对于身处一个社会距离及社会关系紧张成为客观规律的体系中的个体来说,比起生理上的进食来,更是他维持生活所需要的"。① 但是,消费文化是平易的、亲切的、热情的、温和的,有着日常生活用品的一切特点和感性色彩,这些都在模糊人们对其规训特性的认识。

鲍德里亚对消费社会的符号意义、伪个性和规训特征的分析,就是对包括我国当代社会在内的消费社会特征的深刻分析。资本的操作使得消费过程成为生产过程的一个组成部分,生产的过程是一个整体的控制过程,它在控制生产的过程也在控制或者说创造着消费过程。在消费过程中,人们貌似在自由地选择过程中体现着自由的个性,但实质上人们的消费被消费的符号所引导,消费的符号代表的是类,而不是个人的真实个性。在资本创造和被符号化的消费领域,个性无法体现,或者说个性是被淹没的。用马克思的话说,这是一个物的依赖性的阶段,当一切都被资本所操纵的时候,真正的个性是无法体现的,有的只是分差别分等级的同质性。真正的个性是要超越物的依赖,建立在广泛的交往和精神丰富基础上的。

第二节 "生活在现在"的历史性

关注当下,"生活在现在"是当代人生活的最真实的状态。一方面不再有传统和经验的负累;另一方面也缺少了理想主义的激情,那么"现在"给了现代人什么?

一、"生活在现在"的时间体验
人的生命是一个过程,个体是在时间中的存在,而时间不是一种固定不

---

① [法]让·鲍德里亚:《消费社会》,刘成富、全志钢译,南京大学出版社 2000 年版,第 180—181 页。

变的东西,它实际上是人的生活过程的记述,个体生活内涵的丰富程度决定了个体关于时间的体验是有区别的。赫勒在《现代性理论》指出,时间是一个历史概念,并因此历史地改变其限定。在前现代社会,时间几乎没有多少意义,它没有现在的赶时间的概念,因为生活是固定,时间也是均匀地流逝着,在一年一度的节日中,在人的脸上的皱纹里,可以看见时间在流逝。也许只有在历史学家的纪传体里,可以看出时间的简单变化,但也仅仅表现为合久必分、分久必合的循环中。在古典力学中时间概念是关于单纯时间的客观概念,是一个绝对概念。无限的宇宙就像一个容器,在其中时间总是"存在",时间是发生在这一容器内的所有运动和变化的总和,这意味着一切都"在时间"中存在。同容器(时间/空间)本身比起来(这种比较是不可能的),我们无限之小,生命无限短暂。海德格尔在《存在与时间》中,把生活时间看做是"此在"本身。世界时间是机械的、客观的,生活时间不同于客观的、可测度的时间,它是个人经验的时间,作为生活时间,时间成为意义(meaning)。作为经历的生活时间,和海德格尔的作为历史性的生活时间,都是同客观时间、钟表时间和机械时间对立的。在这两种情形中,生活时间是(或至少可以是)真实的,而客观时间是不真实的,与它与人的活动无关。①

同时,赫勒还认为,时间是亲历的历史。时间仅仅为人而存在,上帝是无时间的(永恒的),整个人类历史同时存在于他永恒的头脑之中。存在之物的先后顺序是人类的经验,或者说时间被织成了事件的序列。先和后是基本的历史范畴,是有关时间性的仅有的基本的历史范畴。它们是相对的,是同具体的事物和事件相联系的,是叙事的时间范畴。存在着同步发生的世界历史,如今,地球上几乎所有的文化都是同步化的,因为它们都是同时代的。世界成为"一个世界"的最佳标志是在世界上每一个地方都有许多重要事件,它们能够同"先/后"的时间标尺上的其他重大事件联系起来,并且产生意义。每一个存在者的生活也是如此。我出生先于或后于某个人这一事实,在我同这个人的接触(联系)中是有意味的。没有一般的"先"和"后",只有在某事中或关于某事的先和后。在我降生的时刻(对我来说)没有"先",对即死之人来说,没有"后"这回事,生命本身因此可以被描述成先

① [匈]阿格尼丝·赫勒:《现代性理论》,李瑞华译,商务印书馆2005年版,第245页。

和后的交错。"先"是经验的积累,但当"时光流逝"没有增加"先"之积累时,当"先"仍然很单薄时,惊慌就会攫住你的头脑:这被叫做"浪费时间"。在生活中,事情会发生的"太早"或来的"太晚",来得太早意味着还不是它发生的时候,来得太晚意味着已没有足够的时间留给它。在这两种情形中,问题都在于难以或不可能把某事(一种可能的经验)插入到一个合情合理的生活故事之中。事实上,现在只不过是未来和过去的交叉点。现在像未然和不再一样灵活,因为它取决于先前和后来的事物在现在所具有的具体内容和性质。存在者生活在现在,但"先"因为在记忆中被回想和它对现在的影响,也成为现在的一部分,"后"作为现在的可能性而引导现在也成为现在的一部分。没有现在和未来,他或她就不可能回想过去;没有未来,他或她就会死去,而不再能记忆。

赫勒认为,亲历过的历史是生命中最大的福祉。① 因为亲历历史才会有经验,才不会感到缺少时间,只有经验的历史才能被记忆和分享。与传统社会日常主体的非历史性相比,当代的、后现代的人"生活在绝对的现在时"。② 如今,由于整个世界变成了现代的和同时的,整个世界共同享有"现时代"(present age),"现时代"就是此时此地。现在就是历史,它弥合了过去与未来,因为现在,过去的经历有了意义;因为现在,未来的目标才能成为现实。现在是创造历史的现在,因此,现在是人的生活意义的聚焦。历史地说,存在着绝对的现在时(它包括现在之过去和现在之未来),也就是说,现在是包括过去和未来的现在。现在不是一个断裂的时间存在,因为有过去的积累,现在才会存在,过去因为现在而被记忆,记忆是现在的一部分;因为有未来的希望,现在才有动力,未来作为一种可能性已经在现在之中。因此,历史就是无数个现在的连接。只有生活在现在,把握现在,生命才能创造出最大可能的丰富性。只有现在创造出历史,现在才有意义。

二、生活空间的现实与虚拟

空间概念随着宇宙无限的思想而出现,从那以后,天上的物体被放进一个"空间"。而在牛顿的宇宙中,空间成为不同于时间的"容器"。物理空间

---

① [匈]阿格尼丝·赫勒:《现代性理论》,李瑞华译,商务印书馆 2005 年版,第 253 页。
② [匈]阿格尼丝·赫勒:《现代性理论》,李瑞华译,商务印书馆 2005 年版,第 253 页。

和形而上学地点无论在古代宇宙学中还是在基督教神圣宇宙中都是重合的。然而生活空间不同于物理空间,它不仅指生活地点范围的拓宽,与其一致的是生活内容的丰富。现代生活的空间随着世界市场的开拓、信息和交通的发达,进入了一个空前广大的领域。由于人的生命的有限性,人们的生活空间总是有限的,但是认识的世界却可以有一个广阔的范围。康德对"了解世界"(knowing the world)和"拥有世界"(having the world)作了区分。一方面是一个无限空间的开启,另一方面是对地球上未知领域的发现,这是理解世界中的一次革命。这首先就意味着理解世界和拥有世界之间创造了一条巨大的鸿沟。了解世界和拥有世界之间的鸿沟不断变宽,无论在空间经验还是在时间经验中都是如此。①

　　事实上,时间似乎被当做空间来理解和思考。人们提到我们这个星球上那些遥远的、几乎不为人知的世界,同样也提到很久很久之前那些更少有人知道的世界。在这两种情况下,别的世界都是在一定的距离之外。人们可以在想象中把不同的地方、过去的时代或遥远的大陆转译成虚拟的地方。但虚拟的地方并不虚妄,它们作为并不虚妄的虚构在这里,作为想象的有效世界在这里。虚构如果包含着被认为实际/真实的事物的形象,它就不虚妄。想象的世界如果内在于存在、内在于生活、内在于"此刻"及其之前和之后,它就是有效的。所以,当代人的网络生活作为占据了很多人生命时间的生活也是真实的生活,不过这种生活是在虚拟世界里。印刷术把虚拟现实扩张到神话与童话世界之外,它变得像我们的世界一样真实。它们在别的地方,在另一个时代——那些世界是从前的世界,或者是别的人"拥有"的一个遥远的世界。我们有我们的世界,但我们了解他们的世界,以这种方式我们也拥有他们的世界——不过是作为一个虚拟的世界;这个世界作为一个虚拟的世界,属于我们所拥有的真实的世界。这样,我们所了解的世界和我们所拥有的世界之间的鸿沟由一条走廊连通了,这条走廊充满了书籍、叙事和描述。在吞食文字的时候,人们对于遥远的世界了解越来越多,但这种知识多半是在了解世界的层面上扩张,而不是在拥有世界的层面上。而且,即使人们"拥有"的虚拟世界也是有限的。此外,一个人越是想在一个虚拟空间里扩张他的世界,这个世界就越是变得不那么密实,广度和密度彼

---

① [匈]阿格尼丝·赫勒:《现代性理论》,李瑞华译,商务印书馆 2005 年版,第258页。

此矛盾。虚拟空间(地点和时间)的扩张并不总是使得"拥有"一个世界的经验更加厚实。① 因为虚拟空间虽然占据了人的时间,但是它和人的身体有距离,只有与人的身体和生命相连的空间才谈得上"拥有"。

在当代,同"遥远的"过去的关系和同"遥远的"地点的关系这两者之间的区别很快就表现出来。时间上的距离不断在增加,地点上的距离在不断缩小。历史想象开启了我们略有所知但并不拥有的过去;技术文明则把遥远的地方变成了很近的地方。② 距离总是用时间来度量,(时间上)不可跨越的鸿沟似乎(在空间上)可以跨越。旅游狂热是试图填平我们所知的世界和我们拥有的世界之间的鸿沟的疯狂努力。如果你参观这个地方,你就是亲临其境。你必须亲身体验地球的收缩,以便获得拥有一个真实的世界而不是一个虚拟的世界的幻觉。但是,赫勒认为,现代大众旅游者在"真实世界"里游走,就仿佛它是一个虚拟世界。尽管他们的身体到了那儿,他们不大谈得上"拥有一个世界",因为他们不能让自己保持在那些世界里,他们不能说那里的语言,没有进一步的解释他们就不能理解那些地方的人的姿势,他们不能唱那里的摇篮曲。他们从那些地方回归"常态",就像人们从一个虚拟世界回到行动的世界。因为只有当你可以改变一个世界时,你才"拥有这个世界",这种改变不仅是为了你自己,而且是为了那个世界的居民。③ 赫勒把大众旅游者描绘成了跨越了解世界和拥有世界之间沟壑的一种大众运动,它试图缩小距离,把所有的事物都拉"近",也就是说变得熟悉(我见过它,我到过那儿,我游览过,我知道)。她得出的结论是,事实上那些"很近"的世界从他们的指尖下溜走:我们可以在那里停留,但我们不能定居在那里。

三、"思乡"的情感之源

与拥有世界的意义连接,在传统世界中,人在决定的意义上拥有自己的家。但是当今,都市化在现代人的生活方式中扮演着决定性的角色,都市化促成了家的经验的相对化。由于在一个大城市里每一个人都是陌生人,一个人即使离开了自己的最亲密的环境、工作场所、家庭以及朋友的鼓励,他

---

① [匈]阿格尼丝·赫勒:《现代性理论》,李瑞华译,商务印书馆2005年版,第259页。
② [匈]阿格尼丝·赫勒:《现代性理论》,李瑞华译,商务印书馆2005年版,第260页。
③ [匈]阿格尼丝·赫勒:《现代性理论》,李瑞华译,商务印书馆2005年版,第262页。

仍然可以像一个"普通旅游者"一样在他出生的城市里行动。对于现代男人和女人们，是否有一个特殊的地方，一个仍然可以称为它们的世界的中心的地方？赫勒认为，正如自我已经非中心化了，一个人所拥有的世界（而不是他仅仅知道的世界）也已经非中心化。在传统上，我们把我们的"家"所在的地方称为世界的中心。但现代的男人和女人"有"家吗？有可以让他们内心安定下来的"家"吗？这个"家"是感情的寄托，亲情、爱情、责任之所在。一个没有家的人是没有传统的人，"一个没有传统的人是一个缺少历史想象的人，只能完全靠技术想像贫瘠的意识形态饮食为生。这意味着不立足于地球上一个（或两、三个）特殊的地点或中心，人们就会失去双重约束"①。

　　中心被称为家，家是放"心"的地方，只有愿意将"心"放下，放在某个地方，这个地方才可以被称为"家"。因此，家成为一个人活动的中心。家是"很近的"，离自己的身心"近"，某种东西离"家"越远，它就变得越是遥远。我的"亲密"的朋友可能很遥远，但我仍然可以和他共享一个世界；但是在大都市的一幢公寓里我的隔壁邻居却可能完全是陌生人。区分"近"和"远"的最简单方式是同一信息的传播长度。假设一个人要告诉另一个人一件事，这件事（对她来说）非常重要，关系越是亲密，传播的长度（路径）就越短。因为"亲密的人"相互理解时不需要语言，而是通过暗示，以一种简略的方式。在传播中区分远和近的第二个标准是所传播的信息是否属于一个人在社会格局的地位与等级分配中所行使的职能。如果两个人可以用简略的方式交流，但他们中却没有一个人进入了有关他或她所行使的职能的交流，那么传播的长度就将真正成为标志出亲近和遥远的地震仪。我对于我的对话者或者她对于我了解的越少，我的交流/谈话就会越理性。②

　　在传统的世界里，家和陌生的地方是严格地、一贯地区分开来的。并不需要在离开家再回来以后，人们才会认识到要么有一个家要么没有家。人们离开家会很想念家、会思乡。我国古代诗人思乡成为诗的一个主要内容，那种思乡的浓情让人动容。如李白："举头望明月，低头思故乡。"（《静夜思》）白居易："两处春光同日尽，居人思客客思家。"（《望驿台》）"想得家中

---

① ［匈］阿格尼丝·赫勒：《现代性理论》，李瑞华译，商务印书馆2005年版，第264页。
② ［匈］阿格尼丝·赫勒：《现代性理论》，李瑞华译，商务印书馆2005年版，第265页。

夜深坐,还应说着远行人。"(《邯郸冬至夜思家》)王安石:"春风又绿江南岸,明月何时照我还?"(《泊船瓜洲》)刘长卿:"乡心新岁切,天畔独潸然。"(《新年作》)张籍:"洛阳城里见秋风,欲作家书意万重。复恐匆匆说不尽,行人临发又开封。"(《秋思》)纳兰性德:"风一更,雪一更,聒碎乡心梦不成,故园无此声。"(《长相思》)高适:"故乡今夜思千里,霜鬓明朝又一年。"(《除夜作》)王维:"独在异乡为异客,每逢佳节倍思亲。"(《九月九日忆山东兄弟》)举不胜举,家乡是外出的人们永远的情结。但是,在现代世界中家的问题变成了一个问题,它之所以是一个问题,是因为回家成了常事。我们从工作场所或度假地回家,或者相反,我们回家度假,没有了那种回家的快乐。回家也意味着认识,人们认识到熟悉的东西是在"陌生"之中。认识是一种空间体验,使认识得以表现的,是身体的合一,是绝对的接近。认识的伟大胜利不仅仅是爱的伟大胜利(被爱者与我们的心相近),也是家的伟大胜利,回家是最古老、最基本的快乐之源。①

"思乡病"(homesickness)意味着一个人渴望回家,但它也可以意味着一个人在家里待出了病,现代人得的是这个词两种意义上的思乡病。同生活中心点(在地点上)的这种情感关系,既有吸引力也有排斥力,是不断出现的现代生活的悖论经验之一,就像对自由的恐惧和对不自由的恐惧,独立的欲望和归属的欲望,个人主义和社群主义。② 人们也可能充满焦虑,渴望回到"确定性"、"绝对"的羽翼之下。思乡病是一种忧郁的情感,一个人之所以体验到思乡病,是因为他住在远离他所说的"家"的地方。如果一个人感到待在家里不舒服,这也是一种忧郁的情感,他之所以不舒服,是因为在遥远的、不熟悉的、未经探索的地方有着快乐和幸福的希望。在这两种情形中,人们都感到一种缺乏,一种内在的空虚;失去了某种东西——失去了最重要的东西,生活变得空虚。如果快乐和希望在别处,对一个人的当场来说,就是中心或快乐之源的缺席。如果快乐之源不在了,一个人就不可能对生活说"是",即使并无任何具体的理由或原因让他绝望。只有当幸福的根源在别处的时候,它才是遥远的,才是一个人所不能掌握的。正是与幸福的距离,甚至是与幸福的希望的距离,使得"乡思"变成了忧郁的。

----

① [匈]阿格尼丝·赫勒:《现代性理论》,李瑞华译,商务印书馆2005年版,第267页。
② [匈]阿格尼丝·赫勒:《现代性理论》,李瑞华译,商务印书馆2005年版,第267页。

由于我们意识到我们的有限性并丧失了对来世生活的信心,由于我们经历每一天的短暂,我们就像是这个地方的游客。我们受到这样一个想法的折磨,即我们的尘世旅程总是在缩短。"短"是一个时空表达,没有什么东西本身是短的,它只能就某事来说短。大多数人说生命短暂,是因为他们希望继续生活下去。但在更深层意义上,生命之所以短暂是因为人们无法克服异在之感。一个人在其生命中不可能同世界、同其他重要的男人和女人变得"熟悉",他希望有其他的地方可以去"探索"。就乡思而言,生命因为距离而短暂;生命太过短暂,一个人不能把他所知道的世界变成他所拥有的世界。只要我觉得自己是一个外人,一个陌生人,只要我不能理解与我最亲近的人,我就没有家可以依靠,即使在形式上我是"在家",在我的生身之地、我的城市、我的街道。因此,与现代男人和女人拥有世界的能力相比较,生命是短暂的,一个人永远不会完全拥有一个世界。思乡病是由这样一种意识所引发的一种忧郁情感:生命太过短暂,以至于人无法熟悉它,就连理解一个人都不行。①

生命是"短暂的"——但是在对这种"短"(being short) 的存在性理解中,它并不总是太短。人们只能从量上体验到生命之短,如果一个人没有活一百年,生命在这种最基本的意义上就是短暂的。但这是对于生命之相对"短暂"的一种不真实的感觉。只有在那些想要拥有一个世界的男人和女人们身上,才会产生对于生命短暂(生命太短,以至于无法拥有一个世界)的真正感觉,它不会在那些大众旅游者的头脑中产生。普遍的大众旅游者并非陌生人,他也没有思乡病,他四海为家,他理解需要理解的一切。如果一个人有了异在之感,却仍然渴望(企图)在世界中变得更加熟悉——无论是在其自身的世界里,还是在"别人的"世界里——生命的短暂就不是数量上的,而是性质上的。而这种性质被称为人生倏忽(transience),一个现代人必须学会与之共生的正是这样一种性质。我们不会彻底了解一个人,更谈不上彻底了解自己,我们不会像以前那样拥有一个世界。② 因为这个世界是这样的一个世界,"一切固定的和僵化的关系以及与之不相适应的素被尊崇的观念和见解都被消除了,一切新形成的关系不到固定下来就陈旧

---

① [匈]阿格尼丝·赫勒:《现代性理论》,李瑞华译,商务印书馆 2005 年版,第 270 页。
② [匈]阿格尼丝·赫勒:《现代性理论》,李瑞华译,商务印书馆 2005 年版,第 271 页。

了。一切等级的和固定的东西都烟消云散了，一切神圣的东西都被亵渎了"。①

现代人，外在距离上的远和近，以及内在距离上的远和近，始终是交织在一起的。在此意义上，空间/地点经验无异于时间经验，存在者的历史性既是空间的也是时间的。从生到死，我们都在此，而不在彼。远之所以存在（在历史想象中），是因为它在此。如果看不到某事物的踪迹，人们就不能感觉到这一事物的不在（缺乏），人就不能在梦想中进入一个往昔的世界，一个"远"在过去的世界。人们必须"看到"踪迹，才能感受到缺乏，才能在不了解遥远事物的情况下知道它，才能"再现"（present）遥远的事物。② 对于外在和内在，都是如此。所以，人们看见的、想象的都是与人的生活有关的，不管是关于未来的，还是过去的，只是与人的生活的关切度有区别。人的生活是有关人的一切感觉的核心和辐射点。

四、幸福的主观化

前现代社会格局的解体，也导致了幸福的感受以及人类完美观念的剧烈变化。在前现代社会格局中，幸福和完美有着概念上的关联：它们都在各自目的论/等级性地排列的生活道路中占据着至高位置。亚里士多德伦理学这样来阐明这一模式：自由人站在等级性的排列的人类空间的最高层；他是政治动物，他是逻各斯的拥有者；他的道路是按目的论设计的；如果他通过践行好人的所有美德，通过做最好的"人物"，而成为一个彻底的好人，被叫做完美的。他在伦理上是完美的，他就不会有任何不完美③。对古代人因此也是对亚里士多德来说，没有人可以比一位完美的绅士更完美。他们是自足的，他们不需要任何人或任何别的东西，自足就是完美。亚里士多德说，道德上的好人和高尚的人是幸福的人（假如他也有一些幸运资财，比如中等富裕和健康的话）。在亚里士多德的哲学中，伦理完美本身在一定程度上就要求类似的条件，一个非常非常贫穷的人缺少成为伦理上完美的人的条件（比如，他不能施行慷慨的美德），伤残之人也是如此。在康德看来，

---

① ［德］马克思、恩格斯：《马克思恩格斯选集》第 1 卷，人民出版社 1995 年版，第 275 页。

② ［匈］阿格尼丝·赫勒：《现代性理论》，李瑞华译，商务印书馆 2005 年版，第 274 页。

③ ［匈］阿格尼丝·赫勒：《现代性理论》，李瑞华译，商务印书馆 2005 年版，第 306 页。

完全服从道德律令就是完美,无论如何,总是遵守道德律令的人应该得到幸福,尽管他并不幸福。人们必须假定有永恒的生活、灵魂的不朽,必须为善与幸福的重合作出辩护。康德试图以某种方式"保留"传统关联的努力适得其反,也就是说,曾经是一个同质途径之整体要素的东西分裂了。它们以两种决定性的方式分裂的了:首先,伦理/道德的完美不再包括完美本身;其次,幸福和伦理(道德)分道扬镳了,各种不同的、新的幸福概念涌现出来并同时存在,它们更多地关注现代男人和女人们的经验。

　　与古代的模式相反,现代的完美的概念本身变得多元化了。瓦萨里关于著名艺术家生活的著作相当根本地表明事情已经发生了怎样的变化,他提出最完美的艺术家不是伦理意义上最完美的存在。① "完美"开始意味着"完全实现"(fully accomplished);它的意思不是"好"(to be good),而是"擅长于某事"(be good at something),无论这个"某事"是什么。这个词失去了其伦理意味,一个人可以是一个完美的江湖骗子,同时也是一个完美的绅士。"完美"一词不仅经历了多元化,而且经历一种彻底的非价值化(devaluation)。"人皆不完美"成为现代人的深层信念。即使是最好的人、最成功的人,也可能遭受西西弗斯式的羞辱与苦难。完美与幸福就这样分道扬镳,它们之间既没有正面的关联也没有负面的关联。

　　幸福也不再同道德相联系,因为幸福已不再是一个客观概念。在传统的世界里,幸福通常是一个客观概念。根据古老的看法,拥有财富和力量的人是幸福的人,众神是最幸福的,因为他们是最有力量的人。古典的回答是,如果他有德(德性上完美),他也就幸福。整个这一概念随着古代社会的大厦一起坍塌,尽管这种坍塌也以其他的事件为条件。首先是主观性(subjectvity)的出现,幸福的概念不再是客观的,它变成了主观的。人们感到幸福或不幸福,只有当一个人感到幸福时,他才是幸福的,没有客观的标准来确定某个人是否过着幸福的生活。主观的标准,主要是个人的本性、气质倾向或情感特性,使得个人的生活幸福或不幸。幸福取决于性格,伦理也是如此。但是同一种性格绝非必然同时倾向于幸福和倾向于成为一个体面的人。许多体面的人没有快乐的本性,而许多具有快乐本性的人并不是很体面。不幸者的世界可以是一个有伦理的世界,幸福者的世界可以是没有

---

① 　[匈]阿格尼丝·赫勒:《现代性理论》,李瑞华译,商务印书馆 2005 年版,第 308 页。

伦理的世界。对生活说"是"与做一个体面的人也没有直接的联系。一个体面的人可以对生活说"是";但是,那些相信我们的世界是眼泪之谷的人的也可以是体面的人。① 但一个人并不需要有快乐的本性才能时时感到幸福,不具有快乐本性的人可以感受到片刻的幸福。在现代人的生活中,有各种不同的幸福时刻。

幸福感越是变得主观,其价值就越是取决于男人和女人们的内在生活。但是现代社会,市场、媒体和公众意见为幸福提供了样板和原型,人们因此将在他们被认为幸福的时候感到幸福。人们会说古老的模式重现了:最有力量、最富有和最知名的人被称为幸福的人。然而,这些原型不仅是"幸福生活"的界定(descriptions),而且是"感觉幸福"的规定(prescription)。当一个人接近"幸福"生活或者甚至是幸福时刻的原型时,他就应该感到幸福。但是,这些外在条件的拥有也许在刚刚得到时会有快乐的幸福的感觉,然而幸福的感觉并不必然伴随着外在的满足而一同到来。或许只有在匮乏得到满足的同时才会有感觉的幸福,不论是内在还是外在。因此,完美、自由和发展应该是无止境的目标,在追求这种目标的过程中,一个个小目标的达成才形成一段段幸福时刻。

赫勒认为,在传统的图景中,一个人是目的论地构成的,因为有完美的典范"从上面""牵引"(pull)他,他越是接近典范,越是接近"牵引"他的那种观念,他就越是变得完美和自由。就一个人是被"推动"(push)而不是被牵引而言,他是因果性地构成的。他可以为他的欲望所推动,为外在环境所推动,为错误的意见和判断所推动,为命运的无常所推动。在斯宾诺莎的词汇中,受到推动的人是为他的激情所推动。"激情"(passion)一词意味着被动性;不自由的人是其激情的"奴隶"。目的论构成的人格把他的激情转换成行动。② 目的论建构自我的模式是,个人对自己作出选择,并遵循他或她的选择,这种选择会牵引那个自己作出选择的人。目的论变成了个人的(成为你所是),它不是完美,但从某一方面说它是,因为单独一个人通过成为他或她自己选择的人而实现了他或她的命运。完美的自我(做自己)是"中心点",是人格的中心点。为一个人自己的命运所牵引意味着宿命,但

---

① [匈]阿格尼丝·赫勒:《现代性理论》,李瑞华译,商务印书馆 2005 年版,第 310 页。
② [匈]阿格尼丝·赫勒:《现代性理论》,李瑞华译,商务印书馆 2005 年版,第 313 页。

这不是来自外部的宿命，相反，是来自内部的、一个人自己选择的宿命。"牵引"是对自身作出存在性的选择的人。

　　这种现代人格结构是一种自由人格的模式。他或她是一个尽可能自由的人，是一个尽可能独立和本真的现代人，但这并不意味着他或她也是体面的人或好人。因为"牵引"型的现代人格并不等同于好人的人格结构，因为在现代性中完美本身多元化了。重要的是，在所有情形中，一个人并不是选择某种在自我之外的东西，相反，他是选择他自己。我不是选择哲学，而是选择让自己做一个哲学家。当然，一旦选择让自己做一个哲学家，我就将对哲学怀有强烈的兴趣。也就是说，我选择让自己在某件事情上做得很好（完美）。如果我随后的所有选择都同这种"牵引"有关，我就是本真的。这当然不是一个伦理选择，尽管它具有伦理内涵。现代的体面之人（好人）是那些选择让自己体面的人。他们完全地选择自己，他或她是被牵引而不是被推动的，他或她是本真的。选择让自己做一个体面的人并不是选择"做一个擅长于某事的人"，而是对于"好"（to be good）的普遍选择。但如果一个人选择做一个体面的人，并成为他或她自己选择要做的那个人，他或她将不会变得"完美"。的确，可以有（确实有）一些男人和女人选择让自己擅长于某事，同时也选择让自己做一个体面的人。如果他们幸运，这两种选择不会冲突；如果他们不幸，这两种选择将会冲突。① 完美和体面是两条轨迹。

　　前现代社会和现代社会对于信念和理性的态度也是不一致的。在前现代社会，信念和目的被认为是客观存在的，也就是说方向是毋庸置疑的。在前现代格局中大多数真正重要的事情被看做是理所当然的：宇宙、道德、制度、生活方式。这意味着这些东西通过信念而被作为好的和正确的东西加以接受。人们并不真正对他们的信念负责，因为他们通过信念接受知识。当一个人开始运用其个人理性之时，他就承担了巨大的责任。个人对理性的运用，赞成和不赞成，运用理性本身以及最主要的是关于某些目的的运思，危及到他们的世界，危及到它的根本存在。有关善恶的知识以及分辨善恶的能力多半为权威所拥有，与这样一个权威争论多半被认为是只有撒旦才会干的事。总之："一个人对信念没有任何责任，但对于运用理性负有巨

---

① ［匈］阿格尼丝·赫勒：《现代性理论》，李瑞华译，商务印书馆2005年版，第318页。

大的责任。"①

在现代性中,情况是相反的。目的是要自己确定的,是要自己负责任的。运用理性来维护或反对某些具体的目的和目标是理所当然的事,我们每天都这么做。然而,我们现代人对于我们的信念负有巨大的责任。这意味着,对于一个人在经过论证过程之前就通过信念加以接受的目的,他负有极大的责任,目的不应该是荒谬的。"不荒谬"首先意味着实用意义上的不荒谬(一个并非不可达到的目的),但它也意味着道德意义上的不荒谬。哪些目标是道德上荒谬的,或者用康德的话说,"在道德上不可能"呢? 答案是:所有那些要实现或接近它们就必须要以别人为纯粹手段的目标。那些在原则上不需要把别人用作纯粹手段的目标是可能的。它们在道德上是不荒谬的。② 后现代社会,价值多元,因此只有人自己要对自己的目的负责,才能对人类负责。后现代性中人的责任本质上是对于信念投入所负的责任,而不是对于理性运用所负的责任。运用理性是现代男人和女人们的日课。在善与恶、对与错这类问题上人之所以必须承担巨大责任,恰恰是因为在这里不存在确定性,在这里人跃入到其自身的确定性(真理)之中,他对这种确定性(真理)负有完全的责任。

在这样流动的开放的世界中,个体受什么样的目的牵引,选择什么样的生活,成为决定个体生存状态的根本性的问题。个体的选择问题是现代社会的一个根本性的问题,这与传统社会个体存在的被规定状态迥然不同。这种变化使得个体在生活的地位凸显。但是,个体的选择和人格塑造并不是一种我欲如何的简单的选择过程。人格塑造、个体选择受社会物质生活条件、制度结构以及整个社会的价值体系的制约。也就是说,现代社会已经为个体提供了极大的选择空间,但是个体选择的根据还是"自为的"的对象化所提供的价值基础,以及社会的制度和价值体系为个体选择提供的可能性。流动的现代,或者说多元的后现代,能否确立一定的原则和价值对人们的生活进行引导? 没有中心和主导价值的社会是令人恐惧的,因为人没有安全和稳定的感觉。然而安全和稳定却是传统社会的日常生活给我们的最大财富,它使我们对"家"的感觉确定无疑。流

---

① [匈]阿格尼丝·赫勒:《现代性理论》,李瑞华译,商务印书馆2005年版,第321页。

② [匈]阿格尼丝·赫勒:《现代性理论》,李瑞华译,商务印书馆2005年版,第322页。

动的现代社会仍然需要价值的引导，日常生活中的个体仍然需要"家"的亲近和熟悉，它们与个体的选择、个性化个体的塑造并不矛盾，它们仍然代表着人的生活理想。

第三节　多元的价值选择

当代社会不同于传统社会，表现在价值选择上的区别就是，传统社会的秩序是固定的，属于等级社会，士农工商每个阶层都有各自的行为规范。秦汉以降，儒家思想作为官方的正统思想，也是被老百姓普遍遵守并认可的指导思想。即便是新中国成立后的计划经济时代，也是一个具有统一的价值标准的相对封闭的社会。当代社会是一个变动的社会，除了国家统一的法律体系是所有社会成员行为的最低限度之外，整个社会不同的社会阶层、不同个人的行为趋向、价值目标、价值选择呈现多样化的特点。

一、新时期价值选择特点

（一）从对社会理想的追求到对个人生活的规划

新中国成立后，怀着对新生活的向往和对共产主义理想的期待，整个社会弥漫着一股理想主义的气息。虽然生活并不富裕，条件甚至很艰苦，但是人们充满热情地投入到各行各业的社会主义建设中。人们要彻底地消除旧社会的一切不足和肮脏的东西，人们追求自由、平等，学习英雄模范人物，互相无私地帮助，关爱不限于亲人之间，整个社会风气纯洁、行为规范。人们试图借助政治生活中的理性，来建造一个稳定、井井有条的社会，实现共同的社会理想。这种社会属于同质社会，阶层的差别并不大，整个社会的价值标准、价值选择和价值评价是统一的。改革开放以来，整个社会发生了巨大的变化。理想不再是人们奋斗的主要目标，物质利益、现实生活的改变成为人们的主要追求。青年多半不再有终极的理想，仅仅有一些具体的人生奋斗目标，如找一个好的工作、有较多的收入、有好的房子、好的家庭，等等。正是这些具体的生活目标激励人们，甚至为了好房子而甘愿牺牲眼前的享受，这种情况被称为"房奴"。人们更关注当前利益的得与失，权利意识和法律意识增强。与理想的淡化相适应，人们也反对权威，反对教条主义的权威，"假大空"的狐假虎威，因为"它是干巴巴脑袋的产物，同人心及豪放的冲动,更富于仁爱心肠的人类远没有任何联系",①厌恶的是把自己局限于理性教条的权威下的虚伪性。

传统社会精英文化主宰潮流,老百姓对精英文化只能仰视,"万般皆下品,唯有读书高",老百姓的故事、民间谚语、曲艺杂技登不了大雅之堂。而当代,精英文化的地位被大众文化取代,精英文化如果不能解决老百姓关心的现实问题,就成为阳春白雪被束之高阁。特别是网络的盛行,大众文化获得了滋养生长的土壤,平民百姓的智慧有了展现的空间。精英意识逐渐被平民意识所代替,人们关注的对象由宏大向细微转变,比起舍生取义这些民族大义,人们更关注自身价值的体现与身边小人物的悲喜。传统文化强调舍生取义,偏重于树立高大全的道德模范,而当代文化则主张容纳差异,推动文化向大众的复归。当代青年与这种精神不谋而合,乐意体味平民生活的传奇,也更加关注普通群体的生存状况。权威专家批评《大话西游》歪歪唧唧的无厘头和对经典的背离,而当代青年却能体会其中含泪的心酸与小人物欲罢不能的无奈。但是大众文化不是媚俗、迎合或者是对社会现象的白描与认可。文化需要关注老百姓的生活,但是对于老百姓来说,需要幽默的、生活化的文化调料,当然也需要高雅文化提升整个民族的文化素质,特别是对于青年。

(二)从单一的理性价值到多元的审美选择

传统社会有单一的价值规范,不论是传统的农业文明还是计划经济时期,只不过一个儒家思想,一个共产主义思想。这样具有固定秩序的社会没有非理性的位置,非理性的情绪是被压制的。在现代社会,非理性在民间有了一定的市场,如摇滚乐。但是理性与非理性、本质与非本质、主流与非主流的二元对立非常明确,并且认为前者是绝对的,后者要服从前者,以建立稳固的、系统的秩序。而当代的后现代主义潮流不断发难理性、本质与主流,不懈消解二元对立的界限,并试图把后者从前者的压抑中解放出来。后现代主义对非本质、非主流和差异欢呼,也要求我们必须把目光投向个体道德,回答人们如何对待个体生命的意义以及如何处理物质欲望的满足、精神的追求和心理安慰等问题。审美评价与道德评价的分离,在当代青年中体

①　王治河:《扑朔迷离的游戏———后现代哲学思潮研究》,社会科学文献出版社1998年版,第124页。

现得异常明显,青年的消费、服饰、发型、音乐、语言等都不断地冲破常规,在众多的审美范式中实现自己的离奇幻想和种种欲望,体验放纵的情感和别样的感觉,他们较之前代更自我、更享乐、更现实。而在审美追求中的"反本质"、"非主流",也给整个社会带来阵阵清新之风。如此之类的离经叛道也只属于审美取向,而和政治、意识无关。趣味在此早已胜过阶级色彩,也纯粹是生活方式问题,属于个人生活的情感和品味范畴。

（三）从集体本位到个体本位

计划体制强力推行的传统集体主义是一种整体本位主义,片面强调集体的利益和权利,过分突出了个人必须对集体承担的义务,却忽视了集体对个人应承担的责任。同时,传统的集体主义价值导向对对象没有区分,盲目地将针对先进分子的大公无私的先进性要求普遍化,并不适应社会普通群众的需要。再者,简单的说教方式割裂了与人们现实利益需求的联系,尤其是社会上普遍存在的腐败现象,更使得集体主义价值观成了"假、大、空"的代表,难以从根本上取得大多数人的内心认同,削弱了传统集体主义价值观的道德认同和规范能力。市场经济则充分肯定个人利益,个人利益追求合法化、公开化,追求财富和富裕的生活已经为社会所肯定。市场经济中追求利益最大化的原则反映到道德价值观上来,必然会引发对个人权利和利益的强烈认同。伴随西方个人本位价值观念的涌入,人们的思想发生了急剧变化,大家"重的是实惠、讲的是效益",冲击了重义轻利的传统观念,价值冲突日趋明显。但是我们国家的社会主义性质决定了不可能是极端的个人本位,关于国家的总体发展,抗震救灾,社会保障体系,都需要国家和整个社会的力量整合。因此,我们坚持的价值原则是社会与个人并重。

二、价值冲突的表现形式

社会转型时期,由于新旧价值原则的碰撞,必然会发生价值冲突。价值冲突的表现形式不一,主要表现在以下几个方面:

（一）价值主体的冲突

从价值主体角度来考察,一切价值冲突均表现为主体自身的价值冲突和主体之间的价值冲突两种基本形式。而主体自身的价值冲突则是主体之间价值冲突的折射和反映,即价值主体在价值选择时所处的矛盾境地。在价值活动过程中,个人是最基本的价值主体。然而,个人在活动过程中,总要受到来自于其他个人或群体、集体的制约。这就形成了作为价值主体的个体与集体之间的矛盾冲突,形成个人主义价值观与集体主义价值观的矛盾冲突。这是价值主体冲突的最基本的形式,也是价值冲突的基本表现形式。首先是在计划经济体制下,国家是最高的利益主体。"国家的事再小也是大事,个人的事再大也是小事"则是其具体表现。其次就是集体的利益了,面对集体和个人利益的冲突,也是集体至上。但是,对于个人来说,无论是传统的农业经济,还是计划经济,都是一种无主体的经济。农业经济从古代到改革开放前,几乎没有什么变化,看不到个体在农业经济中的突出作用。计划经济完全按照政府的安排进行生产,个人是被动地听从安排的。而市场经济是一种多元的主体经济,改革开放后,多种所有制形式并存实际上确认了多元化主体的存在,强化了不同所有制主体的主体地位与主体意识。多元化意味着差异和冲突,但多元化价值主体的冲突是社会进步的表现,是社会公开、竞争的表现。在冲突不断凸现和不断解决的过程中,社会不断得到发展。

现代市场经济社会强调自我的个体价值,突出个性的解放、人格的独立和个人利益的实现与保障。这是对前现代社会过分强调整体价值而抹杀个体价值的矫正,从而具有相当的合理性。首先,它对人性的理解从抽象普遍转向了具体的实在,从超验的离场转向了经验的在场,从而发现了人的现实存在。其次,它发现了人的行为和社会发展的持久不竭的人性的内在动力机制:满足自己的需求和牟取利益。现代西方著名管理学家熊彼特认为,只有承认人的自利心,承认人们追逐自己权利包括金钱财富的合理性,社会才会拥有不断地向前进步的动力。但是,现代社会在张扬个性、独立性,凸显个体价值的同时却割断了个体与群体的联系纽带,把人变成了孤立的、孤独的个体,并形成了社会普遍的自私自利和拜金享乐主义。马克思主义认为,人既是个体的又是群体或社会的,人的本质在其现实性上是一切社会关系的总和。但是,"只有当对象对人来说成为人的对象或者说成为对象性的人的时候,人才不致在自己的对象中丧失自身。只有当对象对人来说成为社会的对象,人本身对自己来说成为社会的存在物,而社会在这个对象中对人来说成为本质的时候,这种情况才是可能的"。① 马克思批判前现代社会

①　[德]马克思:《1844 年经济学哲学手稿》,人民出版社 2000 年版,第 86 页。

以群体为本位,人对人的依赖性使人失去了个体的自主独立性,因此,这种社会必然过渡到以物的依赖性为基础的个体本位的社会。但是以个体为本位并不是要抛离群体,使人变成孤单单的原子。所以,马克思更批判资本主义现代化将人异化,认为资本主义使人与人、人与社会都变成了对立的存在,每个个体完全以自我为中心,导致普遍的个人利己主义。共产主义就是要使人从过去的没有独立的个人所组成的"虚幻的集体"中走出来,从以血缘和地缘等自然性纽带联系起来的狭隘的人群共同体即群体中解放出来。但这种解放不是确立个体绝对的中心价值,而是使人们完成具有自我意识、自觉自主和自我责任的独立人格的构建,并建立由已经独立的个人所组成的"真实的集体",实现自我价值和群体价值的有机统一。这种"真实的集体"也就是共产主义社会中的"自由人联合体"。

(二)价值标准的冲突

如果说改革开放以前我国社会的价值标准是单一的社会主义价值观念,那么在当代社会转型期,社会的价值标准则具有多样性,呈现出多元化的特点。以"利他主义"为标准,则会认为雷锋式的人的行为是善的、好的行为,值得肯定和发扬;以"利己主义"为标准,则会认为雷锋式的行为是愚蠢的行为,不值得提倡。价值标准的矛盾和冲突表现在价值选择上,就是个人的价值选择的多样性与社会要求的统一性的矛盾和冲突。社会的主流意识形态是马克思主义和中国特色社会主义理论,在价值选择方面,要求既要维护个人的利益,也要遵守法律,讲究公德,尊重社会大众的利益。可是,在利益主导面前,很多人选择牺牲大众的利益来获得自己的私利,如现在人们痛心疾首的食品安全问题。这也是人们在选择价值目标和价值行为时的"是"与"应当"的矛盾和冲突。就后者而言,社会要求个人的价值选择应该有利于社会整体和长远利益的实现,但每个人的价值选择并不一定都符合这一要求,导致社会整体利益和个人利益的冲突。

三、价值冲突的协调

在社会转型时期,如何把价值观念的矛盾和冲突控制在一定范围一定程度内,并且使社会主义核心价值观念在与各种价值观念的碰撞中为大多数人所接受和认同,这是实现社会顺利转型、有序发展的重要条件。要解决社会转型期面临的价值观念冲突问题,应该遵循以下原则:

第一,社会主义核心价值体系的主导地位与包容性的统一。任何一个社会的价值观念都是一个以核心价值观为主导的并有多层面价值与之相结合的结构体系。所谓主导价值观即在人们的价值观念体系中处于主导、支配地位,体现价值体系的基本方向,统摄其他价值观念,反映现实生活和社会发展内在要求和趋势以及统治阶级根本利益,能规范人们行为,为广大民众提供精神动力支持的核心价值目标和价值导向。调适价值冲突,一方面要努力吸取各种价值观的合理因素,确立一种主导价值观,使个人价值与群体价值、义与利、理与欲等之间保持平衡。当前我国社会主义主导价值观就是社会主义核心价值体系。另一方面,又要承认非主流价值各自存在的合理性,对各种价值采取宽容的态度,允许多种价值观存在,尊重人们价值选择的自由,避免用核心价值观去代替一切,将核心价值观与其他价值观对立起来的做法。当然还必须对非主流价值观主动地、适度地进行调控,使其沿着正确的方向发展,从而确保社会层面既稳定又充满活力,为整个社会的和谐进步创造最佳的发展环境。

第二,个人价值与社会价值的统一。社会是由个人组成的,个人不能离开社会而存在。在个人利益和社会利益的关系上:一方面,个人利益不能离开社会利益,社会利益为个体利益的实现创造着条件;另一方面,社会利益也不能脱离个人利益,个人利益的正当满足是社会利益得以实现的前提。二者既对立又统一,双方有着契合点和互补处。这就要求我们在两者之间寻求相通之处,即将个人利益和社会利益有机结合起来,承认二者价值主体和利益主体的地位,承认双方各自的独立性和对对方的依赖性。只有这样,才能较好地解决价值冲突,才能在冲突中寻求到和谐统一。事实也证明,现实生活中的价值选择,大量的都不是非此即彼的选择,而是如何协调相互冲突的价值目标的选择。

第三,物质价值和精神价值的统一。物质生活和精神生活的关系也是价值观的核心内容之一。一方面,物质生活是精神生活的基础,注重人们的物质生活和物质价值,是社会价值观的一个重要组成部分。另一方面,又必须充分肯定精神生活的作用和人们精神价值的重要性,精神生活和精神价值使得人们有更高的生活质量。在当代生活中,人们之间的价值冲突增多,在一定程度上是因为整个社会缺少精神追求和精神价值。单纯的物质利益和物质价值的追求,虽然可以在生活的基本层面上得到好的满足,我们国家民生工程的发展也主要是集中在物质生活上,如收入、住房、医疗等基本生活的保障方面,但是只有物质生活和物质价值的追求,没有精神生活和精神价值的生活是单调乏味的,无法体现人的高尚和美好,所获得的幸福是表层的。因此,调适价值冲突,我们必须重新体认人的本性,在注重人们物质生活水平提高的同时,要重新树立精神价值的至高地位,要注重人的整体素质、特别是人文素质的提高,正确看待物质要素和精神要素对于人的生命的价值,用价值理性克服工具理性的不足。正如爱因斯坦所说"仅凭知识和技巧并不能给人类的生活带来幸福和尊严。人类完全有理由把高尚的道德标准和价值观的宣道士置于客观真理的发现者之上"①

第四,手段性价值和目的性价值的统一。从价值的实现机制看,价值总是在现实的主客体关系中,通过手段性价值和目的性价值之间的相互作用、相互制约、相互转化而实现的。如果没有手段性价值的现实化,目的性价值就会成为空中楼阁,难以实现。同样,如果没有目的性价值的导向,手段性价值则会陷入实用主义和功用主义。因此,调适价值冲突,必须体现手段价值与目标价值的统一。这就要求在科学的目的性价值的引导下,通过手段性价值的不断现实化达到人自身的提升。因此,在具体实践过程中,必须把集体主义这一价值目标分解为一系列具体可行的价值目标,即在实践中提倡讲理想、讲奉献、克己奉公、忠于职守、乐于助人。同时,切实保障民众个人的合法权益,并反对那种只从自己利益出发、损人利己的不良行为。这样才能避免集体主义价值规范空洞化,不至于使社会主义核心价值体系与具体社会现实相脱节,保证社会主义核心价值体系应有的号召力、凝聚力和导向力。

第五,价值选择的现实性与超越性的统一。价值按其本质来说是具有超越性、理想性的,而这种超越性和理想性又建立在现实基础上,价值的实现是现实关切与理想追求的统一。人在本性上就是一个追求价值的存在物,他总是不满足于现实的实有,因而总是将活动的目标指向尚未存在的应当。所以,人的实践活动不是客体事实的简单再现,而是包含着超越事实价值的理想追求。也就是说,主体的实践活动所追求的不是一个现实的实有,而是一个理想的应有,实践的过程就是人追求自身价值的过程。人们在实

---

① H.杜卡斯、B.霍夫曼:《爱因斯坦谈人生》,世界知识出版社1984年版,第61页。

践中实现着价值选择的理想超越,这表现在,人们能够在面临多种价值选择时进行最优判断,用长远价值驾驭短期价值甚至牺牲眼前价值而实现长远的最大价值。一般来说,短期价值尤其是眼前价值是一种现存的实有,主体的某种需要能够即时得到满足。但主体能够通过比较,瞭望到并不现存的应有在未来能够满足自己更多更大的需求,因而能够在实际生活中有意识地压抑、控制自己的短期或眼前需求,以实现自己更远大的目标价值。这个过程是一个否定之否定的过程,首先是个体与群体价值同构的统一,其次是个体与群体利益的相互对立,再次是在充分实现个体价值、张扬人的主体个性、实现人的全面自由发展的基础上,实现个体与群体价值的重新统一。

四、当代社会的道德失范表现

法国社会学家杜克凯姆(Emile Durkheim)首先提出了"社会失范"这一概念,以此来描述当社会规范不力、彼此矛盾或规范缺失时,在个人与社会中出现的混乱状态。在这种无规则的混乱状态下,必然导致大量行为失当的现象发生。当代中国正处于社会的转型期,虽然目前我们的社会主义法律体系已经建立,主流的道德规范也已经确定,但是道德素质、法律意识不是写在纸面上的文字,它是人们行为的综合表现。在传统的道德规范不再具有约束力,主流的道德规范还没有成为人们的自觉行为习惯时,在政治领域、经济领域以及社会生活领域的道德失范现象比较严重。

首先,在经济领域,主要表现为诚信缺失,见利忘义。诚信是一个社会人与人相处的最基本的道德规范,人和人之间怀有诚信,整个社会才有安全感。如果人和人之间没有了诚信,每个人都对其他人怀着戒心和不信任,这是一种非常可怕的状态。恩格斯曾经说过:"一切以往的道德归根到底都是当时社会经济状况的产物。"[①]我们的传统社会是一个道德社会,道德社会依靠人的内心信念、行为习惯来约束人们的行为,诚信光荣,欺骗可耻。但是,当今的市场经济社会,所信奉的是利益最大化原则,这种逐利原则使得很多人为了自己利益,把诚信当做一块没用的抹布甚至是绊脚石踢到一边。经济领域的道德失范现象尤为明显,主要表现为:一些人公然违背社会主义市场经济公平竞争、诚实守信的基本原则,制造假冒伪劣商品,欺骗坑

---

① 《马克思恩格斯选集》第 3 卷,人民出版社 1995 年版,第 110 页。

害消费者,获取高额利润;一些人钻政策的空子偷税漏税,破坏正常的经济秩序;一些人恶意炒作哄抬物价,大量置办房产,炒高房价,甚至连大蒜、姜、茶叶这些生活必需品都成为了"炒"的对象;一些人为获取更大的经济利益,大肆贿赂官员,大搞权钱交易。"毒奶粉事件"、"瘦肉精事件"、"地沟油事件"、"毒胶囊事件"、"染色馒头事件",无所不用其极,一桩桩涉及行业暴利、食品安全、医疗安全、建筑安全的恶性事件像一把把利刃,划出道道令人触目惊心的道德伤口。甚至是救死扶伤的医院,为了挣钱也可以逼得病人倾家荡产,没有钱便不顾病人的死活。这些现象都是道德缺失的表现,严重毒害了社会风气。

其次,在政治层面,主要表现为一些官员贪污腐化,滥用公权。在市场经济的大潮中,一部分官员经不起"权力"、"金钱"、"美色"的诱惑,开始利用手中的权力徇私枉法、牟取私利。其主要表现是:买官卖官,收取贿赂;巧立名目,大量圈钱;枉法裁判,司法不公;官商结合,官匪一家;公款吃喝,公车私用;任人唯亲,权力世袭;独断专行,作风霸道;权色交易,包养情妇;等等。部分党员干部意志不坚定,道德缺失,严重败坏了党风、党纪。党员干部是国家的形象代表,由于他们的社会地位较高,在人们中有行为示范的作用。所以,党员干部的腐化对的党的形象是极大的损害,它腐化的是整个社会的风气。

最后,在社会生活方面,主要表现为人心冷漠,道德素质底下。"大道之行也,天下为公"[1],是古人对良好社会风尚的向往与追求。现如今在强大的经济利益诱惑下,一些社会成员的道德意识存在着严重的滑坡现象,社会公德缺失,"今大道既隐,天下为家,各亲其子,货力为已"(《礼记·礼运篇》)。其主要表现是:首先,金钱至上、物质至上的价值观念使得很多人只关心眼前的利益,自己的利益,凡是与自己利益无关,哪怕"拔一毛而利天下"也不愿意为之。广州的"小悦悦事件",表现了人与人之间关系的冷漠,社会成员整体道德素质的低下。这说明,这种事不关己高高挂起、各人自扫门前雪、休管他人瓦上霜的自私自利的心态还是相当一部分人信奉的生活观念。甚至是否帮扶跌倒的老人这样的问题也要引发的广泛的社会争论。这是对中华民族"助人为乐"的传统美德的亵渎,这种冷漠是社会的悲哀,

---

① 《礼记·礼运》。

是我们民族的耻辱。这种表现已经触及了一个社会的道德底线,这样的社会成员即便再富有,他们在精神上、道德上也是侏儒。没有爱心的民族是不值得尊重的,因为他们不知道珍惜他人的生命和价值,他们失去了一个社会和人的最美好的精神追求和道德价值。其次,社会成员公德责任意识弱化,个人功利思想增强。我国知识分子自古就有"达则兼济天下,穷则独善其身"、"先天下之忧而忧,后天下之乐而乐"的传统美德和优良品质。但当下,随着市场经济体制的逐步建立和对社会各方面的深刻影响,在社会上逐渐呈现出"个人主义"、"拜金主义"、"享乐主义"、"功利主义"等不良价值取向,而这一切也正在深刻地影响着大学生的道德和价值观念。在市场经济重利原则的影响下,当代大学生往往以个人为中心,片面追求个人价值目标和个人利益,沾沾自喜于个人成就,忙于个人自我设计和自我奋斗,缺乏社会责任感,集体观念淡薄。当然,国家也正在强化主流意识形态对大学生的影响,加强大学生社会责任感、集体意识和社会公益意识的教育。

五、价值脱轨的原因

一个社会处于社会转型期,多重价值的相互交错、相互冲突是一种正常的现象。但是,如果不能很快地确立主导价值观,或者主导价值观不能真正地发挥调整人们行为的主导作用,就会出现价值脱轨现象。所谓价值脱轨,是指人们行为的价值选择偏离了社会正常的道德和法律规范,危害了人与人的社会关系。这种现象在我们当前社会并不是作为个案表现出来,而是经常性地出现,如"炫富"现象,"拼爹"现象,路遇老人摔倒无人扶助,撞伤别人、为避免赔偿故意杀人,孩子危险无人相助。这一系列道德失范甚至违反法律的现象冲击着人们的神经,整个社会的道德状况引起了国人的普遍关注和焦虑。当然,很多人仍然保持传统的美德,保有着社会的良心,也正因为如此,才会担心这种冷漠的不良的社会风气的弥漫。我们必须分析这些价值脱轨现象的深层原因,寻找解决这种现象的途径。

首先,原因之一是逐利原则使得个人利益过度释放。新中国成立后,广大老百姓翻身做了自己的主人,政治上得到解放,接下来最盼望的事情之一就是物质生活水平的改善。但是社会主义改造完成之后,不断进行的阶级斗争,以致"文化大革命"的发生,使得老百姓的这一愿望并没有得到实现。另外,国家层面上过度地强化共产主义理想和集体主义的重要性,而老百姓并没有在这种理想和精神的强化下得到任何实惠,因此,对于单纯的精神追求渐渐失去了兴趣和激情。改革开放以后,市场经济体制逐渐建立,人们关于物质利益的热情被极大地激发出来。20 世纪 80 年代中期,几乎全民下海经商,大学教授也在学校门口支起煎饼摊,关于经济利益的追求几乎遮盖了几乎所有的其他方面包括精神方面的追求。整个社会,金钱成为最具有吸引力的东西,有些人为了钱铤而走险,置礼义廉耻于不顾,什么违法乱纪的事都敢干,所有的禁区都敢闯,所有的规则都敢违背。

就像马克思对货币和拜金主义的描述:"货币,因为它具有购买一切东西的特性,因为它具有占有一切对象的特性,所以是最突出的对象。货币的特性的普遍性是货币的本质的万能;因此,它被当成万能之物……货币是需要和对象之间、人的生活和生活资料之间的牵线人。但是,在我和我的生活之间充当中介的那个东西,也在我和对我来说的他人的存在之间充当中介。对我来说他人就是这样。"①马克思描述莎士比亚在《雅典的泰门》中说:"金子! 黄黄的、发光的、宝贵的金子! ……这东西,只这一点点,就可以使黑的变成白的,丑的变成美的;错的变成对的,卑贱变成尊贵,老人变成少年,懦夫变成勇士……"②"依靠货币而对我存在的东西,我能为之付钱的东西,即货币能购买的东西,那是我——货币占有者本身。货币的力量多大,我的力量就多大。货币的特性就是我的——货币占有者的——特性和本质力量。因此,我是什么和我能做什么,绝不是由我的个人特征决定的。我是丑的,但我能给我买到最美的女人。可见,我并不丑,因为丑的作用,丑的吓人的力量,被货币化为乌有了。我——就我的个人特征而言——是个跛子,可是货币使我获得二十四只脚;可见,我并不是跛子。我是一个邪恶的、不诚实的、没有良心的、没有头脑的人,可是货币是受尊敬的,因此,它的占有者也受尊敬。货币是最高的善,因此,它的占有者也是善的。此外,货币使我不用费力就成为不诚实的人,因此,我事先就被认定是诚实的。我是没有头脑的,但货币是万物的实际的头脑,货币占有者又怎么会没有头脑呢? 再说他可以给自己买到颇有头脑的人,而能够支配颇有头脑的人,不是比颇有头脑者更有头脑吗? 既然我有能力凭借着货币得到人心所渴望的一切,那

---

①　[德]马克思:《1844 年经济学哲学手稿》,人民出版社 2000 年版,第 140 页。
②　[德]马克思:《1844 年经济学哲学手稿》,人民出版社 2000 年版,第 141 页。

我不是具有人的一切能力了吗？这样，我的货币不是就把我的一切无能力变成它们的对立物了吗?"①这就是拜金主义的表现。

被计划经济压抑的欲望和热情被自由的市场经济激发出来，个人的需求和利益获得了释放。在最初市场经济不完善、规范不健全的条件下，个人利益的追求肆无忌惮，个人主义弥漫到各个角落。仁义礼智信，见利思义，独善其身，助人为乐，己所不欲勿施于人，乐群尚和，自我修养，等等传统的美德被挤压得无处安身。这使得经过五六十年代的人仍不时地怀念那段单纯的岁月，那时人们虽不富裕但人与人之间和谐友好，整个社会风气简单而高尚。但是，道德失范和价值脱轨并不是市场经济的必然伴随物。随着市场经济的逐渐完善，经济领域的道德失范现象会越来越没有市场。但是整个社会人们道德素质的提高和文明风气的养成，需要每个社会成员的自觉约束和努力。

其次，原因之二是主流价值规范的弱化。19 世纪中叶的鸦片战争使中国人看到了自己的落后，自此开始学习西方。西学东渐，师夷长技，包括革命的理论最初都是学习西方，我们抱着一种向西方学习的态度，而我们自己的传统文化被当做阻挡现代化进程的东西被革命。在五四新文化运动中，我国的传统文化被打击；新中国成立后的几次运动，使得几乎所有传统的东西包括文化都被当做"旧"的东西破除；直到"文化大革命"，可以说传统文化被破坏得体无完肤。这样的一个过程极大地影响了我们对待自己的文化的自信心和自豪感。改革开放以后，体制改革，市场经济，向世界接轨，也是一种向西方学习的态度。因此，直到改革开放很长的时间我们都没有建立起对自己文化的自觉和自信，使得我们的文化传统不但没有发扬光大，反而许多传统的美德丢失了。改革开放的前二十年，改革和发展主要集中在经济领域，人们最想解决的是生活水平提高的问题，社会文化建设和制度建设没有被重视。市场经济的法律制度逐渐制定，但是社会成员的基本道德规范并没有建立起来，人们之间的行为除了法律的约束之外，基本上处于一种自发的状态。这样，当传统文化的价值还没有被重新体认，新的价值规范没有确立之前，整个社会范围内的价值混乱也就在所难免了。个人利益至上，基本的道德义务不讲，甚至以损害别人的权益为代价获得自己的利益，这种

---

① ［德］马克思:《1844 年经济学哲学手稿》,人民出版社 2000 年版,第 143 页。

现象极大地损伤了人们之间的相互信任和和谐关系。

直到 20 世纪末,才逐渐认识到文化建设的重要性,文化才被看做是国家的软实力。新世纪,文化建设被纳入国家的发展规划,先进文化的建设被当做社会发展的重要内容,社会主义主流文化开始大规模建设。2006 年 10 月,党的十六届六中全会明确提出要建设社会主义核心价值体系,明确了社会主义主流价值规范。以马克思主义理论作为主导,以中国特色社会主义共同理想凝聚力量,以爱国主义为核心的民族精神和以改革创新为核心的时代精神鼓舞斗志,以社会主义荣辱观引领风尚。传统文化的价值被重新挖掘并发扬光大,现代文化和传统文化融合创造中国特色社会主义的新文化。但是对当代社会价值多元的文化进行引领,用社会主义核心价值观规范社会成员的行为,使之成为全社会成员的价值观,还需要作出极大的努力。

最后,理想缺乏,价值观扭曲。随着市场经济的发展,人们更加关注实际利益,社会风气变得日益浮躁,理想与信仰似乎已成为被淡忘的词汇,在人们的心目中越来越模糊。与之相对应,在市场经济重利性原则和浮躁之风的影响下,大学也不再是一片纯粹的"净土",大学生的理想、信仰逐渐淡化,他们也不再是引领社会潮流的"弄潮儿",而是被时代牵着走。在很多同学心中,大学作为知识殿堂的意义早已贬值,他们上大学的出发点,不再是对知识的原始崇拜和探索,更不是对理想的追求与向往,而是可以物化的文凭、各种证书,以及对日后就业有用的各种实用性技能和"资本"。甚至入党的原因也更多的是"将来有利于就业和自己的发展",把入党作为将来自己就业发展的一种资本,带有明显的实用主义色彩。理想和信仰的缺乏使得理想不再是奋斗的动力,由共产主义理想而衍生的集体主义价值、奉献社会的价值也就不再是当代青年的选择,而是利益至上,甚至传统的美德在利益的面前也变得没有约束力。其表现是,当下社会,大多数人最看重的是物质利益,眼前的得失,只关注物质生活的改善,不看重精神生活的提升,没有理想,没有精神的追求。

一个没有理想、信念和精神追求的民族是可怜的、肤浅的。我们新中国成立以后之所以能够在处境艰难的情况下激发广大人民的奋斗热情,就是因为我们有理想,有精神追求。但是,现在很多人把理想和精神追求看做是大而空的东西,把物质上的富有当做最值得骄傲的东西。社会上出现的

"拼爹"现象、"炫富"现象就是最明显的代表。有些人为了出名或者获得物质利益，礼义廉耻、道德观念统统抛到脑后，"小三"、"二奶"被当做职业，"裸露"之风，"艳照门"，为了出名，无所不用其极。"官二代"把河北大学的校园当做私家庄园，驾着轿车横冲直撞。把撞得一死一伤的两位女学生，当做蝼蚁草芥，被拦下后一声："有本事你告我去，我爸是李刚!"这一声如同晴天霹雳，让中国大地颤动不止。正是这位"官二代"的一声狂吼，划开了中国的一个时代——"拼爹时代"降临了，"四大名爹"也随之出炉了。"拼爹"现象意味着什么? 意味着时下的年轻人没有正确的价值观，以为有了有钱的、有权的、有名的爹就可以无法无天、横行乡里。这些孩子之所以这样嚣张无忌，连最基本的道德素质和法律素质也不具备，与整个社会的价值选择鱼龙混杂有关，更是家庭教育和学校教育的失误。这些名爹们，经过打拼成了社会的佼佼者，可是却不知道怎么样教育自己的子女。家庭和学校教育的最大失误就在于没有教会孩子怎样做人，孩子学会了这种那种技能，但是唯独不具备的是基本的生活能力和做一个合格公民的基本素质。这是一个社会的悲哀，也是一个时代的悲哀。

第四章　健康个性的生活方式

第一节　个性生活的可能性

一、马克思关于个性生活的理解

在对马克思主义哲学研究中,对马克思主义哲学称谓颇多,如辩证唯物主义、历史唯物主义、实践唯物主义、价值哲学等。对马克思主义哲学的不同称谓,反映了在不同角度对马克思主义哲学的内涵及价值的不同理解。在笔者看来,把马克思主义哲学理解为生活哲学,可以比较全面地把握马克思主义哲学的逻辑起点、本质内涵和价值指向,更可以体现马克思主义哲学的时代价值和生命力。

（一）马克思主义哲学是生活哲学

在马克思的著作中,"生活"或者"物质生活条件"概念不是作为马克思主义哲学的一般概念出现的,毋宁说是"生活"是马克思主义哲学的基础概念。在马克思主义哲学的创立过程中,"生活"同"实践"概念具有同样重要的意义,它是马克思主义哲学的起点,也是马克思主义哲学的价值归宿。"生活"比"实践"具有更广泛的内涵,如果说"实践"是动态的,而"生活"则是静态和动态的统一,它既包括动态的实践过程,也包括静态的实践结果,即物质生活条件。也可以说,"生活"或者说"物质生活条件"是人的整个生活世界。

第一,马克思主义哲学的任务就是研究现实生活世界的真理,改变整个生活世界,并在改变世界中实现自身。在《黑格尔法哲学批判导言》中,马克思这样写道:"真理的彼岸世界消失以后,历史的任务就是确立此岸世界的真理。"①在这里,马克思用"此岸"与"彼岸"的宗教语言,表达了将自己

---

① 《马克思恩格斯选集》第 1 卷,人民出版社 1995 年版,第 2 页。

哲学的根基、目标锁定于生活世界的主张。所谓"确立此岸世界的真理"，就是要探索在现实的生活世界中人怎么样、应该怎么样的主题。而确立此岸世界真理的根基和历史研究的基础则是人的物质生活条件。"这种考察方法不是没有前提的。它从现实的前提出发，它一刻也离不开这种前提。它的前提是人，但不是处在某种虚幻的离群索居和固定不变状态中的人，而是处在现实的、可以通过经验观察到的、在一定条件下进行的发展过程中的人。"①所谓"现实的个人"就是处于现实生产与交往活动中的个人，是历史的、具体的个人。现实的生活是最直接的，正是对现实生活的描述和考察，使得哲学的使命和价值发生了真正的变化，与以往的哲学家们只是满足于对现存世界作辩护性的说明和解释不同，马克思指出"哲学家们只是用不同的方式解释世界，问题在于改变世界"②。这里马克思道出了自己的哲学和以往哲学的区别，这不仅是哲学的两种范式的区别，更是哲学的追求的区别。所谓"解释"是指，以往的哲学为现实存在寻找合法性根据。所谓"改变世界"，就是改变我们生活于其中的关系世界，这一世界既具有让人进一步创造、发展的可能又具有限制人的发展的制约性，马克思主义哲学则要颠覆这一世界制约人的存在与发展的制度和规则。在马克思看来，不论是什么样的生活，如果无助于促进人的发展、确证人的价值，那么其所依托的社会制度就必将被符合于真正的人的生活的社会制度所替代，当然这是一个历史的过程。

在《〈黑格尔法哲学批判〉导言》中，马克思提出要"消灭哲学"，所谓消灭哲学，并不使哲学这种形式不再存在，而是指要扬弃哲学面对生活世界高高在上的纯理论姿态，是要哲学改变世界，在现实生活中实现它，用哈贝马斯的话说就是，马克思想通过把哲学付诸实践来扬弃哲学。③ 哲学改变世界的时间也就是哲学的实现之时，哲学的实现就是哲学的消灭。"只要这样按照事物的真实面目及其产生情况来理解事物，任何深奥的哲学问题都可以十分简单地归结为某种经验的事实。"④即是说，用哲学来分析、考察现实生活，克服现行制度对人的发展的限制，推动人的全面发展，这就是哲学

---

① 《马克思恩格斯选集》第1卷，人民出版社1995年版，第73页。
② 《马克思恩格斯选集》第1卷，人民出版社1995年版，第57页。
③ ［德］于而根·哈贝马斯：《现代性的哲学话语》，译林出版社2004年版，第60页。
④ 《马克思恩格斯选集》第1卷，人民出版社1995年版，第76页。

的实现。

第二,马克思主义哲学是审视、指导生活世界的世界观。马克思在批判以黑格尔为代表的传统哲学时,把黑格尔哲学归结为"作为哲学的哲学",也即纯粹的"哲学",而将自己的哲学定位于一种"世界观"。世界观作为对整个世界的根本观点和根本看法,包括看世界是什么、怎么样,也包括怎么看。关于世界是什么、怎么样,马克思在《关于费尔巴哈的提纲》中这样说:"从前的一切唯物主义(包括费尔巴哈的唯物主义)的主要缺陷是:对对象、现实、感性,只是从客体的或者直观的形式去理解,而不是把它们当做感性的人的活动,当做实践去理解,不是从主体方面去理解。因此,和唯物主义相反,能动的方面却被唯心主义抽象地发展了,当然,唯心主义是不知道现实的、感性的活动本身的。"①"他(费尔巴哈)没有看到,他周围的感性世界绝不是某种开天辟地以来就直接存在的、始终如一的东西,而是工业和社会状况的产物,是历史的产物,是世世代代活动的结果,其中每一代都立足于前一代所达到的基础上,继续发展前一代的工业和交往,并随着需要的改变而改变它的社会制度。甚至连最简单的'感性确定性'的对象也只是由于社会发展、由于工业和商业交往才提供给他的。"②这里包含着看待生活世界的两种根本不同的世界观,由于看待世界的方式不同,决定了世界在人们面前呈现的状态就不同。旧唯物主义把世界看成是一个与主体无关的被动的向来如此的世界,他看世界的方式是单纯的直观,"费尔巴哈对感性世界的'理解'一方面仅仅局限于对这一世界的单纯的直观,另一方面仅仅局限于单纯的感觉。"③把人也当做一个纯粹的"感性对象","他(费尔巴哈)把人只看做是'感性对象',而不是'感性活动',因为他在这里也仍然停留在理论的领域内,没有从人们现有的社会联系,从那些使人们成为现在这种样子的周围生活条件来观察人们——这一点且不说,他还从来没有看到现实存在着的、活动的人,而是停留于抽象的'人'……可见,他从来没有把感性世界理解为构成这一世界的个人的全部活生生的感性活动"。④而马克思主义哲学则把人的世界看做是一个流动的不断生成的过程,表现为不同的

---

① 《马克思恩格斯选集》第1卷,人民出版社1995年版,第58页。
② 《马克思恩格斯选集》第1卷,人民出版社1995年版,第76页。
③ 《马克思恩格斯选集》第1卷,人民出版社1995年版,第75页。
④ 《马克思恩格斯选集》第1卷,人民出版社1995年版,第78页。

物质生活条件,世界和人变化的根据则在于人的实践活动,"环境的改变和人的活动或自我改变的一致,只能被看做是并合理地理解为革命的实践。"①不同的物质生活条件决定了人的不同的存在状态。人的实践过程和生活过程的变迁就是历史,从人占有的不同的物质生活条件,我们可以理解整个世界的变动性和历史性。

第三,物质生活构成了马克思主义哲学的出发点和价值归宿。马克思主义哲学的出发点是物质生活条件,它以现实生活作为哲学的源泉,而归宿则是人的全面发展。马克思主义哲学与传统哲学有着迥然不同的运思路向:贯穿传统哲学始终的思维运思路向是哲学—生活—哲学,而马克思主义哲学恰是从现实生活自身的矛盾出发,把生活提升到哲学高度来研究,反思、诊断生活,寻求解决生活矛盾的现实的和可能的途径,然后再回到生活本身中去,其路向为生活—哲学—生活。两种哲学运思的目的也不一样:传统哲学是以构筑某种精致的哲学体系为目的,而马克思主义哲学则要立足于生活世界,正视现存的各种矛盾、困境和问题,进而在实践中实现问题的解决,创造出新的生活。马克思在《德意志意识形态》中谈到人类历史的前提时说:"这个前提是:人们为了能够'创造历史',必须能够生活。但是为了生活,首先就需要吃喝住穿以及其他一些东西。因此第一个历史活动就是生产满足这些需要的资料,即生产物质生活本身……因此任何历史观的第一件事情就是必须注意上述基本事实的全部意义和全部范围。"②从生活出发,这是哲学研究的出发点,而研究的归宿则是探索人的全面发展之路。马克思以人的物质生活条件的变迁和人的发展作为主线来衡量整个历史的发展和变革,他在《1857—1858年经济学手稿》中,谈到了人的发展的三个阶段,"人的依赖关系(起初完全是自然发生的)是最初的社会形态,在这种形态下,人的生产能力只是在狭窄的范围内和孤立的地点上发展着。以物的依赖性为基础的人的独立性,是第二大形态,在这种形态下,才形成普遍的社会物质变换、全面的关系、多方面的需求以及全面的能力体系。建立在个人全面发展和他们共同的社会生产能力成为他们的社会财富这一基础上的自由个性,是第三个阶段。第二阶段为第三个阶段创造条件。"③这三个

---

① 《马克思恩格斯选集》第1卷,人民出版社1995年版,第55页。
② 《马克思恩格斯选集》第1卷,人民出版社1995年版,第79页。
③ 《马克思恩格斯全集》第46卷上,人民出版社1979年版,第104页。

阶段是以人的生活条件、活动方式、交往关系以及能力的发展状况进行的区分。由此,可以这样说,马克思主义哲学是发源于生活并以改变、重塑人的生活为价值归宿的哲学。

正因为马克思主义哲学依托于现实生活,并在解决现实生活的矛盾中实现自身,所以,这种哲学不同于以往的体系哲学,它不是封闭的圆圈,它不以建立体系为目的,而是以解决问题为宗旨,归根到底是解决人的生存和发展问题。因此它有面向现实和未来的勇气,并以此作为自己的生命力的源泉。它留给后人的与其说是某种可以被宣布为"永恒真理"的一成不变的"结论",不如说是一把探寻真理的"钥匙"。从现实的人出发,从物质生活条件出发,永远是解决现实问题和矛盾的根本的方法。这种方法是面向人的全部生活的,只要生活世界还未止息,矛盾依然存在,那么,马克思主义哲学就依然有效。马克思主义哲学在回答现实问题、解决现实矛盾的过程中不断变化着新的形态,增加新的内容,从而保持着旺盛而长久的生命力。

总之,我们把马克思主义哲学定位于"生活哲学",是因为生活世界是马克思主义哲学的基础和源泉,而不断地变革现实中敌视人、压制人的制度和规则,创造促进人的全面发展的生活,是马克思主义哲学的根本宗旨。

(二)马克思主义生活哲学的内涵

对"生活"的反思贯穿于马克思主义理论的始终,总结马克思对生活的理解,他从多个方面揭示了生活的本质和内涵,构成了生活本体论。

首先,在马克思看来,生活就是人们的存在方式和存在条件,具有现实性和整体性的特点。作为人们的存在方式和存在条件,生活是历史的前提,也是人生存的前提。"一切人类生存的第一个前提,也就是一切历史的第一个前提,即人们为了能够'创造历史',必须能够生活。但为了生活,首先需要吃喝住穿以及其他一些东西。因此第一个历史活动就是生产满足这些需要的资料,即生产物质生活本身。"①"我们开始要谈的前提不是任意提出的,不是教条,而是一些只有在想象中才能撇开的现实前提。这是一些现实的个人,是他们的活动和他们的物质生活条件,包括他们已有的和由他们自己的活动创造出来的物质生活条件。""人们生产自己的生活资料,同时间

---

① 《马克思恩格斯选集》第1卷,人民出版社1995年版,第78—79页。

接地生产着自己的物质生活本身。"①因此,人们的生活包括物质生活过程和物质生活条件。现实的个人还包含着一定的社会关系和政治关系,这些关系也是在人们的物质生活中产生的。"以一定的方式进行生产活动的一定的个人,发生一定的社会关系和政治关系。""社会结构和国家总是从一定的个人的生活过程中产生的。"②因此,现实的生活是人的整体存在方式,人的物质生活条件、社会关系、精神生活是一个整体。

其次,马克思认为生产是生活的本质,生活是生产的目的,生产与生活互为条件、前提,它们的统一构成人最根本的存在。在马克思看来,生活是人自身的创造物,"全部社会生活在本质是实践的"③,"环境的改变和人的活动或自我改变的一致,只能被看做是并合理地理解为革命的实践。"④所谓生产也就是"革命的实践活动"。生产决定生活,生产方式决定生活方式,"这种生产方式不应当只从它是个人肉体存在的再生产这方面加以考察。更确切地说,它是这些个人的一定的活动方式,是他们自己的生活的一定方式、他们的一定的生活方式。个人怎样表现自己的生活,他们自己就是怎样。因此,他们是什么样的,这同他们的生产是一致的——既和他们生产什么一致,又和他们怎样生产一致。因而,个人是什么样的,这取决于他们进行生产的物质条件"。⑤ 因此,生产方式和生活方式是一致的。在传统社会分工不发达,生产活动和生活活动是一体的。在分工发达的现代社会,不同的生产方式、不同的职业决定着人的生活活动范围和交往范围。生活是生产的目的与现实条件。一方面,人进行生产、进行创造的目的是为了生活,没有生活,生产便失去了价值、目的与意义。在此意义上,生产本身也就是一种生活,"生产是人的能动的类生活"⑥,一种根本性的生活。另一方面,人的生产、创造只能在既有的生活条件下进行。没有既有生活条件,生产无法进行,每一代"都遇到前一代传给后一代的大量生产力、资金和环境,尽管一方面这些生产力、资金和环境为新一代所改变,但另一方面,它们

---

① 《马克思恩格斯选集》第 1 卷,人民出版社 1995 年版,第 67 页。
② 《马克思恩格斯选集》第 1 卷,人民出版社 1995 年版,第 71 页。
③ 《马克思恩格斯选集》第 1 卷,人民出版社 1995 年版,第 56 页。
④ 《马克思恩格斯选集》第 1 卷,人民出版社 1995 年版,第 55 页。
⑤ 《马克思恩格斯选集》第 1 卷,人民出版社 1995 年版,第 67—68 页。
⑥ [德]马克思:《1844 经济学哲学手稿》,人民出版社 2000 年版,第 58 页。

也预先规定新的一代本身的生活条件,使它得到一定的发展和具有特殊的性质。"①总之,生活与生产的历史关联在于,生产的创造展开为生活,而生活又成为进一步生产的条件。生活与生产的根本历史统一关系是"物质生活的生产方式制约着整个社会生活、政治生活和精神生活的过程。"②因此,生产、实践和生活是本质和现实的统一,生产、实践造就了生活,他们本身就是一种生活,而生活则是生产和实践的现实展开。因此,马克思哲学既是真正的实践哲学,也是真正的生活哲学。

再次,马克思认为,生活的内容是全面的,多种多样的,涵盖人与自然、人与社会、人与人、人与自身诸多方面的对象性关系。"正像人的本质规定和活动是多种多样的一样,人的现实也是多种多样的。"③从个体看,生活是人的本质的全面实现、人的潜能的全面发展、人的官能的全面满足。"人以一种全面的方式,也就是说,作为一个完整的人,占有自己的全面本质。"④从人与自然的关系看,生活是对象化的,生活是人对自然的合目的性与合规律性的改造,是人与自然的不断"交往"过程,这个交往过程既是自然的人化过程,也是人的自然过程。"人靠自然界生活。这就是说,自然界是人为了不致死亡而必然与之不断交往的、人的自身。所谓人的肉体生活和精神生活同自然界相联系,也就等于说自然界同自身相联系,因为人是自然界的一部分。"⑤从人与人的关系看,生活是具体的、现实的,"人的本质不是单个人所固有的抽象物,在其现实性上,它是一切社会关系的总和。"⑥人与自然的关系、人与自身的关系最终通过人与人的关系具体呈现,"人同自身的关系只有通过他同他人的关系,才成为对他说来是对象性的、现实的关系。"⑦因此,生活是全面的、具体的,具有现实性、对象性和历史性的特点。

(三)马克思关于个性生活的理解

马克思对"异化"、"物化"生活进行了深刻批判,指出了人的解放和全

---

① 《马克思恩格斯选集》第 1 卷,人民出版社 1995 年版,第 76 页。
② 《马克思恩格斯选集》第 2 卷,人民出版社 1995 年版,第 32 页。
③ [德]马克思:《1844 经济学哲学手稿》,人民出版社 2000 年版,第 85 页。
④ [德]马克思:《1844 经济学哲学手稿》,人民出版社 2000 年版,第 85 页。
⑤ [德]马克思:《1844 经济学哲学手稿》,人民出版社 2000 年版,第 56—57 页。
⑥ 《马克思恩格斯选集》第 1 卷,人民出版社 1995 年版,第 56 页。
⑦ [德]马克思:《1844 经济学哲学手稿》,人民出版社 2000 年版,第 60 页。

面发展的方向,提出了个性生活的可能性问题。

马克思关于个性生活的理解体现在两个方面:一是对现实人的异化的批判;二是人的解放的发展方向。在《1844 年经济学哲学手稿》中,马克思从理想生活出发,对资本文明条件下生活的"异化"本质进行了深刻批判。在马克思看来,理想生活是人与自然、人与人、人与社会的共同发展,"类生活"与"个人生活"的和谐统一,物质生活、社会生活、政治生活、精神生活的协调发展。但现实中,生活往往充满问题与矛盾,资本文明条件下,以"异化劳动"为"生长点",异化生活全面呈现。具体而言,首先,是人与自然的对立。在马克思看来,自然在双重维度上为人提供生活资料,一是作为"劳动的对象","成为他的劳动的生活资料";二是"给他提供直接意义的生活资料,即劳动者的肉体生存所需的资料"①然而资本条件下,劳动与资本对立,"以致工人被剥夺了最必要的对象——不仅是生活的必要对象,而且是劳动的必要对象"。② 使劳动者在这双重维度的生活资料意义上都远离自然。其次,异化生活是人的全面本质的片面化,人的某种机能的片面发展。私有制下,人只能片面地发展某一种机能,沦为为资本创造财富的工具、奴隶。再次,异化生活是人的异化状态、人与人的对立状态。"人同他的类本质相异化这一命题,说的是一个人同他人相异化,以及他们中的每个人都同人的本质相异化。"③资本文明条件下,人与人的对立表现为工人与资本家的对立。最后,异化使人的生产劳动这种"生命活动"、"本质性生活"沦为动物性活动的状态。"结果,人(工人)只有在运用自己的动物机能——吃、喝、性行为,至多还有居住、修饰等时候,才觉得自己是自由活动,而在运用人的机能时,却觉得自己不过是动物。"④因此,资本"物化"生活的真正受害者是作为生活创造者的劳动者,劳动者的生活时间也被全面剥夺,"工人的生活时间变成劳动时间。"⑤这种劳动的外在性使得劳动本身对于工人来说成为一种痛苦。"他在自己的劳动中不是肯定自己,而是否定自己,不是感到幸福,而是感到不幸,不是自由地发挥自己的体力和智力,而是使自

① [德]马克思:《1844 经济学哲学手稿》,人民出版社 2000 年版,第 53 页。
② [德]马克思:《1844 经济学哲学手稿》,人民出版社 2000 年版,第 52 页。
③ [德]马克思:《1844 经济学哲学手稿》,人民出版社 2000 年版,第 59 页。
④ [德]马克思:《1844 经济学哲学手稿》,人民出版社 2000 年版,第 55 页。
⑤ [德]马克思:《资本论》第 1 卷,人民出版社 1975 年版,第 708 页。

己的肉体受折磨、精神遭摧残。"①"私有制使我们变得如此愚蠢而片面,以致一个对象,只有当它为我们拥有的时候,就是说,当它对我们来说作为资本而存在,或者它被我们直接占有,被我们吃、喝、穿、住等时候,简言之,在它被我们使用的时候,才是我们的。""因此,一切肉体的和精神的感觉都被这一切感觉的单纯异化即拥有的感觉所代替。人这个存在物必须被归结为这种绝对的贫困,这样他才能够从自身产生出他的内在丰富性。"②

　　我们可以看到,马克思对现实制度的批判贯穿着一个主线,这就是从现实生活出发,分析作为人的感性活动的"生活史",才使得这种批判不是仅仅是道德的、理论的批判,而是现实的批判。批判的本身不是最终的目的,最终的目的是为人的发展寻找变革的路径,而这个过程也就是人的解放和全面发展的过程。所以,马克思对现实生活的批判和寻求人的解放路经是一个过程两个方面,这个过程就是走向共产主义的过程。

　　在马克思看来,共产主义代表一种生活方式,这种生活方式以人的发展为目的,是人的个性解放的过程,是扬弃异化的过程。"共产主义是私有财产即人的自我异化的积极的扬弃,因而是通过人并且为了人而对人的本质的真正占有;因此,它是人向自身、向社会的即合乎人性的人的复归"③。这种"为了人并且通过人对人的本质和人的生命、对象性的人和人的作品的感性的占有,不应当仅仅被理解为直接的、片面的享受,不应当仅仅被理解为占有、拥有。人以一种全面的方式,就是说,作为一个总体的人,占有自己的全面的本质。"④对自己全面本质的占有,"是人的一切感觉和特性的彻底的解放;但这种扬弃之所以是这种解放,正是因为这些感觉和特性无论在主体还是在客体上都成为人的"。"只有当对象对人来说成为人的对象或者说成为对象性的人的时候,人才不致在自己的对象中丧失自身。只有当对象对人来说成为社会的对象,人本身对自己来说成为社会的存在物,而社会在这个对象中对人来说成为本质的时候,这种情况才是可能的。"⑤而这个过程也就是人展开自己的现实生活的过程,也是人在自然和社会中展现本

① ［德］马克思:《1844 经济学哲学手稿》,人民出版社 2000 年版,第 54 页。
② ［德］马克思:《1844 经济学哲学手稿》,人民出版社 2000 年版,第 85 页。
③ ［德］马克思:《1844 经济学哲学手稿》,人民出版社 2000 年版,第 81 页。
④ ［德］马克思:《1844 经济学哲学手稿》,人民出版社 2000 年版,第 85 页。
⑤ ［德］马克思:《1844 经济学哲学手稿》,人民出版社 2000 年版,第 86 页。

质力量的过程。"工业的历史和工业的已经生成的对象性的存在,是一本打开了的关于人的本质力量的书"①,"随着对象性的现实在社会中对人来说到处成为人的本质力量的现实,成为人的现实……一切对象对他来说也就成为他自身的对象化,成为确证和实现他的个性的对象,成为他的对象,这就是说,对象成为他自身。"②因此,人的个性的丰富和人的本质力量的发展是一个过程,这个过程就是实践的过程,就是展开的物质生活的过程。"只是由于人的本质客观地展开的丰富性,主体的、人的感性的丰富性,如有音乐感的耳朵、能感受形式美的眼睛,总之,那些能成为人的享受的感觉,即确证自己时人的本质力量的感觉,才一部分发展起来,一部分产生出来。"③因此,人的个性展开的过程也是人的感性能力丰富性的过程,"富有的人同时就是需要有总体的人的生命表现的人,在这样的人的身上,他自己的实现作为内在的必然性、作为需要而存在"。④

马克思认为,真正人的个性形成的就是消除异化的过程,是和实践能力的不断提高、人的本质力量的不断展开是一个过程,"解放是一种历史活动,不是思想活动,'解放'是由历史的关系,是由工业状况、商业状况、农业状况、交往状况促成的"。"实际上,而且对实践的唯物主义者即共产主义者来说,全部问题都在于使现存世界革命化,实际地反对并改变现存的事物。"⑤因此,在马克思看来,共产主义并不是未来的一种理想,而是批判现实、改变现实的一种运动。"共产主义对我们来说不是应当确立的状况,不是现实应当与之相适应的理想。我们所称为共产主义的是那种消灭现实现存状况的现实的运动。这个运动的条件是由现有的前提产生的。"⑥在这个过程中,人的自然的社会的以及人本身的束缚之间解开,人的个性一步步释放出来,分工不再被限制在一个特定的领域,它是自愿选择的,人本身的活动成为人自身可以驾驭的力量。"只有在这个阶段上,自主活动才同物质生活一致起来,而这又是同各个人向完全的个人的发展以及一切自发性的

---

① ［德］马克思:《1844 经济学哲学手稿》,人民出版社 2000 年版,第 88 页。
② ［德］马克思:《1844 经济学哲学手稿》,人民出版社 2000 年版,第 86 页。
③ ［德］马克思:《1844 经济学哲学手稿》,人民出版社 2000 年版,第 87 页。
④ ［德］马克思:《1844 经济学哲学手稿》,人民出版社 2000 年版,第 90 页。
⑤ 《马克思恩格斯选集》第 1 卷,人民出版社 1995 年版,第 56 页。
⑥ 《马克思恩格斯选集》第 1 卷,人民出版社 1995 年版,第 87 页。

消除相适应的。同样,劳动向自主活动的转化,同过去受制约的交往向个人本身的交往的转化,也是相互适应的。"① 这就是人的全面而自由发展的状态。

就当代人存在状态而言,生活方式的多样化,主体性的凸显,使得重新挖掘马克思主义生活哲学的价值具有重要的现实意义。生活世界以人的生存和发展为核心,人的需求是历史发展的原动力。就中国目前整个社会的发展状态而言,健康生活方式的要求、促进人全面和谐发展的需求成为推动社会改革与发展的强大动力。而马克思主义生活哲学最重要的内涵就是要在主体性、发展动力和价值取向等方面为人的全面发展铺设道路。在思维方式上,马克思主义哲学强调主体的创造对于改造世界的意义;在发展动力上,马克思主义哲学强调生产方式的变革、物质生活条件的改善对于人的发展的最根本的意义,人的全面发展依赖于生产力的高度发展和交往的普遍化,"个人的真正的精神财富完全取决于他的现实关系的财富"。② 在价值取向上,马克思主义生活哲学的归宿最终就是为了人的全面发展。因此,应该从马克思主义生活哲学中认识到生活的创造价值和创造、改变生活的人生价值。深化对马克思主义生活哲学的理解,发掘人们在全面生活过程中的生命价值,不但要从全面生活的角度理解马克思主义哲学,而且要马克思主义哲学生活化,用哲学指导生活,用生活丰富哲学,这是马克思主义生活哲学的根本意蕴。

二、个性发展的可能性

关于日常生活中的个性,赫勒提出了一个问题,根据我们对日常生活结构业已获得的了解,我们能否断言人的个性同这一结构以一致的方式相关联,即"自为的个性"能否在日常生活中构建? 换言之,在日常生活中是否可以实现由"自在"到"自为"的飞跃? 赫勒的回答是,"自为的个性"可以在日常生活的结构中建构起来。

(一)个体与日常生活的自由关系

赫勒认为,个体与日常生活完全可以建立一种自由的关系,这种关系可

---

① 《马克思恩格斯选集》第 1 卷,人民出版社 1995 年版,第 130 页。
② 《马克思恩格斯选集》第 1 卷,人民出版社 1995 年版,第 89 页。

以使个体可以根据价值等级体系处理日常生活的"自在"和"自为"的关系。

每个人都降生于"自在的"类本质对象化的结构之中,这是事实。每个人都必须占有特殊的"自在的"对象化,而且这是凭借重复性实践以及重复性思维而进行的,这也是事实。实用主义,过分一般化,经济化,相应地是我们日常生活不可逆转的行为模式。任何人除非以我们业已描述的方式占有这些结构,否则就无法在日常生活中存活。但是,由此是否可以推论,每个人都以一致的方式与他出生于其中的现成结构相关联? 由此是否可以推论,日常生活世界对每个人都总是纯粹异质活动的适应过程在其中接踵而至的领域?①

回答是否定的,日常生活并不必然都是异化的。归根结底,"日常世界异化的原因不在于它的结构,而在于那些同日常生活的异化关系借之成为典型关系的社会关系"。② 因此,日常生活是否异化,取决于整个社会关系的内涵。赫勒并不否认日常生活同异化之间存在密切关系。她认为日常生活结构可以是独立的的系统,以至于甚至在与类本质不具备任何自觉关系的情况下,我们也可以在这一结构中成功地生活。如果我们把我们的世界、我们的环境当做"手边"的某种东西而与之打交道,那是因为事实上我们甚至在没有任何特别丰富地质疑和反思,而只以同他人的简单联盟为基础(做"任何他人"所为之事)的条件下,也能在日常世界中维持生存。由于这一原因,只要社会关系是异化的,日常生活就倾向于异化。③ 但是,这仍然不是说日常生活必然是异化的。在社会关系中出现的异化程度下降之处,日常生活中异化的程度也有相应的下降。在某些历史时期,异化的程度十分低,足以使类的发展在给定秩序中达到高潮,而超出这一给定秩序,不会有进一步的东西。在这种条件下,个人过着与人的存在相称的日常生活。这种社会,如古希腊,在某种意义上是日常生活人本化进程的典范。但它们不能作为绝对的典范,因为它们是有局限的:它们是对局限的持续超越在其中按其本性是不可能的世界的产物。甚至在社会异化的框架之内,主体对异化的反抗也总是可能的。赫勒认为,如果人终有一天社会地扬弃异化会获得成功,以便主体同日常生活的非异化关系最终成为典型的,那么,主体

---

① ［匈］阿格妮丝·赫勒:《日常生活》,衣俊卿译,重庆出版社1990年版,第278页。
② ［匈］阿格妮丝·赫勒:《日常生活》,衣俊卿译,重庆出版社1990年版,第278页。
③ ［匈］阿格妮丝·赫勒:《日常生活》,衣俊卿译,重庆出版社1990年版,第278页。

以创造与人相称的日常生活为宗旨,而对异化的反抗本身就是必要的前提条件。

赫勒认为,对日常生活对象化的纯粹排他主义态度总是异化的。因此,"对异化的主观超越只能采取同类本质(类本质价值或类本质对象化)的自觉关系的形式:这一关系以'自为的'对象化的存在为前提条件。"①它进而以导致对纯粹排他主义态度的超越的需要在日常生活中反复出现为前提条件。这些需要从何而来? 我们也许可以从马克思的物质基础理论中得到启示,马克思说,任何需要都是从现有的物质生活条件中产生的,是交往、分工的发展使得改变现有的生活条件一直成为一种现实的需要。那么,个性化的个体如何处理与日常生活的关系呢?

赫勒指出,给定时代和给定空间中的所有同时代人,都面对着同样的日常结构。然而,如何能部分地以排他主义方式,部分地以个体的方式同这一结构打交道,而使日常生活结构完好无损?"应当再一次强调指出,不可能以一致的个体方式同日常生活的所有方面相关联。由于人的大部分时间为工作所占据,因而,任何人被召唤从事的工作的类型,决定这个人在多大程度上使自身个体化:即工作设定了个体化过程在他的情况下不可能超越的界限。"②工作方式在很大程度上决定了日常生活的模式。赫勒在这里实际上表达了马克思的思想,"个人怎样表现自己的生活,他们自己就是怎样。因此,他们是什么样的,这同他们的生产是一致的——既和他们生产什么一致,又和他们怎样生产一致。因而,个人是什么样的,这取决于他们进行生产的物质条件。"③但是,"如果每个人都要有机会成为个体,有两件事必须发生:工作过程的异化必须得以克服,机械手段必须在所有类型为个人能力的发展只提供极少或不提供空间的工作中取代人的劳动。"④当然,异化的克服并不与工作有必然的联系,我们可以以或多或少个体的方式与同一工作打交道。这主要是因为,甚至在那些其本身为个性的发展与丰富提供某种机会的工作中,异化也会产生。例如,教学可以很容易转变为模式化的,充满陈词滥调的机械的职业,但是它也可以要求完整的个性,人的创造力和

① [匈]阿格妮丝·赫勒:《日常生活》,衣俊卿译,重庆出版社 1990 年版,第 279 页。
② [匈]阿格妮丝·赫勒:《日常生活》,衣俊卿译,重庆出版社 1990 年版,第 280 页。
③ 《马克思恩格斯选集》第 1 卷,人民出版社 1995 年版,第 68 页。
④ [匈]阿格妮丝·赫勒:《日常生活》,衣俊卿译,重庆出版社 1990 年版,第 280 页。

发明力,等等。因此,究竟是以排他主义方式还是以个体方式从事他的职业,并不那么取决于工作自身的本性,而是取决于这一工作同选定它为职业的人的关系。

因此,赫勒指出,如欲使日常生活成功地进行,在某些类型的活动中,我们的实践和我们的思维绝对必须成为重复性的。同样重要的是,我们是从"自为的"类本质对象化来占据这一"现成的"重复性实践的形式。即使在个体的生活中,也有无数这种重复的例证。个体同排他主义"个人"使用同样的语言,他们以同样的方式交流、洗刷、食用和处理满足他们需要的现成的物品。"二者间的区别(这是赋予他们以不同世界的区别)在于,个体知道在何处抛弃重复以有利于对问题的文明性研究,他知道何时应当对习惯提出质疑,何时需要使一种被视做理所当然的价值贬值。同样,一般说来,个体也像排他主义'个人'一样实用主义地活动,以可能性为基础进行决策。然而,他同样知道何时、何处和为何应当中止实用主义方法,而采取一种理论态度:他能够认清那种需要行动和决策,那种可能性因素在其中已不充分,而必须寻找某种绝对的可靠性的情境。在日常生活中,个体的头脑也同'个人'头脑一样充满着过分一般化。但是区别同样在于,个体懂得过分一般化何时转变为偏见。个体的行动也为'信念'或'信仰'所伴随,但这不是'盲目信仰'。个体使现成的习惯秩序内在化,但是他知道何时与为何要同普遍接受的排他主义规范相左。所有这些综合起来,是断言个体以相对自由的方式,同'自在的'类本质对象化,同他在日常生活中作为事实而接受的要求和规范的习惯体系总体打交道。"[1]因此,个体是以自由的方式处理和日常生活结构的关系。

但是他如何了解他所知道的这些东西? 这一相对自由的源泉是什么? 赫勒认为答案是:个体根据同一个或数个"自为的"类本质对象化或整体的自觉关系来安排他的日常生活。规范,概念贮备,"自为的"(或"自在"与"自为"的结合)类本质对象化的要求,那些指向类本质的日常需要,这些是形成他对日常生活要求结构评价的因素。无论何时,只要日常生活要求结构不能同类的要求结构相协调,或者无论何时,只要它同他从更高等级的类本质对象化所内在化的类的价值,或者同与这些价值密切相关联的需要相

---

[1]　[匈]阿格妮丝·赫勒:《日常生活》,衣俊卿译,重庆出版社1990年版,第281页。

冲突,他就可以抛弃这一要求结构。这并非断言人"哲学地"过自己的日常生活,并非说他可以从中幻想出某种同质媒介。但是,在一定意义上它的确意味着,只要他自觉地把自己的生活"等级化",将之安排为一个等级结构,他就的确使自己的生活同质化。①

我们的日常生活具有自己内在的等级秩序,这是为社会经济生活的迫切要求所建立起来的。但是"个体根据同类本质的自觉关系,为自己创造的等级结构却有不同的特点,其核心是把本质的与非本质的加以区分。个体依据与类本质的自觉关系而建立起具有最高价值的东西,以及以他的个人天赋和需要为基础遵守这些价值的方式,以便能保证他自身的个性的充分确证"。② 这样,个体的等级结构甚至可能同嵌入"自在的"类本质对象化之中的等级结构相悖。例如,在一个以私人利益为核心的社会中,个体可能选择并围绕着公共活动而安排自己的生活——"为他人的生活"。反之依然。根据自我选定的价值体系自觉地安排自己的生活的个体,也将依据这一体系来评价传统的现成的等级体系。他将在自己的时代,以自己的方式从中接受任何适合于他自己选定的体系的东西。结果,他常常生活于或运动于给定社会的边缘。但并非总是如此,也有可能出现这样的情形,以"自为的"类本质对象化来自觉地构成自己生活的个体,成为人们竭力效仿的典范。在这种情形中,个体的等级体系,个体的生活方式成为——或至少倾向于成为——那一共同体的等级体系和生活方式。如古希腊晚期的伊壁鸠鲁的快乐主义。

赫勒认为,正是"自为的"类本质价值及其同它的个体关系,会形成个体生活经营中的个体的等级结构。由此并非断言,类本质活动以直接的(非中介的)形式不变地和同时地发挥作用。假使如此,任何想过个体生活的人都可以成为艺术家、哲学家或科学家,甚至是政治家,这显然是不真实的。一般说来,对生活秩序的个体选择是间接地、通过世界观做中介而发生的。世界观把类本质价值转换到个人的水平,正是通过世界观,这些价值成为个体活动的指导力量。这等于是行动对象同行动动机的重新统一,这种统一是自觉的,而不是自发的,不是从满足基本生活需要的观点出发,而是

---

① ［匈］阿格妮丝·赫勒:《日常生活》,衣俊卿译,重庆出版社1990年版,第282页。
② ［匈］阿格妮丝·赫勒:《日常生活》,衣俊卿译,重庆出版社1990年版,第282页。

作为满足人的生活需要的方式。这样,"活动依旧是异质的,但每一活动在人的生活中都有自己的位置,都有自觉安排的位置。这样,无论异质的'现成的'活动,必须在多大程度上以重复性实践为基础而得以恰当地进行,个体的生活都成为统一的"。① 这样,如果说特性是日常生活中"自在"的主体,而个性的个体则是被对象化为"自为"的主体。

(二)"自为个性"是自由的确证和发展的可能性

在什么意义上可以断言个体体现"自为存在"? 赫勒认为,我们用以区别作为一种类型"自为存在"第一个标准为,"自为存在"并非必然属于社会(同"自在存在"相对),也就是说,其成员为纯粹排他主义者的社会能够而且的确存在。第二个标准为,"自为存在"除非在"指向它的意向"中,否则不可能存在。每一个体都自觉地使自身成为自己行动和反思的对象。第三个标准在于,"自为存在"不是第一性的而是第二性的,即"自为存在"不是天生就必然具备的,而是在"自在存在"的基础上发展起来的。事实上个性被建构于排他主义个性及其需要之上:这是它由之产生的土壤。人不能改变自己天生的禀赋和潜能的集合;他只能寻求根据类价值来塑造它们。这是对"我本人应如何生活"的问题的答案。②

关于"自为存在",它是自由在其中表达自己的领域。个性所获得的发展程度,是那一时代个人自由的尺度。③ 关于"自在的"类本质对象化,它们虽然为"自为的"对象化提供质料,但它们不决定后者的内在结构,后者是相对自由地建立起来的。作为个性的"自为存在",成为一个个体包含有内在的价值。有些个人的特性以及某些美德(美、勇敢,等等),也具有吸引力,然而,这种吸引力是短暂的、偶然的。"只有个性的光辉才可能产生持久的影响。美的面目特征在它们不表达个性之处丧失价值。我们的确可以断言,个性赋予美,这就在于它照亮了具有价值内涵的面孔。"④因为,个性包含的价值是选择的趋向于人的美好状态。当我们知道某一勇敢行为事实上是偶然的,或者或许不过是对恐惧的不敏感而促成时,我们就不那么为之

① [匈]阿格妮丝·赫勒:《日常生活》,衣俊卿译,重庆出版社1990年版,第283—284页。

② [匈]阿格妮丝·赫勒:《日常生活》,衣俊卿译,重庆出版社1990年版,第284页。

③ [匈]阿格妮丝·赫勒:《日常生活》,衣俊卿译,重庆出版社1990年版,第285页。

④ [匈]阿格妮丝·赫勒:《日常生活》,衣俊卿译,重庆出版社1990年版,第285页。

所动。相反,个体所具有的勇敢的吸引力,与给定个性的发展同步增长。

　　"自为的"个性"体现着在个人的一生中对人的能力的自由确证和发展所能达到的可能性。"①因此,"自为的"个体(即个性)的效力领域决不囿于日常生活,而是包括一般生活。一般生活以日常生活为基础,并且至少部分地反映于日常生活之中。由于个性建立起依据与类存在的自觉关系而引导自己日常生活的世界观,显而易见,任何个体都不能只以"自在的"类本质对象化为指导。他可以把某些为更高的对象化所产生的价值引入他同"自在的"对象化的关系之中。这一伴随关系所体现"自为的"价值的程度各不相同,同个性自身相连的异化程度在这一差异性中起作用。② 与我们的日常生活有关的一种最有价值的类型的个性是道德个性。在其生活的创造性和按等级的安排中,"个体"通过世界观的中介把天生的禀赋转变为统一整体,或者换言之,它如此安排这些属性,以便个性的统一体可以随之产生。这正是赫勒断言人把世界观"个体化",把它同自己的个性相统一的原因。"道德为这一个体化提供推动力:道德实践起着生活的履行的指示器的作用。道德个性愈为发达,就愈少意味着'个人'对占统治地位道德戒律的屈从;而它就愈加表明所谈论的个体把内在化的道德秩序转化为他自己的本质、自己的实质。即是说,他使自己天生的才能品质和倾向人道化,在自己内部创造了规范的典范。这里存在着伟大道德个性的作用:他能把自己偶然的和现成的,不管多么单一和唯一的才能品质人道化,由此而把他们(虽然依旧保持着迟钝的排他主义特性和动机)提高到类的水平上,提高到类本质的表现的水平上。"③

　　赫勒认为,当我们主张以这样的方式过我们的生活,以便它能成为人道化个性的积极的场所,成为这一个性可以在其中实现自身的场所时,它意味着日常生活变为"为我们的存在"(规范恰当和人本学单一性),"自在存在"变为"自为存在",因为我们按照我们的个性所提供的尺度而同"自在存在"相关联。但是,我们的生活在多大程度上可以成为"为我们的存在",并不完全甚至并不主要地取决于主体。一般日常生活愈是异化,要创造一种"为我们存在"的生活就愈加困难;而如果我们真的活得成功,那么成就也

---

① ［匈］阿格妮丝·赫勒:《日常生活》,衣俊卿译,重庆出版社 1990 年版,第 287 页。
② ［匈］阿格妮丝·赫勒:《日常生活》,衣俊卿译,重庆出版社 1990 年版,第 287 页。
③ ［匈］阿格妮丝·赫勒:《日常生活》,衣俊卿译,重庆出版社 1990 年版,第 288 页。

就愈大,尽管这很少出现。"可以把马克思所设想的共产主义界定为这样的社会,在那里如果每一主体都把自己的日常生活建立为'为他自己的存在',那么,社会必要条件就会得到满足。"①因为"在那里,每个人的自由发展是一切人自由发展的条件。"②社会为每个人的自由发展创造了现实的可能性,这样的社会,人自身的发展是目的。因此,个性个体的发展以及"为我们"生活的创立,需要整个社会层面异化的消除。

(三)幸福的生活和有意义的生活

通过比较幸福和有意义的生活,赫勒得出有意义的生活才是个性化的生活。赫勒认为,有两种类型表现于日常生活之中的"为我们存在":一种是幸福,另一种是有意义的生活。幸福是日常生活中"有限的成就"意义上的"为我们存在"。即是说,它是有限的和完成的"为我们存在",它原则上不能够发展与拓宽,它是自身的终极目标和极限。幸福是古代世界的时代精神的核心。希腊人和罗马人的世界是有限成就的世界(达到了人们所熟知的最高程度的完善);它的界限不是需要克服的障碍而是终点。在这一世界中的至善被认为是幸福,这种幸福无法被超越。由于这些原因,古典个体是有限的个性。在古代,有限的成就(幸福)是完全积极的范畴,因为它是道德秩序的最高成就,与此不同种类的成就是不可能的。然而,从文艺复兴开始,这一有限形式的成就的社会基础被逐渐侵蚀了。文艺复兴以来,只能在一个持续变化和冲突的世界中获得幸福。对现代人而言,现实借以成为"为我们存在"的过程,包含有面对着世界的冲突,对过去的持续超越,不断迎接新挑战,以及个人在这一进程中所遭受的所有损失与伤害,一言以蔽之,它也包含着不幸。现代人对幸福的这种否定并不是没有任何意义,原因是:一方面,由于这一幸福按其定义是"瞬间的",没有必要把它视做终极意义上的生活状态;另一方面是超越本身就是人的发展的途径。

幸福不是满足。满足来自两种需要:愉快和有用性的满足。因此,即使当满足是伴随着对他人有用的存在的满足时,满足感同幸福感相比也处于更低的层次。满足具有暂时性,满足的时刻产生不满足,因为满足不是超越,不具有完成的界限。

---

① 〔匈〕阿格妮丝·赫勒:《日常生活》,衣俊卿译,重庆出版社1990年版,第288页。
② 《马克思恩格斯选集》第1卷,人民出版社1995年版,第294页。

　　另一种日常生活之中的"为我们存在"的类型是有意义的生活。赫勒认为，"有意义的生活是一个以通过持续的新挑战和冲突的发展前景为特征的开放世界中日常生活的'为我们而存在'。如果我们能把我们的世界建成'为我们存在'，以便这一世界和我们自身都能持续地得到更新，我们是在过着有意义的生活。过有意义生活的个体，并非是一个封闭实体，而是一个在新挑战面前不畏缩，在迎接挑战中展示自己的个性发展的实体。这是一个对它而言只有死亡才能确定期限的过程。这一个体不压抑自己的个性。"①不给自己的个性强加极限，在对他开放的可能性中，他选择自己的价值和世界。

　　赫勒认为，有意义的生活在三种意义上存在。首先是，在其中过有意义生活的世界必须是允许这种生活的世界。关于幸福，亚里士多德认为，如果我们想要幸福，我们就不仅需要美德，而且也需要富有、美丽、智慧等"天赋"。对有意义的生活而言也是如此，可以说这是过有意义生活的资本，做苦力劳动的人几乎没有机会过有意义的生活。敏锐和才能是必不可少的"天赋"。其次，有意义的生活则在原则上是民主的，它不是"审美生活"。因为审美生活是贵族生活，过"审美生活"的人不具备感受他人需要的才能。有意义生活中的指导规范总是有意义生活可一般化，可拓宽到他人的性质，从长远看，可拓宽到在整个人类。再次，有意义的生活引导个体不断面对挑战、创造新的生活。生活的引导在我们限定为有限成就的状态中也存在，因为在这里个体同样自觉地有层次地组织和安排他的生活。然而，自觉引导的作用在这里不如有意义的生活中大，因为有限的成就的状态依赖于严格的和详细的价值体系，而且是一劳永逸性的，除非机遇插手。而在有意义的生活中，生活的自觉引导的作用则不断扩展，引导个体面对新的挑战，不断地重新创造生活和个性，并且伴随着对那一个性和选择的价值等级体系的统一体的保存。正是通过对生活的引导，自我更新为"为我们存在"的日常生活得以发生。②

　　赫勒指出，"那些今天过着有意义生活的个体自觉选择和接受的任务，是创造一个异化在其中成为过去的社会：一个人人都有机会获得使他能够

---

①　[匈]阿格妮丝·赫勒：《日常生活》，衣俊卿译，重庆出版社1990年版，第290页。

②　[匈]阿格妮丝·赫勒：《日常生活》，衣俊卿译，重庆出版社1990年版，第291—292页。

过上有意义生活的'天赋'的社会。并非是'幸福'的生活——因为不会出现向有限成就的世界的复归。真正的历史充满着冲突和对自己给定状态的不断超越。正是历史——人们自觉选择的和按人们的设计铸造的历史——可以使所有人都把自己的日常生活变成"为他们自己的存在",并且把地球变成所有人的真正家园。"①这是赫勒所设想的理想的个性化的日常生活,它要完成这样的任务,这就是日常生活作为人的精神和物质家园,个性化的个体在其中的存在和发展成为可能。

三、健康生活的要素

就个性和幸福的比较而言,幸福是一个主观性的概念,似乎可以为幸福找到客观的条件,但是这些客观条件达到了人们未必就感觉到幸福。有的人有好的物质条件,有美满的家庭,有不错的事业,孩子争气,等等,似乎幸福的客观条件都具备了,可是他却感觉无聊,因为无聊而生造出一些破坏家庭幸福的事情,然后有了家庭矛盾,幸福又远去了。或者事业出现了问题,偌大的事业因为外在环境的影响瞬间化无,等等。当人们拥有他所追求的一些所谓幸福生活的条件时,他可能在短时间内会感觉满足,但是快乐往往不是在所追求的外部条件都具备时,而往往是在追求目标的过程中,会感觉到那种发现自己和超越自己的快乐。幸福的感觉往往是短暂的,人生活的大多数时间是平淡的,只有在不断奋斗的过程中人才会持续地感觉到真实的存在。就幸福和个性而言,个性的发展对人的真实存在具有更为重要的意义,因为它体现了为了自身的发展,不断超越现有的一种存在和生活的状态。

个性的发展需要生产力的发展为人的需要的满足提供必要的物质基础,人的精神的丰富性需要以交往的丰富为前提。但在现有的物质生活条件下,我们通过健康的生活方式和积极的生活态度为个性的发展创造一种可能性。

(一)健康的生活方式

所谓"生活方式",简单地说就是怎样生活,是指人们长期受一定的民族文化、经济、社会习惯、规范以及家庭影响所形成的一系列生活意识、生活习惯和生活制度的总和。良好的生活方式可以促进人体的健康,反之,则会危害人体的健康。所谓健康的生活方式,包括良好的生活习惯,健康的生活

---

① [匈]阿格妮丝·赫勒:《日常生活》,衣俊卿译,重庆出版社 1990 年版,第 292 页。

心态,积极的生活态度。良好的生活习惯主要是指身体的和谐,健康的生活心态主要指心理的和谐,积极的生活态度是价值选择的和谐。

世界卫生组织对健康的定义是:"健康是身体上、精神上和社会适应上的完好状态,而不仅仅是没有疾病或者不虚弱。"世卫组织提出衡量健康的10项标准是:精力充沛,能从容不迫地应付日常生活和工作;处事乐观,态度积极,乐于承担任务不挑剔;善于休息,睡眠良好;适应环境,应变能力强;对一般感冒和传染病有一定抵抗力;体重适当,体态匀称;眼睛明亮,不发炎,反应敏捷;牙齿清洁,无缺损,无疼痛,牙龈颜色正常,无出血;头发有光泽,无头屑;骨骼健康,肌肉、皮肤有弹性,走路轻松。世卫组织对健康的定义,说明人是社会的人,人的健康不仅取决于身体的情况,还要考虑到社会、心理、精神、情绪等因素对人体健康的影响。目前,由于社会竞争压力的增大,由于心理情绪和精神因素导致疾病的例子很多。比如:人在情绪激动时可以引起血压升高、心脏病发作;较大的精神打击可以使人的眼睛突然失明;情绪郁闷可以引起胃部不适等。这些现象都说明人的身体状况是受社会、精神因素影响的。

目前,在我国,威胁人们生命健康的主要疾病已由过去的传染病转变为慢性非传染病。医学工作者通过大量反复的研究表明:生活方式和行为不健康、不科学是最主要的发病原因。如我国学者研究了四类因素在死因中的构成比例,结果是生活方式和行为因素占48.9%,环境因素占17.6%,生物因素占23.2%,保健服务因素占10.3%。因此,树立文明、健康、科学的生活方式,克服和消除不良的生活方式是十分必要的。世界卫生组织总干事中岛宏博士曾指出:"我们必须认识到,世界上绝大多数影响健康的问题和过早死亡都是可以通过改变人们的行为来防止的。"因此,2000年,世界卫生组织提出了"合理膳食、戒烟限酒、心理平衡、体育锻炼"的健康促进新准则。我国卫生部门参照国外经验,汇集我国大多数保健专家学者的意见,结合我国的特色,总结出了我们应该推行的健康生活方式,就是要做到"八注意":合理膳食、规律起居、保证睡眠、劳逸结合、性爱和谐、戒烟限酒、适量运动、心理平衡。① 前七项属于身体健康的要素,而心理平衡指的是心理

---

① 材料借鉴网络文章《健康生活方式"八注意"》,http://www.douban.com/group/topic/10006843/。

健康和社会交往方面的健康。

在今天,社会竞争压力很大,心理健康或者说精神健康尤为重要。矛盾、冲突、挫折不时出现,如果不能正确处理,就会产生焦虑、抑郁、恐惧、紧张等情绪困扰,甚至导致或加重疾病。现代医学证明,许多疾病,如癌症、高血压、偏头痛、溃疡等都是由心理因素引起的,良好的心境是健康的支柱。联合国世界卫生组织提出这样一个口号:健康的一半是心理健康。精神心理状态对身体的健康有重要影响,良好的心理状态有利于保护和稳定中枢神经系统、内分泌系统和免疫系统的功能,从而有利于保持身体健康。而不良的心理状态则会引起中枢神经系统对体内各器官的功能调节失常,内分泌系统的功能紊乱,使各器官的正常生理功能发生障碍,机体的免疫力下降。精神健康我们可以"三个良好"来衡量。"三良好"是指:一、良好的性格,表现为:情绪稳定平和,意志坚强,感情丰富,胸怀坦荡,豁达乐观;二、良好的处世能力,表现为:观察问题客观、现实,具有较好的自控能力,能适应复杂的社会环境;三、良好的人际关系,表现为助人为乐,与人为善,对人际关系充满热情。简单说,就是要做到:善良、宽容、乐观、淡泊。善良是心理养生的营养素,心存善良,就会以他人之乐为乐,乐于扶贫帮困,就会与人为善,乐于友好相处,就会始终保持泰然自若的心理状态。宽容是一种良好的心理品质,它不仅包含着理解和原谅,更显示着气度和胸襟。一个不会宽容,只知苛求别人的人,其心理往往处于紧张状态。学会宽容就会严于律己,宽以待人,就能心理健康。乐观是一种积极向上的性格和心境,它可以激发人的活力和潜力,解决矛盾,逾越困难。而悲观则是一种消极颓废的性格和心境,它使人悲伤、烦恼、痛苦,在困难面前一筹莫展,影响身心健康。淡泊是一种崇高的境界和心态,有了淡泊的心态,就不会在世俗中随波逐流,追逐名利;就不会对身外之物得而大喜,失而大悲;就不会对世事他人牢骚满腹,攀比嫉妒。淡泊的心态使人始终处于平和的状态,保持一颗平常心,一切有损身心健康的因素,都将被击退。

(二)积极的生活态度

积极的生活态度是一种生活的状态,表现为自己确立适当的目标和不断超越自己的可能性。在不断达成目标奋斗的过程中,个人不断开发自己的潜能,不断超越自己的现有状态。这样的个体成为为个性化的个体。严格的等级社会,为不同条件和背景的人设定了严格的活动范围和活动形式,这种同质社会对不同等级的人有不同的要求,这种社会不允许独立个性的展现。当然,在等级社会中,即便是限制在特定领域的人,也可以表现出一定的个性差异。只有公正的社会环境,平等的流动机会,一定的物质条件,才能为个性的发展提供基础。当然,确定的目标一定是正义合法的,能够与社会的发展与人的发展相一致的。违背整个社会道德和法律的目标,虽然也可以激发个人的潜能,但是更大地激发的是恶的欲望。

积极的生活态度不断给予自己以希望。当代英国爱尔兰著名的《圣经》注释学家巴克莱博士在《花香满径》中谈到:"幸福的生活有三个不可缺少的因素:一是有希望,二是有事做,三是能爱人。"希望是最能点燃生命力量的因素,虽然激情是一种被动的本质活动的感性爆发,但是正确的目标作为希望的牵引,可以引导激情发挥最积极的作用。就像革命战争年代,很多年轻人为了信念和信仰,会抛弃眼前拥有的幸福甚至一切。亚历山大有一次大送礼物,表示他的慷慨。他给了甲一大笔钱,给了乙一个省份,给了丙一个高官。他的朋友听到这件事后,对他说:"你要是一直这样做下去,你自己会一贫如洗。"亚历山大回答说:"我哪会一贫如洗,我为我自己留下的是一份最伟大的礼物。我所留下的是我的希望。"希望是人的最大的精神财富,而最大的贫困是没有希望,特别是对于自己的无望。这也是为什么那么多忧郁的人所以想要离开这个世界的原因。马克思说:"贫困是被动的纽带,它使人感觉到需要最大的财富即别人。"①

向着规划的目标努力,人的生活过程就充实起来,丘吉尔说过:一个人最大的幸福,就是在他最热爱的工作上充分施展自己的才华。工作对于生命意义无穷,一个人经过工作才能日臻完善,并且领略人生各种况味。工作处在一种被人需要的状态之中,特别是在工作中有创造性的产出时,那是一个人最充实、最愉悦的时刻。创造性的工作可以爆发人的创造性活力。人一个人的生命有长短,但是在工作中不断超越自己,这样的人生再短,也不愧于人生,没有什么可后悔的。

再有就是人格的完善,表现为道德人格上不断超越自己。爱人,对他人的奉献是人生最重要的价值表现,它会让人感觉自己是被需要的,这是人的社会性的突出表现。爱他人,是一种能力,奉献的能力,你奉献的可以是精

---

① ［德］马克思:《1844 经济学哲学手稿》,人民出版社 2000 年版,第 90 页。

神上的财富,也可以是物质上的财富,你的奉献是别人的需要。爱他人表现为对人的尊重和理解,是人的平等性的表现。对他人的爱是人生最伟大的情感之一,它突出的是对他人的价值,这种价值可以表现为精神上的认可或者物质上给予,它是人和人之间和谐的情感和价值之源。因此,人应该在道德上不断地完善自己,从人和人相处的最细微处着眼,修养自己,尊重他人,帮助他人。正如我们的精神鼻祖孔子所说:"己欲立而立人,己欲达而达人。"爱人的能力是人的一生最重要的价值之一。

第二节　用社会主义核心价值引领生活

任何社会都有自己的核心价值体系。所谓价值体系即主体以其需求系统为基础,对主客体之间的价值关系进行整合而形成的观念形态,集中体现主体的愿望、要求、理想、需要、利益等。任何一个社会都会出于自己的需要,提出自己的核心价值体系。在中国古代,先秦典籍《管子·牧民》就提出过:"国之四维,一维绝则倾,二维绝则危,三维绝则覆,四维绝则灭。倾可正也,危可安也,覆可起也,灭不可复错也。何谓四维,一曰礼,二曰义,三曰廉,四曰耻。"后来,"礼义廉耻,国之四维"之说融入儒家礼教思想之中,成为中国封建社会的核心价值体系。今天,中国共产党领导的事业是中国特色社会主义现代化事业,当代中国的核心价值体系只能是社会主义核心价值体系。只有用社会主义核心价值体系指导人们的生活,我们的社会才会健康和谐,人们才会保持积极向上、自信骄傲的发展状态。

一、社会主义核心价值对生活的指导意义

改革开放以来我国的社会生活发生了巨大的变化,生产方式多样化了,生活方式也越来越多样化,人们的价值选择也趋向多元化。价值选择的多元化也使得价值判断模糊化,传统的美德丢失了,西方传来的或者新出现的活动形式或文化现象又没有正确的价值判断标准,这使得人们无从选择和无从判断。这实际上是精神文明或者文化建设弱化的表现。这使得在整个社会范围内确立我们的主流价值异常重要。正是认识到了这样的问题,我们党在总结专家学者以及民众智慧的基础上确立了社会主义核心价值体系。党的十六届六中全会首次明确提出社会主义核心价值体系的科学命

题。社会主义核心价值体系在中国整体社会价值体系中居于核心地位,发挥着主导作用,决定着整个价值体系的基本特征和基本方向。社会主义核心价值体系包括四个方面的基本内容,即马克思主义指导思想、中国特色社会主义共同理想、以爱国主义为核心的民族精神和以改革创新为核心的时代精神、以"八荣八耻"为主要内容的社会主义荣辱观。这四个方面的基本内容相互联系、相互贯通,共同构成辩证统一的有机整体。

　　社会主义核心价值体系,是中国人思想上精神上的一面旗帜。改革开放以来,中国共产党带领人民成功探索出一条有中国特色社会主义道路,并在经济、政治、文化等方面建立了一套比较成熟的制度和体制。与这些根本性的制度和体制相适应,必然有一个主导全社会思想和行为的价值体系。特别是随着改革开放和社会主义市场经济的进一步发展,人们思想活动的独立性、选择性、多变性和差异性不断增强,但是不管人们的思想怎么多变,必须保证一个国家正确的价值引领,国家发展才能保证正确的方向。核心价值体系是引领中国发展的一面旗帜,是价值导航。社会主义核心价值体系,也是巩固全党全国人民团结奋斗的共同的思想基础。共同的思想基础,是一个党、一个国家、一个民族赖以存在和发展的根本前提。没有共同的思想基础,党就会瓦解、社会就会动荡、国家就会分裂。对党和人民在革命、建设和改革的长期奋斗过程中形成的共同思想基础作出科学的概括和清晰的界定,明确其基本内涵和基本要求,使之容易为全党全社会更加全面准确地理解和把握,在今天社会思想观念和人们价值取向日益多样的情况下,就显得十分必要和迫切。提出社会主义核心价值体系,就明确揭示了我们共同思想基础的基本内涵和要求,将会推动全党全社会更加自觉地维护我们的共同思想基础。

　　建设社会主义核心价值体系,有利于引导全社会在思想道德上共同进步。当前,人们的思想观念、道德意识、价值取向越来越呈现出层次性。我们不能因为存在着多层次的思想道德而降低甚至否定先进性的要求,也不能不顾人们思想道德的客观差异,用一个单一的标准要求所有的社会成员。社会主义核心价值体系,既体现了思想道德建设上的先进性要求,又体现了思想道德建设上的广泛性要求;既坚持了先进文化的前进方向,又兼顾了不同层次群众的思想状况,既体现了一致的愿望和追求,又涵盖了不同的群体和阶层,具有广泛的适用性和包容性,具有强大的整合力和引领力,是连接各民族、各阶层的精神纽带。

建设社会主义核心价值体系，也是增强民族凝聚力、提高国家竞争力的迫切需要。当今世界，各国经济既相互融合又相互竞争，不同文化既相互借鉴又相互激荡。经济全球化的不断深入，既挑战着国家主权的内涵，又冲击着人们的国家观念、民族认同感。国家之间的竞争，既表现为经济、科技、军事等硬实力的竞争，又越来越反映在软实力之间的较量。在软实力中，最关键的就是核心价值体系，它直接反映着民族的凝聚力和国家的核心竞争力。"天下之至柔，驰骋天下之至坚。"在这种情况下，提出建设社会主义核心价值体系，有利于进一步凝聚民心、鼓舞斗志，提高经济全球化条件下的国家竞争力，在激烈的国际竞争中维护国家和民族的利益。

社会主义核心价值体系是社会主义意识形态的本质体现。社会主义核心价值体系的建立，不仅有利于彰显马克思主义的生命力，有利于坚定理想、信念，有利于建立道德规范，有利提高国民素质，它也是是构建社会主义和谐社会的重要条件。它以理论层面为主导，统领理想、精神、道德等不同层面，从而成为人们奋斗和生活的主导精神力量。它的具体的作用表现为它要为人们日常生活和行为选择提供价值指导；而且，社会主义核心价值体系作为精神要素，也只有成为人们生活指导性的价值规范，成为人们生活的组成部分，人们会真正地信仰它。因此，要切实把社会主义核心价值体系融入国民教育和精神文明建设全过程，转化为人民自觉追求，让社会主义核心价值体系成为人们日常生活的的价值规范，成为中华民族的精神文化的标志。

二、如何将社会主义核心价值转化成生活的有机组成部分

马克思主义指导思想是社会主义核心价值体系的灵魂。在社会主义核心价值体系中，马克思主义提供的是科学的世界观，是认识世界和改造世界的立场、观点、方法。中国共产党坚持把马克思主义基本原理同中国具体实际紧密结合，从而形成了毛泽东思想、邓小平理论和"三个代表"重要思想，形成了科学发展观和构建社会主义和谐社会等重大战略思想。这些理论成果是中国化的马克思主义。马克思主义指导思想是中国特色社会主义共同理想形成的理论基础。中国特色社会主义共同理想是社会主义核心价值体系的主题。在中国共产党领导下，走中国特色社会主义道路，实现中华民族

的伟大复兴,这是现阶段中国各族人民的共同理想。这个共同理想,把党在社会主义初级阶段的目标、国家的发展、民族的振兴与个人的幸福紧密联系在一起,是保证全体人民在政治上、道义上、精神上团结一致,凝聚智慧和力量,克服任何困难、创造美好未来的强大精神纽带和动力。以爱国主义为核心的民族精神和以改革创新为核心的时代精神是社会主义核心价值体系的精髓。以爱国主义为核心的伟大民族精神,已经深深地融入我们的民族意识、民族品格、民族气质之中,成为各族人民团结一心、共同奋斗的价值取向。以改革创新为核心的时代精神,是马克思主义与时俱进的理论品格、中华民族富于进取的思想品格与改革开放和现代化建设实践相结合的伟大成果,已经深深地融入中国经济、政治、文化、社会建设的各个方面,成为各族人民不断开创中国特色社会主义事业新局面的强大精神力量。以爱国主义为核心的民族精神和以改革创新为核心的时代精神是马克思主义与时俱进的思想源泉,是推进中国特色社会主义伟大事业的精神动力,也是开展社会主义荣辱观教育的重要内容和主导精神。社会主义荣辱观体现了社会主义道德的根本要求。以"八荣八耻"为主要内容的社会主义荣辱观,是与社会主义市场经济相适应、与社会主义法律规范相协调、与中华民族传统美德相承接的社会主义思想道德体系。社会主义荣辱观旗帜鲜明地指出了在社会主义市场经济条件下,应当坚持和提倡什么、反对和抵制什么,党的十七届六中全会明确提出,"倡导爱国、敬业、诚信、友善等道德规范,形成男女平等、尊老爱幼、扶贫济困、扶弱助残、礼让宽容的人际关系。""坚决反对拜金主义、享乐主义、极端个人主义,坚决纠正以权谋私、造假欺诈、见利忘义、损人利己的歪风邪气。"推进诚信建设,弘扬法治精神,等等,为全体社会成员判断行为得失、作出道德选择、确定价值取向,提供了基本的价值准则和行为规范。

社会主义核心价值体系四个方面的基本内容相互联系、相互贯通、有机统一,共同构成了完整的社会主义核心价值体系,共同构成了社会主义意识形态的主体内容。没有马克思主义科学理论的指导,社会主义意识形态就失去了方向和灵魂;没有中国特色社会主义共同理想,社会主义意识形态就失去了内核和主题;没有民族精神和时代精神,社会主义意识形态就失去了精髓和主旋律;没有社会主义荣辱观,社会主义意识形态就失去了价值坐标和道德标准。社会主义核心价值体系作为一种精神因素,要发挥对生活的

指导作用,成为生活的有机组成部分,必须通过一定的方式渗透到人们的生活中。表现为:

一是社会主义核心价值体系要牢牢把握正确的思想舆论导向,有效引导社会舆论。在现代社会,新闻舆论媒体的社会影响力越来越大,已经成为影响国家发展、社会舆论和群众情绪的重要因素。特别是在社会发生深刻变革、人们思想空前活跃、信息传播途径日益多样化的新形势下,必须以正确的舆论引导人,积极宣传党的主张,反映人民心声,通达社情民意,疏导公众情绪,努力营造顾全大局、珍视团结、维护稳定的良好氛围。

二是充分发挥社会主义价值体系的在社会生活中的规范作用。由于社会舆论具有大众化、普遍化和无孔不入的特点,建设社会主义核心价值体系,必须十分重视发挥社会舆论的这种规范、制约和影响作用。可以将将社会主义核心价值体系的内容具体化,编写成类老百姓都能读懂的规范读本,使人们口口相传。采取灵活多样的方法和群众喜闻乐见的形式,鼓励人们从一点一滴的小事做起,把价值认同实践体现到日常生活、社会交往之中,在为家庭谋幸福、为他人送温暖、为社会作贡献的过程中,增强价值认同,养成良好习惯。形成与社会主义市场经济相适应、与社会主义法律规范相协调、与中华民族传统美德相承接的生活化的社会主义核心价值体系。

三是利用教育体系发挥社会主义核心价值的引导作用。发挥社会主义核心价值体系的引导作用,要求将社会主义价值体系内容,可以通过这样几种方式渗透进人们的生活和孩子的成长中。其一是根据学生成长发展特点,将社会主义核心价值体系内容融进中小学教育内容中,潜移默化地进行思想和行为的影响;其二是可以通过现实或者网络的形式开展区域或者全国性的讲故事比赛,讲故事的能力是沟通交往能力的非常重要的方面,讲故事可以增强国人的幽默感,这是人际关系和谐的很好的润滑剂。在民众接受精神生活的各个领域中呈现社会主义核心价值的引导和分析,久而久之,就会成为人们的生活的价值指导和组成部分。

四是充分发挥大众文化的熏陶作用。大众文化的力量深深融于民族的生命力、创造力和凝聚力之中,健康向上丰富的文化生活是衡量人们生活质量和社会安定和谐的重要标志。建设社会主义核心价值体系,必须重视发挥大众文化在影响人们思想观念、价值认同等方面的作用,可以将社会主义核心价值内容以大众文化的形式呈现出来,如电影、电视、节目、网络,以讲故事方式作价值分析,让人民群众在娱乐和享受中受到教育和启发,在潜移默化中培养对社会主义核心价值体系的价值认同。

三、让生活成为传递优秀文化和创造优秀文化的最主要的载体

社会主义核心价值体系渗透进老百姓的生活中,这是提高我们民族的精神文化素质,实现社会和谐的重要途径。一方面,我们的优秀文化要传承下去,同时要创造新的优秀文化,同样离不开人们的生活,只有人们的生活才是文化产生与滋养的根源。

作为中华民族的优秀传统文化,另一方面通过文字或者其他的文化形式传承下来,表现为经典、诗词、戏曲等等的形式。但是,如果文化仅仅是以文字或者其他记载方式传承下来,这种文化就是死文化,只具有供人们研究和瞻仰的价值。作为活的文化一定是渗透在人们的生活中,或者是作为人们的信仰,或者作为行为规范,或者是作为以某种方式的精神文化被人们欣赏,前者如儒家思想的很多内容,如,仁义礼智信;后者如传统的戏曲,京剧、昆曲、山水画、写意画、诗词,等等。当然,对于传统文化来说,要想继续传承下去,继续活着,仍然成为现时代人们的行为规范或精神作品,其包含的价值内涵必须和当代人的文化需求一致,或者要有当代人所喜闻乐见的形式。如"仁者爱人"的情怀,这种价值是人类最美好的价值之一,它使得人和人之间和谐温暖,相互辅助;诚信善良,它使人与人相处的具有安全感、信任感;礼貌修养,使整个社会安定和平,等等。这些价值具有永恒的意味,它们完全能和当代人的生活融合。而古典诗词加上现代的乐曲配唱,古典故事加上现代的声光电器,完全可以获得一种新生。传统的文化穿上现代的外衣,其价值和精神同样可以获得超凡的吸引力。当然,首先要对传统的文化进行拣选,我们要传承的文化与价值不能与现代人们所推崇的价值,包括公平、平等、权利、利益等相冲突,而是相融合。也可以通过当代大众文化的形式,包括电影、电视、动漫、游戏等方式将这些优秀的文化价值表现出来,慢慢地渗透到人们的日常生活和交往中,成为人们的自觉意识和行为,成为人们的生活习惯。在人们的行为中,优秀的传统价值就会传承下去。

关于新的优秀文化的产生,一方面专业人士是创作主体,另一方面则是对当代大众生活的提炼与升华。生活永远是文化创作的最根本的源泉,而且,老百姓的智慧是无穷的,那些无师自通的像喷泉一样涌出来的大众智

慧,是新的文化产生的最主要的渠道。在当代,网络生活是人们整体生活的组成部分,从网络上产生的流行语、网络歌曲、网络恶搞等都是民众的智慧,这些网络文化是大众生活的正面或反面的反映。人们的生活丰富多彩,变化无穷。生活是人们的生命表现,人们总是用更多的尝试和创造丰富着自己的生命,也丰富着自己的文化。马克思说过:"人们是自己的观念、思想等等的生产者,但这里所说的人们是现实的、从事活动的人们,他们受自己的生产力和与之相适应的交往的一定发展——直到交往的最遥远的形态——所制约。意识在任何时候都只能是为意识到了的存在,而人们的存在就是他们的现实生活过程。""不是意识决定生活,而是生活决定意识。"因此,新的文化一定要通过人们的生活——现实的生活来创造,只有生活才是文化的源泉。文化也只有在生活中才能显现它的价值和生命力。生活创造文化,文化在生活中生根。从一定意义上说,文化就是生活,人们的生活就是人们的全部。

参考文献

一、专著

(一)中文译著

1.《马克思恩格斯选集》第1、3卷,人民出版社1995年版。

2.《马克思恩格斯全集》第46卷,人民出版社2003年版。

3.《马克思恩格斯全集》第46卷上,人民出版社1979年版。

4.[德]马克思:《1844年经济学哲学手稿》,人民出版社2000年版。

5.[德]马克思:《资本论》第1卷,人民出版社1975年版。

6.[古希腊]柏拉图:《柏拉图全集》第1、2卷,王晓朝译,人民出版社2002、2003年版。

7.[古希腊]亚里士多德:《尼克马克伦理学》,苗力田译,中国人民大学出版社2003年版。

8.[匈]阿格妮丝·赫勒:《日常生活》,衣俊卿译,重庆出版社1990年版。

9.[匈]阿格妮丝·赫勒:《现代性理论》,李瑞华译,商务印书馆2005年版。

10.[德]埃德蒙德·胡塞尔:《欧洲科学危机和超验现象学》,张庆熊译,译文出版社2005年版。

11.[匈]乔治·卢卡奇:《审美特性》第一卷,徐恒醇译,中国社会科学出版社1986年版。

12.[美]阿尔弗雷德·许茨:《社会实在问题》,霍桂桓译,华夏出版社2001年版。

13.[德]马丁·海德格尔:《存在与时间》,陈嘉映、王庆节译,生活·读书·新知三联书店2006年版。

14. [英]路德维希·维特根斯坦:《哲学研究》,陈嘉映译,上海世纪出版集团 2005 年版。

15. [德]马克斯·霍克海默:《批判理论》,李小兵等译,重庆出版社 1989 年版。

16. [英]本·海默尔:《日常生活与文化理论导论》,王志宏译,商务印书馆 2008 年版。

17. [法]鲁尔·瓦纳格姆:《日常生活的革命》,张新木、戴秋霞、王也频译,南京大学出版社 2008 年版。

18. [德]于尔根·哈贝马斯:《交往行动理论》,曹卫东译,上海人民出版社 2004 年版。

19. [德]于尔根·哈贝马斯:《现代性的哲学话语》,曹卫东等译,译林出版社 2004 年版。

20. [法]罗兰·巴特:《流行体系》,敖军译,上海人民出版社 2000 年版。

21. [法]让·鲍德利亚:《消费社会》,刘成富、全志钢译,南京大学出版社 2000 年版。

22. [英]安东尼·吉登斯:《现代性的后果》,田禾译,译林出版社 2000 年版。

23. [英]齐格蒙特·鲍曼:《流动的现代性》,欧阳景根译,上海三联书店 2002 年版。

24. [美]约翰·费斯克:《理解大众文化》,王晓珏、宋伟杰译,中央编译出版社 2001 年版。

25. [美]丹尼尔·贝尔:《资本主义文化矛盾》,严蓓文译,江苏人民出版社 2007 年版。

26. [德]乌尔里希·贝克:《风险社会》,何博闻译,译林出版社 2004 年版。

27. [美]露丝·本尼迪克特:《文化模式》,王炜译,社会科学文献出版社 2009 年版。

28. [德]埃里希·弗洛姆:《自为的人》,万俊人译,国家文化出版公司 1988 年版。

29. [法]米歇尔·福柯:《规训与惩罚》,刘北成、杨远婴译,生活·读书·新知三联书店 2007 年版。

30. ［德］马克斯·韦伯：《经济与社会》，林荣远译，商务印书馆 2006 年版。

31. ［法］居伊·德波：《景观社会》，王昭风译，南京大学出版社 2007 年版。

（二）中文著作

32. 中文经典：《论语》、《孟子》、《道德经》、《庄子》。

33. 梁漱溟：《中国文化要义》，上海世界出版集团 2005 年版。

34. 梁漱溟：《东西方文化及其哲学》，商务印书馆 1999 年版。

35. 梁漱溟：《中国文化的命运》，中信出版社 2010 年版。

36. 梁漱溟：《人生的三路向——宗教、道德与人生》，当代中国出版社 2010 年版。

37. 费孝通：《乡土中国　生育制度》，北京大学出版社 1998 年版。

38. 衣俊卿：《现代化与文化阻滞力》，人民出版社 2005 年版。

39. 衣俊卿：《现代化与日常生活批判——人自身现代化的文化透视》，黑龙江教育出版社 1994 年版。

40. 何兆武、刘卸林主编：《中国印象》上册，广西师范大学出版社 2001 年版。

41. 林语堂：《中国人》，学林出版社 1994 年版。

42. 冯友兰：《中国哲学史》，北京大学出版社 1996 年版。

43. 张世英：《境界与文化——成人之道》，人民出版社 2007 年版。

44. 张世英：《哲学导论》，北京大学出版社 2002 年版。

45. 李文阁：《复兴生活哲学》，安徽人民出版社 2008 年版。

（三）外文著作

46. Agnes Heller. Everyday Life［M］. *London，Boston*：Routledge & Kegan Paul，1984.

47. Henri Lefebvre. Everyday Life in Modern World［M］. *New Brunswick and London*：Transaction Publishers，1984.

二、期刊文章

1. ［匈］阿格妮丝·赫勒：《日常生活是否会受到危害》，《国外社会科学》1990 年第 2 期。

2. 李文阁:《生活哲学的复兴》,《哲学研究》2008 年第 10 期。

3. 王雅林:《当代中国日常生活伦理的建构》,《辽宁大学学报》2008 年第 1 期。

4. 王雅林:《发展:回归生活本体》,《学术交流》2009 年第 9 期。

5. 夏之放:《日常生活批判理论与掌握世界的方式》,《东方论坛》2005 年第 5 期。

6. 衣俊卿、欣文:《日常生活批判:一种真正根植于生活世界的文化哲学》,《学术月刊》2006 年第 1 期。

7. 周宪:《日常生活批判的两种路径》,《社会科学战线》2006 年第 1 期。

8. 袁洪亮:《梁漱溟对中西人生模式的比较——其儒学复兴的逻辑基础》,《伦理学研究》2010 年第 3 期。

9. 何林:《许茨与马克思的生活世界观比较》,《社会科学特辑》2005 年第 3 期。

10. 王福民:《论马克思哲学的日常生活维度及其当代价值》,《教学与研究》2008 年第 5 期。

11. 丁成际:《生活世界与日常生活世界的剖析》,《吉首大学学报》2006 年第 3 期。

12. 张曙光:《马克思主义哲学研究应有的现实性和超越性——一种基于人的存在及其历史境遇的思考与批评》,《中国社会科学》2006 年第 4 期。

13. 李楠明:《个性的丰富性与马克思哲学的当代意义》,《学习与探索》2006 年第 1 期。

后　记

　　拙作《生活方式的变迁与选择》就要出版了,本书的出版对我是一个极大的鼓励,使我更有信心在学术研究的道路上走下去。

　　生活的变迁中,生产方式的变化是基础,而生活的态度和价值选择无论对于处于哪种那个物质生活条件中的人来说都是至关重要的,它决定了人的生活心态和精神状态,我要从生活的变迁中寻找对于生活的改变和人的发展有价值的东西。生活是全面的,研究生活的这条路,很长。

　　本书是山东省社科规划研究项目《改革开放以来生活方式的变迁与选择》的研究成果,得到了德州学院专著出版基金的资助。

　　感谢山东大学的何中华老师,何老师严谨认真,人格高尚,无私地提携、鼓励后辈,对本书的写作给予很大肯定,给我极大信心。感谢山东大学的刘杰院长,他基于对年轻后辈的扶持无私地帮助我。感谢《求是》杂志的副主编李文阁老师,他对本书的主题提出了特别有价值的建议。感谢人民出版社王世勇老师和赵圣涛老师,是他们的努力才使本书这么快面世。

　　本书写作时间仓促,难免不足与失误,请各位专家与同仁指正。

李　霞

2012 年 7 月 18 日

责任编辑:赵圣涛
装帧设计:徐　晖
责任校对:张杰丽

图书在版编目(CIP)数据

生活方式的变迁与选择/李霞 著. -北京:人民出版社,2012.9
ISBN 978-7-01-011075-2

Ⅰ.①生… Ⅱ.①李… Ⅲ.①生活方式-研究-中国-现代 Ⅳ.①D669.3

中国版本图书馆 CIP 数据核字(2012)第 172177 号

生活方式的变迁与选择
SHENGHUO FANGSHI DE BIANQIAN YU XUANZE

李　霞著

人民出版社 出版发行
(100706　北京市东城区隆福寺街99号)

北京市文林印务有限公司印刷　新华书店经销

2012 年 9 月第 1 版　2012 年 9 月北京第 1 次印刷
开本:710 毫米×1000 毫米 1/16　印张:15.5
字数:260 千字　印数:0,001-3,000 册

ISBN 978-7-01-011075-2　定价:38.00 元

邮购地址 100706　北京市东城区隆福寺街 99 号
人民东方图书销售中心　电话 (010)65250042　65289539